LIVRARIA E PAPELARIA AURORA
Mal. Floriano, 505

Irmã Dulce
o anjo bom da Bahia

Gaetano Passarelli

Irmã Dulce
o anjo bom da Bahia

Tradução de
REGINA CONY

EDITORA RECORD
RIO DE JANEIRO • SÃO PAULO
2003

CIP-Brasil. Catalogação-na-fonte
Sindicato Nacional dos Editores de Livros, RJ.

Passarelli, Gaetano
P314i Irmã Dulce: o anjo bom da Bahia / Gaetano Passarelli; tradução Regina Cony. – Rio de Janeiro: Record, 2003.

ISBN 85-01-06654-0

1. Dulce, Irmã, 1914-1992 – Biografia. I. Título.

03-0212 CDD – 922.281
CDU – 929DULCE, IRMÃ

Capa e encarte: Sérgio Campante

As fotos aqui reunidas pertencem ao acervo das Obras Sociais Irmã Dulce.

Direitos exclusivos desta edição reservados pela
DISTRIBUIDORA RECORD DE SERVIÇOS DE IMPRENSA S.A.
Rua Argentina 171 – Rio de Janeiro, RJ – 20921-380 – Tel.: 2585-2000

Impresso no Brasil

ISBN 85-01-06654-0

PEDIDOS PELO REEMBOLSO POSTAL
Caixa Postal 23.052
Rio de Janeiro, RJ – 20922-970

A caridade não pode ter as mãos amarradas

IRMÃ DULCE

ÁRVORE GENEALÓGICA

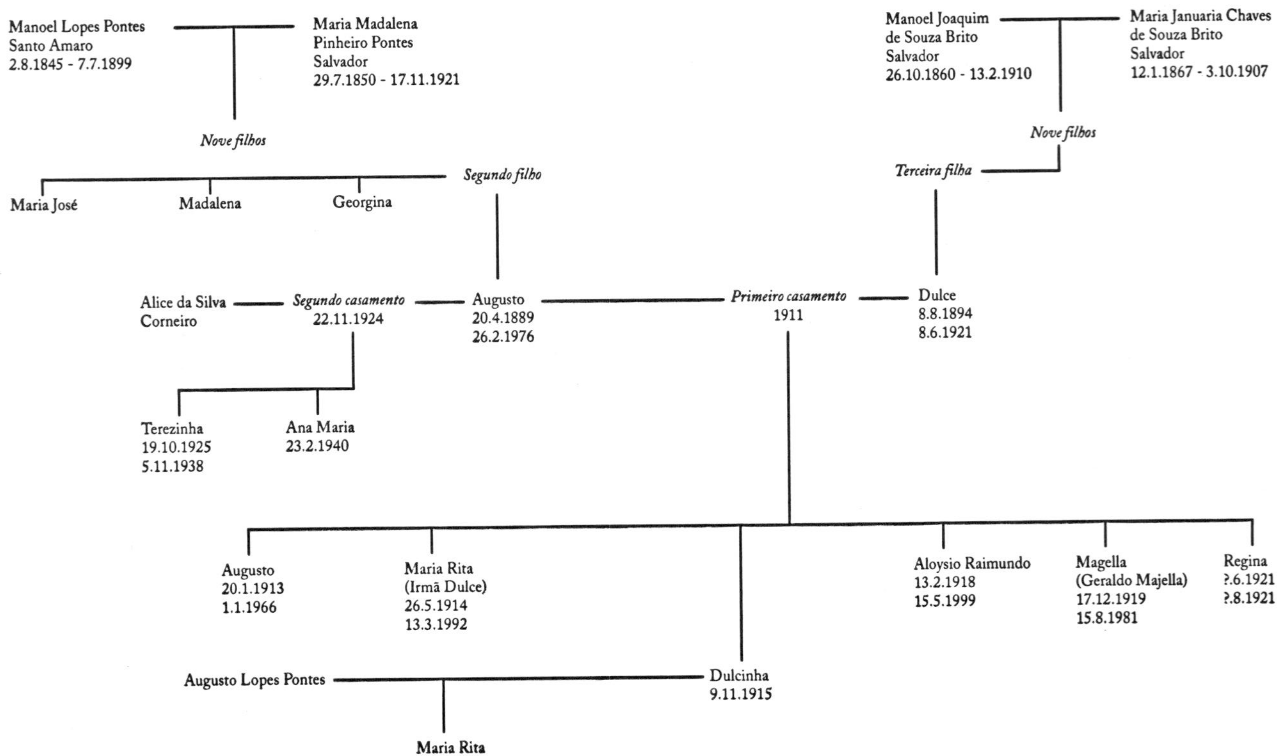

I

Era 9 de fevereiro de 1933, uma quinta-feira[1], quando, no número 61 da Rua Independência, em Salvador, Bahia, ouviu-se um movimento inusitado dos inquilinos muito antes que a alvorada começasse a iluminar a cidade[2].

— Vamos, Mariinha, desce... vamos acabar perdendo o trem! — disse com voz firme o Dr. Augusto, na base da escada.

A jovem respondeu com um "sim" mecânico, como se o pai pudesse ouvir aquele sopro fraco. Não conseguia levantar a mala de cima da cama, e muito menos afastar-se daquele quarto[3] que dividia com Dulcinha, a irmã um ano mais moça, e a pequena Terezinha[4].

Não pregara o olho durante toda a noite, e tudo lhe parecia difícil; além do mais, aquele rebuliço criado dentro de casa com a sua partida a incomodava. Quisera já estar bem longe.

Finalmente, decidiu pegar a mala e saiu para o passadiço, onde, com os olhos inchados e um nó na garganta na tentativa de conter o choro, a madrasta Alice a esperava. Endireitou-lhe o laço do chapeuzinho e a abraçou. Com um fio de voz, conseguiu dizer-lhe no ouvido:

— Que Nosso Senhor do Bonfim te acompanhe!

Maria Rita olhou-a, e, incapaz de responder, esboçou um sorriso. Em seguida, aproximou-se de Augusto Jr., já com vinte anos, e deu-lhe um soco no peito, como se com aquele gesto desejasse descarregar toda a tensão que sentia dentro de si. Só então pôde dar vazão a um riso misturado ao pranto. Também Aloysio veio encontrá-los ali, e os dois irmãos torturaram-na ao abraçá-la com força.

— Mariinha — chamou ainda mais uma vez o Dr. Augusto — e vocês, vamos, deixem ela em paz... — Era também uma maneira de romper a forte comoção que dominava todo o ambiente.

Dessa vez, a jovem não respondeu; dirigiu-se às escadas e desceu correndo, seguida de perto por Geraldo, Dulcinha e Terezinha, que não queriam nem saber de ficar em casa[5].

O Dr. Augusto conseguiu controlar as lágrimas com dificuldade ao ver aquele pequeno pelotão, tantos sentimentos e emoções intensas vindo-lhe à mente como um relâmpago, enquanto, como uma galinha choca à frente de seus pintinhos, começou a caminhar depressa para chegar o quanto antes à Estação de Calçada. Lembrou-se dos domingos em que ia, juntamente com a sua ninhada, ao Estádio da Graça, e que Maria Rita, ou melhor, Mariinha, era a torcedora mais ardorosa. O dia em que o time do Ypiranga, pelo qual torcia, derrotara o Botafogo, com dois gols marcados pelo seu jogador preferido, Apolinário Santana, mais conhecido por Popó[6], fora memorável. Naquela época, nem ele nem os familiares poderiam imaginar que exatamente aquela que na família todos chamavam de "machão" iria ser a primeira a deixar o lar para se tornar uma freira. Sim, aquela moça radiante, que gostava de desafiar os irmãos na luta, no jogo de bola, a subir nas árvores...[7] Ele deixou escapar um sorriso de autocomiseração — era verdade! "O homem põe e Deus dispõe."

Geraldo caminhava a seu lado; parecia estar marchando com o espírito do soldado que leva para o patíbulo um condenado à morte. Gostaria de poder entrar por um segundo naquela cabeça. Olhou-o com o rabo de olho e leu em seu rosto aquela severidade com a qual ele se apresentara no seu escritório, havia cinco anos, e, muito circunspecto, dissera-lhe que tinha uma coisa urgente e grave para lhe comunicar. Descobrira que Maria Rita fizera uma requisição para ser admitida no monastério de Nossa Senhora do Desterro sem que ninguém soubesse. E, naquela ocasião, dissera-lhe, em tom seco: "Papai, não deixa ela ir!" Exatamente assim, intimara-o a cumprir o seu dever de pai. E ele chamara a filha para lhe pedir explicações, mas, ao vê-la decidida, pediu que pelo menos terminasse a Escola Normal antes de partir[8]. Maria Rita abaixara a cabeça e obedecera sem demonstrar nem tristeza nem melancolia, simplesmente continuando a viver aquele ideal no seu íntimo. Geraldo, no entanto, permanecera irredutível: não queria de jeito nenhum que a irmã se tornasse freira, e, assim, agora a acompanhava contrafeito.

Enquanto o Dr. Augusto e Geraldo caminhavam adiante, Maria Rita seguia a pouca distância, juntamente com Dulcinha e Terezinha.

— Me leva com você. — Era o refrão que Terezinha repetia sem parar desde que se levantara.

— Eu já disse que você não pode vir comigo — respondia pacientemente Mariinha.

— Mas por quê? — choramingava a menina.

— Porque só deixam entrar no convento as freiras ou aquelas como eu que querem ser freiras. Quando a gente chegar no portão de entrada, o que a freira — que é muito severa — vai dizer? — E, imitando a voz rude da Irmã Dorothea, a porteira do Convento de Santa Clara do Desterro: — "Olá, menina! Você não pode entrar!" E então, o que você vai fazer? Dormir debaixo da marquise como os pobrezinhos e voltar para casa sozinha?

A menina não se deu por vencida e, lançando mão de outros recursos, insistiu:

— Mas nós somos espertas, não é, Mariinha? Você me esconde, a porteira não me vê, e assim nós duas entramos e eu fico com você!

— Como?

— É simples! Você me coloca dentro da mala com Celica...

— Quer dizer então que hoje de noite eu devo chorar pela morte da minha querida irmãzinha? — disse Maria Rita com ironia.

— Não! Eu explico o que você deve fazer: quando a gente chegar na estação, faz um furinho na mala com a faca. Assim eu vou poder respirar e você vai ver que, depois que a gente conseguir passar pela freira, ninguém vai ter coragem de me mandar de volta pra casa!

Maria Rita olhou para Dulcinha, que não largava a sua mão, e sorriu; depois olhou para Terezinha e lhe disse, com um ar de cumplicidade:

— Pede para o papai!

A menina, no entanto, não queria se dirigir ao pai, porque este a reprimia muito. Ela esperava sempre que aquela irmã com os longos caracóis negros, que ela amava mais do que a sua própria mãe, se comovesse. Ia saltando ao lado de Maria Rita e, de vez em quando, olhava para ela, puxava a sua saia e choramingava[9].

Se não fosse pela presença de Terezinha, o caminho teria sido coberto de silêncio, enquanto a luz da alvorada endurecia os traços de seus rostos absortos, e aquele do Dr. Augusto, escarnado, dava a impressão de ter sido esculpido na madeira.

O apito do trem irrompeu no ar quase como uma advertência, enquanto a locomotiva, sombria, resfolegava com impaciência sobre os trilhos. A austeridade rígida das linhas do trem era interrompida pela elegância macia das faixas douradas que emolduravam as janelas dos últimos vagões e corriam ao longo das laterais, contornando um oval largo em cujo centro aparecia a roda de ferro com as asas, símbolo da Companhia Ferroviária.[10] No andar superior, para tranqüilizar os passageiros mais elitizados, lia-se "Especial": tratava-se dos vagões da primeira classe, com as poltronas forradas de couro.

O grupo prosseguiu adiante até alcançar outros dois vagões bem mais modestos, sem nada escrito e com os bancos de madeira.

O vaivém agitado dos carregadores, do chefe do trem e do chefe da estação, com os seus quepes empinados que faziam com que todos parecessem generais, misturado ao resfolegar enfumaçado da locomotiva, aos gritos dos maquinistas, ao apito, que se repetia com mais freqüência, transmitiam uma sensação de angústia, fazendo com que todos caminhassem mais depressa.

As pessoas cumprimentavam o Dr. Augusto ao vê-lo passar. Na realidade eram poucos aqueles na cidade que não o conheciam.

Filho de Manoel Lopes Pontes[11], que fora político, vinha da alta burguesia; mas não fora por esse motivo que se tornara famoso. As autoridades e a classe alta o conheciam devido à sua renomada fama de catedrático de Prótese Dentária da Universidade da Bahia e a ele recorriam sempre que precisavam. Assim sendo, privava da intimidade do arcebispo, D. Augusto Álvaro da

Silva, e de pessoas importantes, como Simões Filho, Otávio Mangabeira, Rui Barbosa e muitos outros.

O fato de conhecê-lo não era um privilégio da classe mais abastada; também os pobres tinham acesso a ele, e a lista com os seus nomes encheriam páginas e páginas. Isto porque o Dr. Augusto era um dos fundadores do Abrigo dos Filhos do Povo, que ficava no bairro da Liberdade, tendo ali criado o Posto Odontológico onde atendia os necessitados gratuitamente[12].

Seu amor ao próximo não terminava aqui; ele subvencionava os professores do Abrigo responsáveis pela educação de aproximadamente quatro mil jovens que ali costumavam ir com freqüência. Esse colégio para ele era como a cachaça, dizia afetuosamente D. Alice, sua segunda mulher[13]. Incansável, ele ia até os bairros mais pobres de Salvador dentro de uma ambulância aparelhada e dava assistência odontológica a todas as crianças e jovens, executando uma verdadeira campanha de prevenção. Enfim, era um cristão caridoso, humilde e muito ligado à sua família[14].

Naquela manhã, mesmo respondendo aos cumprimentos, o Dr. Augusto caminhava reto e não descansou até acomodar Maria Rita e as bagagens no vagão.

A jovem sentou-se, e Terezinha pulou para o seu colo, alimentando a esperança de que no último momento a irmã lhe desse permissão para viajar junto com ela.

Dulcinha, com as costas apoiadas na janela, acariciava os longos cabelos negros de Maria Rita, fixando o vazio, com uma lágrima suspensa no canto do olho, assim como Geraldo e o pai.

Ouviram-se o apito do chefe da estação, o barulho das portas dos vagões fechadas com força e, naturalmente, alguém que reclamava em voz alta. O trem, com um forte arranco, partiu lento, quase resignado com o longo percurso que tinha à sua frente.

Maria Rita deveria descer do trem em São Cristóvão, a antiga capital do estado de Sergipe[15], onde ficava o noviciado da jovem Congregação das Irmãs Missionárias da Imaculada Conceição da Mãe de Deus.

O trem fazia duas paradas na área urbana e já começava a se aproximar da pequena estação de Plataforma[16], onde os acompanhantes deviam deixar o trem. O Dr. Augusto beijou a testa da filha e se afastou para não ceder ao choro. As últimas a sair foram Dulcinha e Terezinha, que tiveram de correr para descer do vagão.

Maria Rita, ao ver desaparecerem no horizonte os parentes e, juntamente com eles, as últimas casas de Salvador, sentou-se e, com o olhar fixo no vazio, explodiu num pranto copioso e liberatório. Jamais pensara que a separação pudesse ser tão dolorosa e cheia de saudade. Sua alma repetia obsessivamente: "Adeus, Salvador; adeus, papai; adeus, minha Dulcinha...", e desfiava, como um rosário, todos os nomes dos membros da família, recomeçando logo em seguida.

Pressentindo uma sensação de esgotamento, finalmente começou a se acalmar e, embalada pelo monótono movimento do trem, adormeceu.

Notas

1. Cf. Cartas da Irmã Dulce enviadas à Madre Fundadora, Maria Imaculada de Jesus, de 19.03.1933, e à Madre Pacífica Boenning, Superiora Geral (1936-1958), de 9.06.1940. Sendo esta última carta importante para a re-

ferência de algumas datas e de alguns dados particulares relativos aos primeiros anos da vida religiosa de Irmã Dulce, de agora em diante ela será citada como "Carta de 9.06.1940".

2. Esta foi a última residência da família Lopes Pontes. Logo depois de casado, o Dr. Augusto foi morar na Rua São José de Baixo, 17, no bairro do Barbalho, onde nasceram o primeiro e o segundo filhos, Augusto e a nossa Maria Rita, assim como todos os outros: ver Árvore Genealógica; cf. também Dulce Lopes Pontes, *Mensageiro do amor* [sob os cuidados de Vera Lúcia de Medeiros Guimarães], (s.l.) 2000, 27; Ata de Fundação da Associação das Obras Sociais Irmã Dulce. Depois da morte da mulher Dulce, em 1920, o Dr. Augusto transferira a família para uma casa em cima dos depósitos Porto Rico, na Rua Quitandinha do Capim, no bairro Santo Antônio, depois para a Rua Independência, 10, e, finalmente, sempre na mesma rua, para o nº 61.
3. Cf. Pontes, p. 22.
4. Ver Árvore Genealógica.
5. Para os componentes da família, ver Árvore Genealógica.
6. Cf. o *Jornal Diário de Notícias*, Diário Esportivo, 9 de maio de 1921; leia-se no mesmo jornal o artigo com a apresentação do time do Esporte Club Ypiranga, 28 de setembro de 1921, pág. 1; e o artigo sobre Popó na edição do dia 24 de janeiro de 1922.
7. Cf. as Lembranças da Irmã Olívia Lucinda da Silva e da Irmã Querubina da Silva.
8. Cf. Pontes, pp. 20-21.
9. Cf. Pontes, p. 23.
10. Para conhecer a história das Estradas de Ferro Brasileiras, ver Estevão Pinto, *História de uma estrada de ferro do nordeste*, J. Olympio Editora, S. Paulo, 1949; Glauco Carneiro, *Integrando um continente*, Ministério dos Transportes — Serviço de Documentação, Rio de Janeiro, 1970; P. M. Bardi, *Lembrança do 'trem de ferro'*, Banco Sudameris Brasil S. A., 1983, pp. 79, 81; de utilidade também o volume de Dinah Silveira de Queiróz, *Livros dos transportes*, Ministério dos Transportes — Serviço de Documentação, Rio de Janeiro, 1970, com artigos de jornais das várias épocas.
11. Ver Árvore Genealógica. O Prof. Manoel, morto aos 54 anos de idade, educara várias gerações de jovens em seu famoso Colégio Santo Antônio. Era um homem idealista, culto e serviçal, um patriota, e idealizou o Monumento aos Heróis do 2 de julho, erguido no Campo Grande, depois Praça

Dois de Julho. Um grande exemplo de civismo, principalmente durante a Revolta de Canudos; foi deputado e fazia parte dos mais altos círculos políticos da cidade de Salvador, ver Ata do Estatuto da Associação das Obras Sociais Irmã Dulce.

12. Sobre a sua pessoa, ver os artigos nos seguintes jornais: *A Tarde*, de 20.10.1966; 13.11.1975; 26.02.1976; 30.06.1981; 12.09.1982; *Diário de Notícias* de 25.10.1966; *Tribuna da Bahia*, de 9.04.1976.
13. Cf. Lembranças de D. Gaspar Sadoc da Natividade e Antônio Carlos Peixoto de Magalhães; Pontes, pp. 20-21.
14. Parece que teria adotado um menino chamado afetuosamente de "Nego Augusto", o qual se tornou, depois, um personagem da televisão brasileira com o nome de *Tião Macalé* (cf. Lembranças de Antônio Carlos Peixoto de Magalhães).
15. A linha ligava Salvador a Propriá, com 85 paradas e uma distância equivalente a 550,4 km; São Cristóvão era a 63ª parada no Km 400,2; ver *Ferrovias do Brasil*, IBGE, Conselho Nacional de Estatística 1956, pp. 104-105, *Localização dos pontos de parada na rede das ferrovias*, p. 77. Salvador, BA — Propriá, SE.
16. Cf. Lembranças de Maria Rita Pontes; Pontes, p. 23.

II

O apito do trem, que retomava a corrida depois da parada em Mata de São João, interrompeu o cochilo de Maria Rita. Ela olhou ao seu redor e viu que os bancos do vagão estavam ocupados por poucas pessoas, taciturnas, quase amedrontadas por aquele monstro de ferro em que viajavam.

Esfregou os olhos e, olhando pela janela, deu-se perfeitamente conta do rompimento que fizera naquela manhã e da corrida que a estava levando em direção à sua nova vida.

Tudo por culpa da tia Nininha[1]!, pensou, esboçando um sorriso. Se mamãe ainda fosse viva...

Afrouxadas as rédeas dos pensamentos, vieram à tona tantas lembranças[2], enquanto o seu olhar se perdia entre as colinas verdejantes cobertas de coqueiros.

O vulto de sua mãe surgiu diante dos seus olhos. Era carinhoso e sorridente, doce como o seu nome. A lembrança era viva, mas esfumaçada; mais do que uma imagem, era um emaranhado de sentimentos e de fortes emoções. Ela se via menina ao redor da sua cama, mimando-a pelo nascimento da última filha, Regina. A mãe fizera com que ela beijasse a recém-nascida, mas estava pálida, quase diáfana e cansada. Parecia que também aquele sorriso entristecedor lhe pesasse.

Papai Augusto tinha o rosto preocupado. Não via a hora de fazer com que ela e os irmãos saíssem do quarto e ficassem com tia Madalena[3].

Dois dias depois, a tia os chamaria para perto de si e diria: "Meus filhos, vamos rezar uma Ave-maria." Em seguida, faria com que se arrumassem para sair, pois todos deveriam se despedir da mamãe, que o Senhor tinha chamado, que partira para o céu.

"Mas por que ela não nos esperou? Se ela já foi embora, como é que nós vamos nos despedir dela?..." Como eu era ingênua!, pensou, sorrindo com comiseração. Ainda experimentava a sensação da sua mãozinha passada pela última vez sobre o rosto da mamãe Dulce. E, depois... depois, nunca mais a vira.

Seu pensamento se deteve. Os olhos abertos fixaram o vazio, e ela sentiu o calor das lágrimas que lhe sulcavam a face. Na sua mente, ouviu ainda mais uma vez aquelas palavras doces que a mãe lhe deixara, e aos irmãos, como um testamento de amor[4].

Em seguida, voltou às suas lembranças.

Passados alguns dias, a mesma tia Madalena chamara-os novamente ao seu redor para rezar uma outra Ave-maria e depois dissera: "Meus filhos, esta é para a irmãzinha Regina, que, por ser muito pequena, não podia ficar sem a mamãe e, assim, o Senhor também a chamou."[5]

Fez-se um grande vazio dentro de casa, apesar de terem vindo morar ali as tias Madalena e Georgina, e todos os dias vir visitar também Mariazinha, que tinha a sua família[6].

Adeus à liberdade que mamãe nos dava. As tias pareciam dois sargentos de Infantaria muito eficazes: era preciso estudar, e elas controlavam tudo; era preciso rezar, junto com elas; era preciso... era preciso... ainda bem que tinha o papai Augusto! Ele os levava ao estádio aos domingos, no verão iam à praia de Montserrat, ou iam visitar o padrinho Bernardo Catharino na sua bela casa no bairro da Vitória...

Um apito duplo do trem interrompeu a seqüência dos pensamentos, e um rumor de cem tambores ressoou no ar: estava atravessando a ponte sobre o rio Pojuca. Aquele curso d'água parecia uma serpente de cristal que, cortando a floresta, refletia a luz contra o céu; um céu que se tornava de um azul cada vez mais intenso.

Grandes clareiras começaram a alternar-se, contornadas por altos palmeirais, no bosque denso. Numa delas, muito ampla, o trem pôs-se a apitar ininterruptamente, quase deleitando-se, enquanto, à medida que se afastava, podíamos ouvir o seu eco.

Maria Rita, tomada pela curiosidade, levantou-se e da janela viu, ao longe, um grupo de crianças que gritavam ao longo dos trilhos. O trem diminuiu a marcha e, sempre apitando com alegria, respondia à festa que lhe fazia a gurizada, vestida apenas com alguns farrapos. Estavam felizes e sacudiam no ar tudo o que estava ao alcance de suas mãos: flores, folhas, até mesmo as mãozinhas dos pequenos irmãos ou irmãs que carregavam nos braços. Estavam felizes por terem visto ainda mais uma vez aquela maravilha cotidiana que interrompia com um estampido muito forte a monotonia do dia.

Os mais espertos e corajosos apostavam corrida com o trem; do numeroso grupo inicial sobrava apenas um teimoso qualquer que tentava resistir, incitado pela voz do foguista, enquanto aquele tratante do maquinista aumentava a velocidade do trem. Ao longe, sobre uma pequena colina, avistavam-se as cabanas pobres e negras, feitas com ramos entrelaçados, onde viviam as famílias daquelas crianças.

Maria Rita voltou a sentar-se, retomando o fio das lembranças emotivas que a visão daquelas crianças em festa provocara em seu espírito. Lembrou-se dela e dos irmãos, na fazenda do avô Lopes em Santa Bárbara. As competições naqueles jardins imensos, as corridas a cavalo, a mula de seu amigo Lula, as subidas nas árvores como tantos macaquinhos... quantos dias felizes! Se mamãe estivesse conosco, poderíamos dizer que era um paraíso.

"Alice!" De repente, seus pensamentos tornaram-se mais lentos e pararam.

"Alice! Que boa mulher! Bonita, com muita classe. Se não tivesse tido a mamãe, gostaria de tê-la em seu lugar."

Ela soubera superar com muita doçura aquela desconfiança natural que todos eles sentiram depois que o Dr. Augusto a apresentara como a sua segunda mulher[7]. Além do mais, o nascimento de Terezinha e o seu agarramento com Maria Rita muito mais do que com a própria mãe serviram de cimento para uni-las. Assim sendo, Alice era a madrasta afetuosa, cuidadosa e discreta[8].

— Mariinha, eu preciso falar com você! — ressoou ainda em seus ouvidos aquele convite da tia Madaleninha, que no fundo era uma ordem.

Maria Rita a olhara com desconfiança, mas a tia, baixa e corpulenta, cingira-a com o seu enorme braço e lhe repetira:

— Eu preciso falar com você! Vem comigo. — E carregou-a em disparada. — Mariinha, você já está com treze anos, já é uma moça, você não pode pensar só em brincar e se divertir.

— Mas, tia, eu vou à escola, estudo música, sei bordar... tenho o direito de me divertir... — replicou Maria Rita.

— Você está fazendo apenas o seu dever! — interrompeu-a, peremptoriamente, a tia. — Não está certo uma moça como você ir ao estádio todos os domingos e torcer como os rapazes. Não está certo uma moça de boa família divertir-se dessa maneira. Não é só ouvindo música[9] e soltando pipas na praia que você se diverte. Você fez isso até hoje e está bem, mas agora é preciso que entenda que a vida é uma rosa, com uma única flor e muitos, muitos espinhos. A vida não é o que você pensa! Não! Você deve abrir os olhos e ver as outras facetas para se preparar para viver. Deve conhecer as dificuldades, os sofrimentos, a pobreza, a miséria à sua volta... para que possa agradecer ao Senhor todos os dias por não ter nascido entre aqueles desgraçados que não têm nada daquilo que você tem. E não me diga: eu não me importo com coisa alguma! Ninguém dispensa você de entrar em contato com a realidade em que vivem os seus semelhantes. Seu dever como cristã exige que você ajude os seus irmãos[10].

Maria Rita abaixou a cabeça e o silêncio caiu.

— O que eu devo fazer? — perguntou, depois de uma longa reflexão.

— Domingo, em vez de ir ao estádio e bancar a doida, você vem comigo.

Adeus, Ypiranga!... Adeus, Popó!...

No domingo de manhã, Madaleninha apresentou-se em sua casa com duas amigas e levou-a consigo. Foram juntas à igreja de Santo Antônio, e, depois de terem assistido à missa, houve uma reunião: Madalena era a presidenta da associação Apostolado do Coração de

Jesus. Falou-se muito, embora Maria Rita não tivesse entendido nada, pois acompanhara a tia como um autômato. Desceram no bairro de Tororó, na Baixa dos Sapateiros e, percorrendo vielas malcheirosas, entraram em velhos edifícios decadentes, em casebres atabalhoados para visitar um doente e levar-lhe um remédio, para dar a uma família pobre alguns trocados, para assistir uma velha moribunda. Uma realidade que ela nem sequer imaginava que pudesse existir[11].

Diversas vezes, ao sair daquelas casas, Maria Rita teve ânsias de vômito e fortes dores de estômago. Fora tomada por um profundo desgosto pela vida e por uma melancolia que beirava o desespero. No entanto, como o cego do Evangelho, tinha a impressão de que, a cada vez que entrava naqueles ambientes, uma lasca caía dos seus olhos: às vezes, via à sua frente a indigência, o abandono, o sofrimento, as chagas, a fome... quantas misérias!

Não conseguiu dormir naquela noite: sua alma tinha sido arada, fora arrombada para receber uma nova plantação, e o semeador tinha passado e semeado o grão...

— Tia Madaleninha, quero vir com você, no domingo.

A escolha tinha sido feita.

O vão da escada de casa começou a se transformar em um depósito, e a porta se tornou bem conhecida e freqüentada pela gente pobre dos arredores da Rua Independência[12].

"Minha filha, lembre-se de que este não é o portão do convento de São Francisco!", lembrava-lhe o Dr. Augusto, mais para proteger a mulher e os outros filhos não inclinados a exercitar de tal maneira a caridade do que para recriminá-la[13]. Ele queria dizer simplesmente: faz como eu, ajuda a quem você quiser, mas longe de casa. Por outro lado, atendera às reclamações de Dulcinha, que chamara a sua atenção para o fato de que a imagem da família ficava prejudicada com a presença daquele viveiro de miseráveis. Na realidade, o interesse era dela, que se vestia bem e era uma moça namoradeira; mas o que estava por trás de tudo é que em casa havia filhas mulheres para as quais era preciso encontrar um bom partido, uma por uma, três vezes.

Ah! Papai, papai... quantas coisas eu inventei! No fundo, não era só o Geraldo, você também não queria que eu fizesse esta escolha, pensava a viajante, reconhecendo a figura do Dr. Augusto num cantinho das suas lembranças.

Enfim, a associação com a tia Madaleninha estava consolidada; juntas, freqüentavam as Irmãs Franciscanas do Sagrado Coração de Jesus do Convento de Santa Clara do Desterro, e, um belo dia, germinou uma idéia:

— E se eu me tornasse filha de São Francisco?[14]

A tia olhou-a com os olhos iluminados:

— Sim, sim, vamos falar com a Superiora.

Mas, alguns dias depois, com a desculpa de uma dor de dente, a religiosa fora procurar o Dr. Augusto.

— Quando quiser, doutor, o senhor envia a autorização para mim e nós teremos muito prazer em ter uma Lopes Pontes entre nós.

— Quem é que quer entrar para o convento em boa hora, Madaleninha ou Georgina? — perguntara o Dr. Augusto.

A Superiora olhara para ele com expressão de surpresa.

— Como, o senhor não sabe de nada?

— Quem?

— Maria Rita....

— Maria Rita? — O homem estremeceu. Depois, ao se recuperar da surpresa: — Bem, é melhor que eu tenha uma conversa com ela antes.

Foi assim que toda a família soube que Maria Rita tinha essa intenção, e principalmente os irmãos ficaram muito desapontados.

— E, de mais a mais, você ainda é muito pequena — concluíra o Dr. Augusto. — Espera mais um pouco, para poder testar a sua vocação; aliás, você já fala de vocação![15]

E, assim, passaram-se dois anos. Maria Rita acreditava que ninguém mais se preocupava com aquela sua intenção, e ela mesma redigiu a requisição para a entrada no Convento de Santa Clara do Desterro. No entanto, aquele furão do Geraldo descobrira tudo... enfim, ela tinha compreendido que devia esperar.

O pai a matriculara na Escola Normal da Bahia[16]: com o diploma de professora nas mãos, vamos ver se ela ainda vai querer ser freira, pensou. Mas em muito pouco tempo teve de mudar de opinião: uma manhã, pulou da cama ao ouvir um pequeno ruído e, em seguida, o portão se fechando com uma batida seca. Saiu para a varanda; tudo estava tranqüilo. Teve, porém, uma suspeita: entreabriu a porta do quarto onde Maria Rita e Dulcinha dormiam e viu a cama de Mariinha vazia. No dia seguinte, levantou-se cedo e se escondeu. Viu, então, Maria Rita sair, furtiva. Sem ser visto, seguiu-a e viu quando ela entrou na Igreja de Sant'Ana para assistir à primeira missa da manhã[17].

E eu que acreditava estar fazendo tudo em segredo!, pensou a viajante com comiseração. Depois, quase solta uma estrepitosa risada, mas se conteve para não chamar a atenção dos outros passageiros, pois poderiam pensar que ela era louca. De repente, veio-lhe à mente como um relâmpago a cara que Dulcinha fizera quando também perguntara a Santo Antônio se tinha vocação religiosa.

Lembrou-se como a irmã a espiava quando, durante o dia, ia até a sala para rezar diante da imagem do Santo que pertencera ao avô Manoel[18]. Um dia, Dulcinha a ouvira falar e não mais se conteve; entrou na sala e lhe perguntou o que tanto estava confabulando com Santo Antônio. E Maria Rita, séria, lhe respondera:

— Estava perguntando a ele se eu tenho vocação para me tornar freira.

A irmã esfregara os olhos, ficara séria, procurando entender se ela estava gracejando; depois, olhando para a imagem:

— E o que foi que ele respondeu? — perguntara.

Maria Rita, com um movimento da cabeça, dera a entender que o Santo respondera afirmativamente.

Dulcinha olhara para ela duvidosa, depois, para se certificar, dissera:

— Vamos ver o que ele vai responder para mim!

Aproximara-se da imagem do Santo e formulara a sua pergunta, mas, depois de permanecer ali por alguns minutos, não recebera nenhuma resposta.

O Santo a olhava com aquela expressão serena, o Menino parecia evitar o seu olhar, e... nada!

— Por que ele não me responde? — desabafara a uma certa altura, contrariada.

— Vê-se que você não sabe fazer a pergunta — respondera, irônica[19], percebendo na expressão de Dulcinha uma grande angústia. E aquilo lhe provocara, como agora, uma enorme hilaridade.

Notas

1. Madalena Lopes Pontes, a tia paterna, chamada na família pelos diminutivos Madaleninha ou Nininha, ver Árvore Genealógica.
2. "Durante a viagem de trem de Salvador a São Cristóvão, as lembranças da infância vêm à tona, como me contou Irmã Dulce: os banhos de mar,

os passeios no lombo de mula, as subidas nas árvores, os jogos de futebol" (Lembranças de Maria Rita Pontes).

3. As crianças foram para a casa do avô paterno, onde ainda viviam a avó Maria Magdalena Pinheiro, morta no mês de novembro seguinte, e as duas tias solteiras, Madalena e Georgina, ver Relatório da Irmã Dulce e Árvore Genealógica. O Relatório não é datado, mas pode ser situado entre os meses de fevereiro e agosto de 1933, seja pelo fato de estar articulado como um pró-memória de dados pessoais, seja porque ela sonha em partir como missionária entre os índios ou porque ela ainda se assina "Maria Rita de Souza Brito Lopes Pontes" (hábito que não mais terá depois do dia 13 de agosto de 1933, a não ser para atos oficiais). Cf. *Diário de Notícias*, de 20.07.1949.
4. Trata-se de um caderno de poesias muito afetuosas escritas por Dulce para o marido (Caderno de poesias para Augusto Lopes Pontes feitas por Dulce Pontes, *O Mensageiro do amor*, [Vera Lúcia de Medeiros Guimarães, (s.l.) 2000]), que se encerra com as seguintes palavras, quase um presságio da sua morte, que ocorreria exatamente um ano depois: "14 de junho de 1920. E ficou incompleto o meu livro. / Ele é um testemunho de quanto eu amei o meu Augusto. / O meu Augusto que ainda hoje eu adoro, por quem eu dou a minha última gota de sangue. / Este livro ficará guardado para um dia os meus filhos lerem e verem o que é um amor verdadeiro e puro. / Ver quanto eu amei e amo seu pai, com o mesmo amor como se o visse agora. / Tenho já deste amor cinco frutos os quais eu adoro muito, porém com franqueza amo mais Augusto, meu Augusto da minh'alma. / Este livro será um bom exemplo para os meus adorados filhinhos quando lerem saberem honrar e amar suas mulheres e maridos como eu amo Augusto e hei de honrá-lo. / Tenham orgulho meus filhos do pai que vocês possuem, pois não há menor mácula. É bondade em pessoa, dele ninguém tem mágoa. / Porém deste amor só tenho uma dor é de não estar gozando junto com estes seis entes a quem adoro minha casinha em São José de Baixo, 17. / É esta dor que tenho, porém espero em Deus findar este livro lá por isso fica ainda sem acabar" (pp. 26-27).
5. Regina morreu nos primeiros dias de agosto de 1921, cf. Lembranças de Dulcinha.
6. Cf. Árvore Genealógica.
7. Cf. Árvore Genealógica.
8. Cf. Lembranças de Dulcinha.

9. Ela gostava muito de escutar a música de Beethoven, cf. *Tribuna da Bahia*, de 8.02.1983.
10. Cf. Pontes, p. 18; Lembranças de Dulcinha e da Irmã Querubina da Silva.
11. Cf. Lembranças de José Augusto Berbert de Castro; Pontes, p. 18.
12. Maria Rita se preocupava em dar roupas e alimentos para eles, em cortar os cabelos, dar-lhes banho, medicá-los no sótão da casa (cf. Lembranças de Dulcinha e da Irmã Querubina da Silva).
13. Cf. Pontes, p. 19.
14. Tinha quinze anos aproximadamente, ver Relatório da Irmã Dulce; cf. Pontes, p. 19; Lembranças de Dulcinha.
15. Cf. Lembranças de José Augusto Berbert de Castro e da Irmã Querubina da Silva; Pontes, p. 20.
16. Maria Rita queria fazer o curso de enfermagem, mas o pai a matriculara na Escola Normal, ver Carta de 09.06.1940.
17. Cf. Pontes, pp. 20-21.
18. Existia na família Lopes Pontes uma grande devoção por Santo Antônio. O avô Manoel comprara a imagem que depois dera ao filho, Dr. Augusto. Este a tinha colocado, por algum tempo, no Abrigo dos Filhos do Povo, mas, assim que fora possível, levara-a para a sala de sua casa a fim de permitir que os seus familiares também pudessem partilhar daquela devoção. O simulacro encontra-se atualmente no Memorial Irmã Dulce. Cf. Lembranças de Dulcinha.
19. Cf. Pontes, p. 157.

III

O trem partira da estação de Entre Rios. No vagão em que viajava Maria Rita subiram duas ou três pessoas. A jovem notara que um homem com uma aparência de velho, devido à sua longa barba e os cabelos brancos, agachara-se em um canto no chão e, todo dobrado, apertava contra o peito um embrulho de trapos. De vez em quando ele olhava para a direita e para a esquerda, com os olhos amedrontados.

Logo em seguida, entrou o chefe do trem e, parando diante do homem, pediu-lhe que apresentasse um documento e a passagem. O homem olhou-o com um ar de cachorro escorraçado e balbuciou:

— Tenho que ir a Timbó.

— Tem que ir a Timbó? Não me interessa aonde você tem que ir, vamos, quero ver o seu documento e a passagem.

O velho, depois de olhá-lo longamente, disse, implorando:

— Eu não tenho! — E, com um fio de voz: — Não tenho dinheiro.

— Não tem? Você não tem dinheiro? Então, desce!

— Tenho que ir a Timbó — suplicou o velho.

— Então, vai em pé — e começou a maltratá-lo e a dirigirlhe palavras ofensivas das quais as mais leves eram "parasita e vagabundo".

Maria Rita, que assistira à cena, levantou-se, aproximou-se e disse ao chefe do trem:

— Quanto custa a passagem?

O homem olhou-a com desprezo:

— Fique sentada, moça! Isto não é da sua conta!

— É da minha conta sim — rebateu Maria Rita delicadamente, mas com decisão. — Ele é meu irmão; me dê, por favor, uma passagem para Timbó!

O chefe do trem olhou-a com um misto de desdém e de ironia:

— Este mendigo, seu irmão?!

— Sim, exatamente este mendigo — respondeu a moça secamente.

O homem, encolerizado, emitiu a passagem, fazendo com que ela pagasse o dobro; dessa maneira, os poucos trocados que levava consigo mal deram para o pagamento.

— Agora, vovô, fique bem sentado sobre o banco. Tome a passagem para Timbó — e acariciou-lhe a cabeça.

O velho olhou para ela, não conseguindo dizer nem "obrigado", mas uma lágrima rolou pelo seu rosto, perdendo-se na barba branca. Tentou segurar a sua mão para beijá-la, mas a moça retirou-a rapidamente e voltou ao seu lugar. Tirou da bolsa o farnel que tinha sido preparado para o seu almoço e levou-o para ele.

— Minha filha, você não é uma moça, mas sim um anjo do Senhor. Que ele a abençoe e guie os seus passos!

Enquanto voltava para o seu lugar, Maria Rita pôde ver as expressões e ouvir os comentários dos outros passageiros do vagão. Alguns demonstravam surpresa, outros admiração, e alguns poucos intolerantes, desgosto. Para ela, no entanto, tudo tinha sido muito natural: agira "como qualquer cristão deve agir", teria dito a tia Madaleninha.

Na realidade, ela estava profundamente imbuída[1] do ideal franciscano, para o qual se voltara havia já alguns anos, e que nela encontrara um terreno fértil, lavrado pela tia e pelo exemplo do pai.

Maria Rita sentou-se e ajeitou a saia marrom da Ordem Terceira que costumava usar desde algum tempo[2]; pôs-se a olhar novamente pela janela. Um denso bosque cerrava o horizonte. A luz do meio-dia parecia colocar em evidência a cor amarelo-ouro das palmeiras, que de vez em quando tornava-se prateada, contrastando com todos os tons de verde que a floresta apresentava. Entretanto, seu olhar foi atraído pelo azul do céu que se transformava num azul intenso como jamais tinha visto em Salvador. Assim sendo, as poucas nuvenzinhas apresentavam-se de um branco luminoso. E o seu olhar se perdeu, arrastando o seu pensamento para longe… para aquela manhã na Igreja de Nossa Senhora do Desterro. Ela tinha ido lá para assistir à missa com a tia Madaleninha. A nave era sulcada por intensas faixas de luz que entravam pelas janelas, criando um forte jogo de luzes e sombras.

Naquela manhã, tivera uma estranha sensação, como se esperasse por alguém; por isso, virava-se para trás a intervalos e olhava para a entrada, detendo-se para observar a transformação das pessoas que passavam por aquelas faixas de luz. Faltava ainda um pouco para o início da cerimônia, e ela teve o pressentimento de que alguém estava chegando. Permaneceu voltada para trás. "Oh, Senhor, um anjo!", exultou. Uma pessoa passara pela faixa de luz e o seu hábito branco cintilara, além do escapulário celeste, que se acendera, tornando-se intenso como aquele céu que ela tinha hoje diante dos olhos. Sentiu uma emoção profunda. Compreendeu qual teria sido o estupor que Bernadete experimentara quando a Virgem Maria lhe aparecera em Lourdes[3].

Aquela pessoa era uma freira. Maria Rita seguiu-a com o olhar até que ela se sentasse.

Foi como um amor à primeira vista; apaixonou-se e no íntimo de seu coração disse: "Quero entrar para aquela Congregação!"[4]

Lembrou-se de que no final da missa fora falar diretamente com aquela freira, a querida Madre Rosa, que, a partir daquele momento, tornou-se um ponto de referência para ela[5]. Quando estava em Salvador, Maria Rita ia encontrá-la para ouvir a história daquela jovem Congregação[6]. Sentia-se como Maria, a irmã de Lázaro, aos pés do Senhor, a ouvir e a sonhar.

Queria saber do fundador, um filho de São Francisco cheio de zelo apostólico, que ainda estava vivo[7].

Como ficara comovida quando Madre Rosa lhe falara da cura da fundadora na gruta de Lourdes, da sua fé e daquela força para dirigir a Congregação do seu leito de dor, distante, nos Estados Unidos[8].

Maria Rita repassava, agora, aquelas histórias, como se quisesse decorá-las e repeti-las na escola. A fantasia a ajudava a imaginar as linhas dos rostos, em particular daquela que, de simples professora, com todos os tipos de desventura física, fora agraciada pela Virgem Imaculada e tornara-se fundadora. Ela a via ditando cartas, rodeada pelas confreiras, via o seu interesse por tudo quanto acontecia em todas as partes do mundo onde aquele fermento fora espalhado, a incitar à vida espiritual com a doação de si mesma. Sentia-se inebriada por tudo aquilo, como imaginava que os frades também o fossem, estando em contato com Francisco.

"Ah! Papai, papai! Como você podia pensar que eu fosse capaz de mudar de idéia?" Em sua mente, relampejou o episódio ocorrido, uma semana antes de receber o diploma de professora primária[9], quando o Dr. Augusto a chamara para irem juntos ao centro da cidade a fim de escolher o anel de formatura.

Maria Rita, com a cabeça baixa, temerosa de ofender o pai, lhe dissera:

"Papai, não quero nada. Só peço que me abençoe para que eu possa me tornar freira." Em seguida, olhara de relance para ver o efeito de tudo aquilo que as palavras não podiam expressar.

Aquela remota esperança que o Dr. Augusto alimentara desvaneceu-se em um único instante. Seus olhos encheram-se de lágrimas; abraçando a filha, ele sussurrou em seu ouvido:

— Sim, Mariinha, segue o teu caminho, porque se vê que esta é a vontade do Senhor.

E, no dia da formatura, não houve nem anel nem festa, mas a expectativa vivida pela família com dois sentimentos contraditórios: de alegria por Maria Rita e de melancolia por parte de todos os outros, pois no dia seguinte começariam os preparativos para a partida, concretizada naquela manhã.

Notas

1. Maria Rita, aos dezesseis anos, sob orientação de seu confessor, entrara na Ordem Terceira da Penitência de São Francisco de Assis: em 15 de janeiro de 1930, professara com o nome de Irmã Lúcia; portanto, em 15 de janeiro de 1933 fizera os votos (registro n° 469), v. Relatório da Irmã Dulce. Além dessas notícias, a irmã Dulcinha detalhou: "Tinha Pe. Aires, sacerdote diocesano da Igreja de Sant'Ana, como diretor espiritual. Em relação à espiritualidade, pelo fato de pertencer à Ordem Terceira,

adquiriu uma espiritualidade genuinamente franciscana." Cf. tb. As Lembranças de Irmã Maria das Neves de Alencar Neves; Irmã Querubina da Silva e de Maria Rita Pontes.

2. No dia 25 de dezembro de 1932, vestiu o hábito. Naquela época, o Frei João Baptista Villar dirigia a Ordem Terceira, na qual estava para entrar o Frei Hildebrando Kruthaup ofm, de quem falaremos mais adiante; ver Relatório da Irmã Dulce, cf. Lembranças de Dulcinha e da irmã Olívia Lucinda da Silva.
3. Após o ingresso no noviciado, ao escrever à Madre Fundadora, dirá: "Sinto-me feliz (...) por vestir o hábito que possui as cores daquele de nossa Mãe celeste" (Carta a Madre Maria Imaculada de Jesus de 27.08.1933).
4. Cf. Lembranças da Irmã Maria das Neves de Alencar e da Irmã Olívia Lucinda da Silva. Provavelmente seria o ano de 1927, e a Irmã era Rosa Schüller, Madre Provincial, ou Comissária, como se dizia dentro da Congregação das Irmãs Missionárias da Imaculada Conceição da Mãe de Deus, ver Lembranças de Maria Rita Pontes. Na época, a Congregação das Missionárias não possuía uma casa em Salvador; assim sendo, a Madre ou as Irmãs de passagem que vinham a Salvador ficavam hospedadas no Convento de Santa Clara do Desterro.
5. A atração foi tão forte que, enquanto antes queria ser apenas franciscana e não missionária, depois ela mesma confessou: "Analisando comigo mesma a minha vocação e o meu caráter, senti, como sinto, que a minha inclinação é ser missionária" (Relatório da Irmã Dulce).
6. A Congregação das Irmãs Missionárias da Imaculada Conceição da Mãe de Deus fora fundada em 1910, em Santarém, no estado do Pará (Brasil). D. Amando Bahlmann, dos Frades Menores, idealizara essa fundação para ajudar as populações do norte da Amazônia, dedicando-se, em particular, à educação dos jovens. Encontrara apoio para a realização desse projeto nas Irmãs Concepcionistas do Monastério da Ajuda do Rio de Janeiro. Quatro delas colocaram-se à disposição para ajudá-lo: Madre Coleta da Imaculada Conceição, Madre Verônica da Santíssima Trinidade, Madre Maria do Carmo do Coração de Jesus e Madre Maria do Patrocínio de São José. No entanto D. Amando tinha sérias dúvidas quanto à competência delas no campo do ensino, já que tinham vivido em clausura e não possuíam nenhuma preparação pedagógica; por isso, decidira chamar uma mestra na Alemanha. Assim, Elisabeth Tombrock tornou-se Irmã com o nome de Maria Imaculada de Jesus, agregou-se e foi juntamente com as Concepcionistas para a Amazônia.

Os primeiros anos foram muito difíceis e de grande sofrimento, devido à hostilidade do ambiente, à pobreza e, principalmente, à morte inesperada de algumas jovens Irmãs que se tinham unido na nova missão. Além do mais, algumas não conseguiam se adaptar àquela vida cheia de dificuldades e de privações, o que fez com que retornassem à sua terra de origem. Apesar disso, a Congregação crescia, principalmente com a chegada de vocações vindas da Alemanha e do resto do Brasil.
Inicialmente, a Instituição foi considerada como uma filiação da Ordem das Concepcionistas, fundada em 1484 por santa Beatriz da Silva, em Portugal; assim, foi denominada Pobres Clarissas Missionárias da Imaculada Conceição. Seguindo a Regra Concepcionista, obteve o reconhecimento como Congregação de Direito Diocesano, com uma permissão especial para a expansão, além da Prelatura de Santarém. Em 1925, D. Amando Bahlmann agregou-a à Ordem dos Frades Menores, fazendo com que seguisse a Regra da Ordem Terceira Regular de São Francisco. Enfim, em 1929, foi concedido o *status* de Congregação Apostólica de Direito Pontifício com o nome de Irmãs Missionárias da Imaculada Conceição da Mãe de Deus. O carisma concentra-se no caráter missionário e na evangelização entre os mais necessitados, na imitação da Maria Imaculada [dimensão contemplativa] e no exemplo de São Francisco [dimensão ativa]. A partir de 1960, a Congregação passou a ser formada por cinco Províncias: Santa Cruz (Nordeste) e Imaculado Coração de Maria (Norte) no Brasil; São José, na Alemanha; Santíssimo Nome de Jesus, em Taiwan; Imaculada Conceição, nos Estados Unidos. Cf. Crônicas da Congregação das Irmãs Missionárias da Imaculada Conceição da Mãe de Deus, 1910-1945; M. A. Goldmann, *Madre Maria Imaculada de Jesus*, Salvador (BA), 1951.

7. August Bahlmann, nascido a 8 de maio de 1862 em Essen-Oldemburg (Barhmansholte, Alemanha), era filho de um professor profundamente cristão. Durante a infância, dominava em sua terra um movimento de luta pela cultura em contraste com a Igreja. Por isso, quando decidiu entrar para a vida religiosa, sentindo que o ideal franciscano o atraía, teve de abandonar sua terra natal para ir estudar em um seminário na Holanda. No dia 21 de agosto de 1879, recebeu o hábito franciscano no convento de Harreveld. Quatro anos mais tarde, emitiu os votos com o nome de "Amando", e no dia 22 de setembro de 1888 foi ordenado sacerdote na Basílica de São João de Latrão, em Roma. Em 1890, quando foi entregue à Província da Saxônia

a reforma dos conventos no Brasil, Padre Amando ofereceu-se para esta missão. Partiu de Bremen para Florianópolis no dia 24 de maio de 1891. Transferido para Salvador, foi superior do convento de São Francisco. Naquela época, visitou os conventos da Bolívia e da Argentina, viajando também pelo interior da Bahia e de Sergipe. Nomeado bispo de Santarém, no dia 19 de julho de 1908, recebeu em Roma a ordenação episcopal. Na nova diocese, obteve a ajuda dos Padres da Sagrada Família; no entanto necessitava de religiosas para trabalhar com a infância e a juventude. Assim, em maio de 1910 solicitou a colaboração das Concepcionistas de Ajuda (ver nota precedente). Depois da partida de Madre Coleta, Irmã Maria Imaculada de Jesus (Elisabeth Tombrock) tornou-se o seu braço direito.

O bispo trabalhou ininterruptamente em Santarém por 32 anos. Morreu a 5 de março de 1938 no hospital das Graue Schwester (Irmãs Cinzas), em Nápoles. Em 1952, seu corpo foi trasladado para o Brasil por iniciativa do Bispo D. Floriano, indo para a capela Senhor dos Passos da catedral de Santarém. Cf. Crônicas da Congregação das Irmãs Missionárias da Imaculada Conceição da Mãe de Deus, 1910-1945; M. A. Goldmann, *Madre Maria Imaculada de Jesus*, Salvador (BA) 1951.

8. Madre Maria Imaculada de Jesus, no século Elisabeth Tombrock, nascera a 14 de novembro de 1887 em Ahlen (Alemanha). Sua vida, desde a infância, foi marcada pelo sofrimento devido à sua saúde precária. Conseguiu o diploma de professora em Münster, a 18 de julho de 1907; imediatamente depois, no entanto, foi internada para curar-se de uma tuberculose pulmonar que invadia o seu organismo, provocando-lhe afonia e tumores na mão direita. Sofria também de insuficiência cardíaca e pleurite. Perdeu o dedo indicador da mão direita e, correndo o risco de perder o braço, partiu para Lourdes, dizendo: "Nossa Senhora me salvará." O milagre aconteceu no dia 15 de agosto de 1909, durante a procissão eucarística, e, naquele momento de suprema graça, Elizabeth ouviu a chamada do Senhor para a vida missionária.

   Um ano depois, no dia 15 de agosto de 1910, aceitou o convite de D. Amando para dedicar-se ao ensino e à educação da juventude de Santarém. Recebeu a ordenação religiosa junto às Clarissas de Münster. Preparada por estas, recebeu o nome de Maria Imaculada de Jesus e o hábito branco e azul das Concepcionistas.

   Chegada ao Rio de Janeiro, partiu para Santarém juntamente com as outras quatro, primeiro núcleo da futura Congregação das Irmãs Missionárias

da Imaculada Conceição da Mãe de Deus (ver nota precedente). Ficando sozinha na direção da nova Instituição, tornou-se a sua co-fundadora. Como se tornou necessário ampliar a casa de Santarém, a escola e o orfanato, D. Amando levou-a consigo para os Estados Unidos à procura de auxílio.
Durante aquela viagem, Madre Imaculada levou um sério tombo que a deixou paralítica e obrigada a permanecer num leito de dor durante dezesseis anos. Nunca mais voltou ao Brasil, mas continuou a dirigir a Congregação até 1936, quando passou o cargo para a Irmã Pacífica. Sob sua direção, a Congregação cresceu e se difundiu no mundo inteiro, com a abertura de um noviciado na Alemanha, a fundação de casas nos Estados Unidos, na China, no norte e no nordeste do Brasil. Morreu no dia 23 de abril de 1938 em Boaventura (Estados Unidos). Cf. Crônicas da Congregação das Irmãs Missionárias da Imaculada Conceição da Mãe de Deus, 1910-1945; M. A. Goldmann, *Madre Maria Imaculada de Jesus*, Salvador (BA) 1951.

9. 9 de dezembro de 1932, cf. Termo de entrega do anel de formatura em Magistério; Pontes, p. 22; Lembranças de José Augusto Berbert de Castro.

IV

O trem recomeçou a apitar com insistência, sinal de que se aproximava de uma outra estação. Já de algum tempo, iluminada pela luz alaranjada que antecede o crepúsculo, se avistava, estendida sobre uma colina, a cidade de São Cristóvão, antiga capital de Sergipe.

O trem circundou a elevação, dirigindo-se para o lado norte, onde ficava a estação, constituída somente por uma pequena casa com um largo alpendre.

Maria Rita, que já preparara as bagagens, desceu. Finalmente! Depois de mais de doze horas, o chão ondulava sob os seus pés, pois ela se acostumara ao movimento regular do trem. O monstro de ferro, com um forte rumor de ferragens em movimento, afastou-se como se tivesse pressa em concluir a sua corrida.

A moça olhou ao seu redor, depois fixou, ao sul, a colina em cima da qual despontavam as duas torres do campanário da matriz. A cidade tornara-se, agora, uma moldura escura contra a luz. A explosão de cores, que o crepúsculo provocava naquele momento, impressionou-a muito.

Depois de ter pedido informações ao funcionário da estação, ela dirigiu-se ao velho Convento do Carmo. Não podia se enganar: devia subir a elevação e costear o grande convento de São Francisco.

O trajeto em aclive com a mala era difícil, mas servia para desentorpecê-la, depois de todas aquelas horas de imobilidade forçada. No final do percurso, ela chegou numa imensa praça quadrada com um lado inteiramente ocupado pelo cenóbio franciscano. O branco da fachada da igreja e do convento, delimitado por laterais na cor amarela, parecia cheio de fogo, refletindo diretamente os raios do sol naquela hora do crepúsculo. Uma alta cruz branca, fincada sobre um pedestal arredondado, marcava o centro daquele espaço.

Cada ângulo daquela praça refletia o estilo colonial barroco sóbrio, essencial em suas linhas, já que era fundamentalmente pobre.

Maria Rita chegou diante do portão do Carmo e tocou a campainha. O postigo quadrado abriu-se... O acolhimento da Superiora, Irmã Joana, manifestou a grande fraternidade. Maria Rita conheceu Almira Tanure, Noêmia Campos, Adalice Benevides, Fernandina Costa Lima e as duas irmãs Alencar Neves: as outras postulantes, companheiras do percurso de formação[1].

Depois de ter sido apresentada a todas as confreiras, Irmã Joana confiou-a aos cuidados da Mestra das Postulantes, Irmã Prudência[2], que a acompanhou até o seu quarto e se ofereceu para ajudá-la a desfazer as malas.

— Não se incomode, Madre. Diga-me apenas em que parte do armário eu posso colocar as minhas coisas. Posso fazer tudo sozinha — disse Maria Rita.

— Não se preocupe, filha, aqui devemos ajudar umas às outras.

A moça, levando em consideração a decisão da Irmã, não mais insistiu, mas começou a retirar os seus pertences da mala muito lentamente, quase com circunspecção.

— O que é isso? — perguntou a Irmã de repente.

Debaixo do enxoval, bem escondida, estava "Celica", a amiga inseparável de Maria Rita.

Irmã Prudência retirou-a da mala, divertindo-se:

— Que boneca bonita! — dizia, enquanto caminhava, e rodando-a várias vezes entre as mãos, fingia observá-la, embora sua atenção estivesse, na realidade, voltada para as reações da jovem aspirante.

— É apenas uma boneca de celulóide — justificou-se Maria Rita.

— Mas é bonita! De bom gosto, e, além do mais, querida, enfrentou muitas horas de viagem e atravessou os muros de um convento — continuava a Irmã de modo sombrio. A moça compreendeu imediatamente para onde o discurso estava indo, abaixou a cabeça, envergonhando-se um pouco, e não ousava levantar os olhos. A Irmã Mestra colocou a mão debaixo do seu queixo e, levantando o seu rosto: — Você teve coragem de separar-se de todos — disse —, do seu pai, dos seus irmãos, das tias, mas não de deixar esta boneca?

A moça balançou a cabeça, enquanto seus olhos se encheram de lágrimas.

Irmã Prudência compreendeu que era um objeto muito importante, sentou-se aos pés da cama e lhe perguntou:

— O que existe de tão especial nesta boneca? Terá sido um presente da sua mamãe?

Maria Rita sacudiu a cabeça para dizer que não, enxugando ao mesmo tempo as lágrimas, e, depois, sorrindo:

— Eu a ganhei! — E começou a contar que, aos quatro anos, recusava-se a tomar o óleo de rícino que lhe ministravam; então, a avó paterna, Maria Madalena[3], prometera-lhe que, se ela tomasse tudo sem fazer beicinho, lhe daria uma boneca de presente. — Desde então, ela sempre ficou junto de mim — concluiu.

A Madre Mestra se divertiu muito com a narração, mas lhe disse, em tom sério:

— Agora você vai me dar a boneca e eu vou guardá-la comigo, dentro do meu armário.

Maria Rita olhou-a desconsolada, certa de que nunca mais veria Celica. Ao contrário, Irmã Prudência, dotada de muito bom senso, levou-a até Maria Rita no domingo, na hora de recreação, e deixou que ela brincasse com a boneca. O mesmo aconteceu durante todos os domingos naqueles seis meses de postulado.

A moça, por aquela natural simplicidade e espírito de partilha que possuía, fazia questão de que todas as companheiras do postulado participassem da brincadeira com a boneca; tanto que, quando era chegada a hora do passeio, a "mamãe de turno" colocava Celica num carrinho[4] improvisado, cheio de folhas, com um espaldar em forma de leque, feito com folhas de palmeira, e todas juntas rodavam pelas vielas do jardim, repleto de coqueiros, bananeiras e árvores de grande porte. Parecia o passeio da Infanta com as suas damas de companhia. Da grande mangueira descia também uma pequena família de macaquinhos, que assistiam ao estranho espetáculo. Não deixavam nunca de fazer uma visitinha à gruta de Lourdes, reconstruída no fundo do jardim para relembrar o milagre concedido pela Virgem à Madre Fundadora[5].

Fora dessa hora de recreação dominical, a vida no convento era dura e austera. Acordar muito cedo pela manhã; longas horas de oração e de meditação; as tarefas e as funções para executar; refeições frugais e essenciais... Maria Rita ingressara no coro do convento, porque tinha uma bela voz e conhecia música, sabia tocar harmônica, apesar de sofrer, freqüentemente, de dor de garganta. Essas suas habilidades não lhe concederam nenhum privilégio, e ela mesma nunca se recusou a aceitar as tarefas que exigiam fadiga. Com grande confiança, ela se deixou moldar pela Mestra naquele tempo de oração e de preparação. A alegria e a dedicação diárias faziam com que ela fosse vista aos olhos das confreiras como uma pessoa serena e feliz, embora algumas vezes se sentisse oprimida pela saudade de casa[6] e fosse desabafar na igreja, diante do grande crucifixo ou do altar de Nossa Senhora.

Irmã Prudência tinha uma preocupação: imergi-la no espírito da Congregação. A observação estreita era correspondida por muita alegria, união e paz, e ao rigor unia uma grande compreensão[7]. Fazia com que elas observassem com muita ênfase que estavam vivendo um momento especial, já que podiam escrever e receber instruções, por escrito, diretamente da Madre Fundadora[8], embora ela se encontrasse nos Estados Unidos e estivesse completamente paralisada.

Nessa atmosfera impregnada de austeridade e de ascese, não faltavam, entretanto, episódios engraçados e embaraçosos: era o cotidiano que irrompia para colocar à prova, para solicitar o espírito de adaptação e, principalmente, para fazer com que a aprendizagem fosse bem-sucedida.

Maria Rita vinha de uma família de bem e até então pensara em estudar; por mais que tivesse se dedicado à caridade e ao amor ao próximo por muitos anos, não fora habituada aos afazeres domésticos. No entanto, agora no convento, cada uma delas estava encarregada de limpar um departamento, todos os dias, logo depois da missa matinal, antes de iniciar as funções diárias. As quintas-feiras eram reservadas para a faxina: era preciso varrer e lavar o chão, naturalmente procurando manter o hábito branco o mais limpo possível.

Maria Rita, apesar de toda a sua boa vontade, era inexperiente e desajeitada, ao ponto de chegar ao final da limpeza com o hábito todo molhado, respingado e sujo. Apesar de ser exigido o silêncio absoluto, algumas vezes as companheiras não conseguiam conter o riso, chamando, assim, a atenção da Madre Mestra.

Numa quinta-feira, coubera a ela lavar o chão da galeria do claustro onde se encontrava a entrada da igreja. O cuidado em lavar e encerar bem os três degraus que davam na igreja fizeram com que ela aumentasse o ritmo da lavagem do chão. No final, Irmã Prudência a encontrara tão desarrumada que a intimara:

— Agora vá se apresentar à Madre Superiora em seu escritório, para que ela veja a que você ficou reduzida!

Maria Rita obedeceu e, humildemente, com a cabeça baixa, escutou as palavras maternais de Irmã Joana:

— Você precisa prestar mais atenção ao fazer as coisas, porque o convento é pobre, não podemos inutilizar tudo quanto nos foi dado, como as vestes. É preciso não desperdiçar a água, que, com dificuldade, é apanhada na cisterna para as necessidades de todos. Não é preciso fazer com pressa aquilo que nos foi designado, pois desse modo se faz uma ofensa em relação às outras... — e assim por diante. A inflexão alemã dava à repreensão um ritmo monótono e um não-sei-quê de marcial.

A jovem postulante, daquela vez, prometeu a si mesma que nunca mais faria qualquer coisa que merecesse a advertência da Madre Superiora. Não se sentiu ferida, ou melhor, encarou-a como uma lição, um estímulo para aprender ou melhorar em tudo aquilo que não sabia fazer[9].

Sentia-se como uma menina, porque "quando chegamos ao convento, nascemos outra vez para viver somente para Jesus"[10].

Notas

1. Terezinha Alencar Neves deixará o convento dali a pouco, e permanecerão apenas seis: cf. Lembranças de Maria das Neves.
2. No século Rosa Soares Nascimento (1903-1991).
3. Trata-se da avó paterna Maria Magdalena Pinheiro, descrita como uma mulher leal, dedicada, constante e eficiente colaboradora do marido, o Prof. Manoel Lopes Pontes, ver Árvore Genealógica e Ata do Estatuto da Associação das Obras Sociais Irmã Dulce.
4. Cf. Pontes, pp. 23-24; Lembranças de Maria das Neves, Dulcinha, Maria Rita Pontes.
5. Cf. Carta da Irmã Dulce à Madre Maria Imaculada de Jesus, de 18.08.1934.
6. Cf. Lembranças da Irmã Maria das Neves e da Irmã Querubina da Silva.
7. Cf. Lembranças da Irmã Maria das Neves. Irmã Prudência era uma santa religiosa. Todas as religiosas formadas por ela consideravam-na e consideram-na uma santa (cf. Lembranças da Irmã Olívia Lucinda da Silva).
8. Cf. Carta de Maria Rita à Madre Maria Imaculada de Jesus, de 19.03.1933, passados apenas quarenta dias da sua chegada.
9. Cf. Lembranças da Irmã Maria das Neves.
10. Carta de Maria Rita à Madre Maria Imaculada de Jesus, de 19.03.1933. É uma carta muito importante, para que se constate o seu fervor focalizado na Eucaristia e no renascimento espiritual, nela suscitado pela leitura do *Caminho da infância espiritual*, de Santa Teresa do Menino Jesus.

V

O mês de agosto daquele ano começou caracterizado por uma ânsia muito particular que parecia estremecer o pacato, quase monótono, ritmo de vida do convento. O ânimo das irmãs e das postulantes fermentava, e cada gesto, cada palavra, era em função de duas datas: o 13 e o 15 de agosto! A expectativa estava para ser concretizada, a meta para ser tocada, o objetivo para ser alcançado.

As irmãs tinham seguido dia após dia a germinação daquelas novas plantinhas e fremiam pelo momento de transplantá-las para enriquecer a Congregação. As postulantes, por outro lado, viam com temor e alegria a aproximação do seu ingresso no noviciado. O período de prova chegava ao fim, e, como nova linfa vital, começariam a fazer parte da família religiosa.

Assim sendo, somavam-se às ocupações cotidianas as tarefas de preparação que absorviam completamente também as poucas horas de recreação: quem devia preparar os cantos, quem devia costurar os hábitos e as toucas, quem devia providenciar a decoração para a igreja e para a casa, quem devia preparar, na cozinha, docinhos e alguns pratos especiais...

Todo esse fermento chegou ao seu clímax no dia anterior à chegada dos parentes, que, coitados, embora não perturbassem, acabavam complicando ainda mais a vida. Para cada postulante que devia entrar em noviciado, tinham vindo um ou dois parentes. Era preciso estar junto deles por alguns momentos, só que com a cabeça longe. Por outro lado, como não estavam habituados à vida de um convento, quando eram levados para visitar os ambientes, falavam em voz alta, entravam cheios de curiosidade em todos os lugares, faziam perguntas a cada uma das confreiras que encontravam pelo caminho... enfim, elas ficavam constantemente embaraçadas.

Maria Rita ficou felicíssima em rever depois de tantos meses o pai, mas, como todas, vivia num estado de ânimo tal que teria preferido que a visita acontecesse num período menos tumultuado.

O Dr. Augusto, quando percebia que era melhor afastar-se para não incomodar, saía do convento. Imediatamente do lado de fora do portão, achava-se numa pracinha da qual podia admirar aquele grande conjunto no seu lado externo. Lado a lado, encontravam-se o pequeno e o grande Carmo: dois conventos com as respectivas igrejas dedicadas à Nossa Senhora do Carmelo, que pareciam o filho maior e o mais novo[1]. As linhas clássicas e austeras das fachadas eram movimentadas pelas volutas sinuosas dos frontões e dos intradorsos das janelas. A elegância que aquela simplicidade emanava na época da construção significava apenas pobreza. Na realidade, a moda dominante do Barroco colocava em evidência aquelas fachadas miseráveis, desprovidas, nuas. Percorrendo, em seguida, um breve trecho, ele se encontrava diante da matriz. Ali, as duas torres do campanário já faziam sentir a diferença.

Chegou, finalmente, o primeiro dia, tão esperado[2]. O claustro era um vaivém, um farfalhar veloz de vestes, um tagarelar excitado. Tudo devia estar pronto nos mínimos detalhes. A igreja estava repleta de flores. As pessoas ocupavam mais da metade da nave, onde um simples degrau servia de divisória com a parte na qual deveriam sentar-se as Irmãs, dispostas por ordem hierárquica: na frente as probantes, na segunda fila as noviças e nas sucessivas as professas, de acordo com o tempo de profissão religiosa. O arco triunfal e um outro degrau delimitavam o presbitério.

O canto de entrada entoado pelo coro encheu a igreja de emoção. Frei João Baptista, o confessor e pai espiritual do convento[3], subiu ao altar e introduziu a oração; assim fazendo, a Irmã Rosa, que era a Provincial, colocou-se no centro do presbitério e, chamando as postulantes, uma por uma, efetuou a ordenação religiosa.

Aquele hábito branco que fora a cruz e a delícia de Maria Rita era substituído por uma veste negra com o mantelete, também este interrompido somente por um colete branco. O véu negro era bordado e sustentado por uma tiara branca. Aquelas cândidas pombas tornavam-se, assim, toutinegras.

Após o canto em louvor da Beata Beatriz da Silva, a Fundadora das Concepcionistas, todas, ordenadamente, puseram-se a beijar a sua relíquia das mãos do Frei João Baptista[4].

Aquele dia constituía o prelúdio de um outro ainda mais solene: 15 de agosto. Naquele ano, acontecia uma feliz coincidência: a solenidade da Assunção era enriquecida pelo 25° aniversário da cura na Gruta de Lourdes da Madre Fundadora, Maria Imaculada de Jesus[5]. Assim sendo, tornava-se memorável a entrada das novas Irmãs para o noviciado.

No momento do canto solene, Frei João Baptista e Frei Vicente subiram ao altar revestidos dos paramentos mais ricos. O branco e o azul dos hábitos das irmãs[6] era um ponto de luz no centro da igreja. Em seguida, por um momento, tudo pareceu imobilizar-se, fez-se um enorme silêncio. Entraram as candidatas ao noviciado, vestidas de noiva. O véu branco caía sobre os seus rostos, e cada uma delas carregava, com as mãos postas, uma lâmpada acesa. O cortejo era encerrado pelas Irmãs Rosa e Joana. A comoção foi grande: os parentes e todos os convidados não conseguiam esconder as lágrimas.

O celebrante introduziu as orações iniciais; então, Irmã Rosa, após ter feito as perguntas rituais para que fosse expressa, publicamente, a vontade das candidatas em emitir a profissão religiosa, chamou-as uma por uma.

— Tu, Maria Rita, de hoje em diante não mais te chamarás Maria Rita, mas Irmã Dulce.

Na cabeça, no coração, nas vísceras da moça, aquilo explodiu como o estrondo de um trovão, e um eco repetiu até o infinito: "Irmã Dulce... Dulce... Dulce..."

O Dr. Augusto não conseguiu conter as lágrimas: depois de doze anos, o nome da querida mulher falecida tão prematuramente revivia na filha, e seu coração ficou eternamente grato à delicadeza que as Superioras haviam demonstrado[7].

Em seguida, Irmã Rosa leu a carta que fora enviada a todas elas pela Madre Maria Imaculada de Jesus, a Fundadora. E Dulce ficou particularmente impressionada por estas expressões: "Que a humildade (da Mãe celeste) reine nos seus corações, que a sua pureza resplandeça em vocês, que a sua simplicidade e retidão sejam um estímulo para a sua perfeição em cada ato; sigam como verdadeiras e fiéis filhas de Maria. Que o seu pensamento, o seu falar, os desejos e as ações sejam todos conforme o espírito da amada Mãe do Céu."[8]

Iniciava-se, assim, o segundo momento do noviciado. Irmã Dulce era a única formada do grupo de noviças, mas isto não significava para ela um motivo de orgulho ou de vaidade; ao contrário, nunca pediu para ser dispensada das aulas nem de cultura geral nem de português[9]. Preocupava-se em dar o bom exemplo às companheiras e de não ser repreendida, não por um motivo de altivez, mas porque a graça estava realizando dentro dela o seu trabalho, e a observância escrupulosa das regras era um ato de amor em direção ao Senhor.

Aprendera, finalmente, que, ao primeiro toque do sino, devia interromper imediatamente o que estava fazendo e apressar-se, pois ao segundo toque já deveria estar dentro da igreja para iniciar, juntamente com as outras, a oração ou a meditação. Apesar desse escrúpulo, quando chegava o momento para o capítulo das culpas, ela ajoelhava-se no centro da sala e pedia perdão, pois, mesmo tendo agido com diligência, ainda assim dizia que em seu ânimo sentira preguiça[10].

Agora, como noviça, não dormia mais no quarto, mas num ambiente grande no primeiro andar, subdividido por tabiques de madeira, de modo a ter uma espécie de pequeno quarto com a cama, uma mesinha e prateleiras que serviam de armário. Nas horas dedicadas ao estudo, Irmã Dulce levantava-se de vez em quando e ia até a janela. Dali, além do bananal do convento, via-se um pequeno lago rodeado por míseras cabanas de madeira com os telhados de ramos de palmeira secos. Ouvindo as crianças gritar, rir ou chorar, ela percebia mesmo na alegria a sua miséria, mas não podia fazer nada: tinha a impressão de viver em um outro mundo.

— Madre, podemos sair para ensinar um pouco de catecismo às crianças que vivem aqui nas redondezas, para visitar algum doente... — pedira à Irmã Prudência, que as seguira também como Mestra do Noviciado.

— Não, Irmã Dulce, só as Irmãs podem fazê-lo, não as noviças que ainda estão em formação. Vocês também podem ajudar aquelas pessoas e as nossas irmãs que fazem o apostolado entre elas por intermédio da oração. A prece é um canal poderoso... — fora a resposta daquela santa mulher[11].

Essa resposta ficou gravada na alma da jovem, que começou a viver profundamente aquela experiência, chegando ao ponto de repetir freqüentemente para quem estivesse ao seu lado: "A oração é o alimento da nossa alma. Não podemos viver sem rezar."[12]

Ao zelo e à observância, unia-se o fervor da oração, e aquele tempo transcorria como num ginásio, onde cada um dos atletas deseja rivalizar um ídolo seu e procura superar os seus companheiros. O objetivo era se tornar dignamente uma "esposa de Cristo".

O que a mantinha com os pés na terra eram as contínuas cartas que recebia da tia Madalena e da irmã Dulcinha. Esta procurava uma "calmaria" sentimental, mas não tinha encontrado sua estabilidade. A desilusão provocada pelo abandono do seu último namorado fazia com que ela sofresse. Irmã Dulce preocupava-se, então, em envolvê-la naquela paz que ela, por sua vez, encontrara.

Um domingo, quando lhe era permitido escrever para os parentes, retirou-se para o seu quarto, leu a última carta recebida da tia Madaleninha, depois olhou distraída para a natureza através da janela. Enquanto o cérebro se agitava, tomou uma folha de papel e escreveu:

São Cristóvão, 26 de novembro de 1933

Minha querida irmãzinha Dulcinha,
Que o Menino Jesus a proteja e faça com que você ame somente a Ele!

Recebi com muita alegria a carta da tia Nininha me dando notícias suas. Fico contente ao recebê-las, principalmente quando são boas.

Aqui, como sempre, minha felicidade cresce cada vez mais. É tão bom amar a Deus e ser amada por Ele!

Posso imaginar como você se sente agora, sem pé nem cabeça, como se diz... Mas, Dulcinha, você já está com dezessete anos e deve pensar sobre o que quer fazer... Por mim, acho que deve aprender a bordar à máquina com a Alice, estudar mais português, e depois... vir aqui me encontrar... O que acha? Espero que Deus lhe dê a luz necessária para compreender a falsidade, a vaidade e a inconstância do amor humano. Você era tão feliz com o Alvinho, e, agora, tudo acabou. Veja como não existe sinceridade! No entanto, quando se ama a Jesus e se entrega a alma e o amor somente a Ele, deixando tudo por Ele, quanta ternura, amor, constância ele tem por nós! E Ele só nos deixa quando, depois de ter lutado por muito tempo para obter o nosso amor, não o obtém.

Você se lembra bem como aconteceu comigo. Entre os quinze e os dezesseis anos, tinha quase vencido. Depois, nada mais. Mas Jesus não se esqueceu de mim, eu me escondi para Ele e agora estou aqui, feliz como nunca, vivendo uma vida santa, a vida que devemos viver!

Santa Margarida Maria tentou ser freira várias vezes, depois desaminava, até que um dia decidiu e chegou a ser uma santa.

Dulcinha, você deve se convencer de que a vida é breve, e se nós estamos aqui, é para fazermos algo que nos possa salvar. Por que não aproveitar o tempo e procurar uma vida de amor a Deus, procurar cancelar os erros que cometemos quando ainda não O amávamos? Tenha fé, reze muito para o Espírito Santo, para que ele te ilumine e mostre o caminho que deve seguir.

Quem sabe se, no mês de agosto próximo, você não vem para assistir à minha profissão, e, se Deus quiser, ficar aqui comigo? Como eu ficaria contente! Só desejo o bem para a sua alma.

Adeus, minha irmãzinha. Eu desejo a você um Feliz Natal.

Um abraço da irmã que a espera em agosto

Irmã Dulce[13].

O mês de agosto[14] aproximava-se, e, no entanto, somente o Dr. Augusto anunciara a sua presença. E assim foi. A esperança de Irmã Dulce em ter a irmã junto a ela permanecia frustrada: paciência; a graça tem os seus próprios caminhos, dizia.

No dia 15 de agosto, repetiu-se o fervor dos preparativos[15]. Dessa vez, porém, não havia a excitação do ano anterior: a ânsia, se bem que existisse, era menor. No ânimo daquelas rolinhas havia somente o temor: temor de ainda não estarem prontas, temor de ainda não serem dignas para dar aquele passo importante, que era a profissão religiosa com a emissão temporária dos votos de pobreza, castidade e obediência. Ainda uma vez, eram as irmãs mais velhas que lhes infundiam a coragem com o seu sorriso, com a sua serenidade, com a sua alegria virginal que, a cada instante, parecia repetir: você está para se tornar a esposa do Senhor, tenha fé e verá que será Ele, como um bailarino experiente, que a conduzirá no grande baile da vida, mesmo que você não saiba dançar.

Também dessa vez, na igreja inacreditavelmente lotada, fez-se silêncio assim que o coro terminou o canto de ingresso e Frei João Baptista subiu ao altar e se virou.

O grande crucifixo, suspenso sobre a parede do presbitério, parecia contente: de Homem das dores transformara-se em Esposo[16].

A Mestra das Noviças, Irmã Prudência, foi a primeira a entrar pela porta da clausura, e atrás dela as noviça carregando nas mãos uma vela acesa e uma coroa de espinhos sobre a cabeça[17]. Como sempre, o cortejo era encerrado pela Superiora, Irmã Joana, e a Provincial, Irmã Rosa.

Uma vez chegadas aos seus lugares, o sacerdote iniciou a oração; em seguida, proferiu uma homília sobre a parábola evangélica das virgens tolas e das virgens prudentes. Explicou como no coração da noite, naquele tempo como agora, teria chegado o Esposo; e elas, se quisessem realmente se tornar esposas de Cristo, deviam fazer com que Ele as encontrasse com a lâmpada das suas almas acesa[18].

Em seguida, foi a vez da Irmã Rosa, que leu uma carta comovente da Madre Fundadora: uma verdadeira injeção de coragem e de entusiasmo.

O coração acelerou as batidas no peito daquelas jovens "esposas", pois era chegado o momento de pronunciar, uma por uma, todas as promessas às quais se vinculavam, temporariamente, por três anos[19].

À medida que cada uma fazia a promessa, era circundada por Irmã Prudência e por Irmã Joana, que se incumbiam de retirar o seu hábito de noviça, enquanto Irmã Rosa, assistida por outras duas confreiras, fazia com que elas vestissem o hábito branco com o escapulário celeste e, então, cingiam-lhe o pescoço com a medalha com a imagem de Nossa Senhora.

O sonho iniciado naquele dia longínquo por Maria Rita na Igreja de Nossa Senhora do Desterro tornara-se realidade: agora ela era Irmã Dulce, com aquele hábito celestial que a envolvera na faixa de luz.

Depois de ter emitido a Profissão, realizou-se a celebração eucarística na qual aquelas jovens esposas receberam em seus corações o Esposo Divino[20]. Assim sendo, iniciou-se a emocionante espera para conhecer a própria destinação.

Irmã Rosa retornou ao centro do presbitério, pigarreou e, abrindo uma folha que até então mantivera no bolso do peito, leu:

> "Irmã Dulce, Sanatório Espanhol, Salvador, Bahia.
> "Irmã Clemência...
> "Irmã Maria das Neves...
> "Irmã...
> "Irmã...[21]

Irmã Dulce não entendeu mais nada, era como se a voz da Provincial viesse de longe, de muito longe. Estava surpresa, maravilhada, zonza; como era possível?

Na realidade, era habitual que a Congregação nunca mandasse as jovens irmãs para os seus estados de origem.

O Dr. Augusto, também ele maravilhado, acreditava não ter ouvido bem, e, assim que a cerimônia terminou, aproximou-se da Irmã Rosa e lhe perguntou:

— Irmã, me desculpe, mas para onde é que minha filha foi destinada?

— Para Salvador — fora a resposta seca da Irmã. — O doutor não está contente?

Os dois, olhando um para o outro, começaram a rir.

Mais alguns dias no Convento do Carmo, para falar com as Superioras, para preparar as bagagens, e, depois, como abelhas laboriosas, seriam enxameadas.

Irmã Dulce fora chamada ao escritório da Superiora. Irmã Joana fora pródiga de conselhos e de advertências, depois encaminhou-a para a Mestra, Irmã Prudência.

A alma da jovem Irmã era um livro aberto para a Mestra; portanto, as palavras não foram necessárias. Irmã Prudência abraçou-a, e assim ficaram por muito tempo. Ela disse apenas:

— Minha filha... não, minha irmã, entregue-se sempre à Divina Providência e coloque-se nas mãos do Senhor, como você fez até agora.

Irmã Dulce olhou-a com os olhos cheios de lágrimas; um nó na garganta não lhe permitiu emitir nenhum som; ela movimentou apenas a mão, esboçando um sorriso. Estava atravessando a porta quando a Irmã Prudência chamou-a outra vez, pois lembrara-se de alguma coisa. Abriu o armário, pegou Celica e, fazendo a voz sombria, disse:

— Lembre-se de que você não é a esposa de Jesus Menino, mas de Jesus Crucificado! Agora que está voltando para Salvador, aproveite para dar esta boneca de presente às tuas tias![22]

— Adeus, Celica... Adeus, sonhos da minha infância...

Notas

1. Os conventos tinham sido construídos pela Ordem dos Padres Carmelitas, os quais, alguns anos antes, haviam cedido o maior à jovem Congregação das Irmãs Missionárias da Imaculada Conceição da Mãe de Deus, cf. Lembranças da Irmã Querubina da Silva.
2. Cf. Carta de 9.06.1940.
3. Frei João Baptista Villar.
4. Cf. Lembranças da Irmã Maria da Neves.
5. Cf. Carta de 9.06.1940; Lembranças da Irmã Maria da Neves e da Irmã Querubina da Silva.
6. Na época, as irmãs possuíam também o véu azul como as Concepcionistas.
7. Cf. Lembranças da Irmã Maria da Neves; Pontes, p. 24. Ocorreu um outro episódio muito tocante: o Dr. Augusto fundira a aliança de casamento da falecida mulher para transformá-la no anel de profissão da filha, cf. Lembranças da Irmã Olívia Lucinda da Silva. Esse anel também se encontra no Memorial Irmã Dulce.
8. Carta da Irmã Dulce à Madre Maria Imaculada de Jesus de 27.08.1933. Nessa carta, ela confessa ter gostado muito do nome "Dulce".
9. Lições de cultura geral e de português eram dadas pela Irmã Balbina Andrade, ver Lembranças da Irmã Maria da Neves.
10. Cf. Lembranças da Irmã Maria da Neves e Irmã Querubina da Silva.
11. Cf. Lembranças da Irmã Maria da Neves e Irmã Querubina da Silva.
12. *Reflexões da Irmã Dulce*, n° 6 A vida espiritual (sem data). Cf. Lembranças de Maria Rita Pontes.
13. Cf. Carta de 26.11.1933.
14. De 1934.
15. Cf. carta de 9.06.1940. O retiro de preparação foi predicado pelo Frei Vicente ofm, ver Carta da Irmã Dulce à Madre Maria Imaculada de Jesus, de 18.08.1934.
16. Cf. Mt 22, 2-14.
17. Cf. Homília de Frei Hildebrando Kruthaup ofm por ocasião do qüinquagésimo aniversário de Profissão, em Pontes, p. 131. A coroa está exposta no Memorial Irmã Dulce, em Salvador. A coroa de espinhos colocada na cabeça das neoprofessas, segundo o costume da época, possuía um valor

simbólico: elas se imolavam como o Senhor, e suas vidas teriam sido marcadas por dificuldades e provas, como de espinhos.

18. Cf. Mt 25, 1-13.

19. Segundo as regras da Congregação, muito comuns para as várias congregações religiosas, era prevista a Profissão simples ou temporária com a duração de um triênio, com uma eventual renovação por mais três anos ou, segundo parecer favorável das Superioras, a Profissão solene ou perpétua. Irmã Dulce emitiu a Profissão solene três anos depois, no dia 15 de agosto de 1937. Cf. Declaração testamentária de 14.08.1934 e Atestado de Profissão dos votos temporários de 15.08.1934.

20. Uma palpitante descrição da cerimônia foi feita pela própria Irmã Dulce na carta de 18.08.1934 à Madre Fundadora.

21. A cerimônia encerrou-se com uma procissão até a gruta de Lourdes reconstruída no jardim do convento, ver Carta da Irmã Dulce à Madre Imaculada de Jesus de 18.08.1934. Na mesma carta, fala-se da felicidade do Dr. Augusto.

22. Cf. Pontes, p. 24.

VI

Eram os primeiros dias do mês de setembro quando o trem apitador que a levara moça para Sergipe a reconduzia à Bahia como Irmã.

Já dentro do trem, ela percebeu que o mundo deixado um ano e meio atrás mudara rapidamente.

O impacto maior foi quando desceu na estação da Calçada, na Cidade Baixa de Salvador: num momento, o clima do convento de São Cristóvão pareceu-lhe como uma infância dourada, enfim afastada e perdida para sempre.

Ela se encontrava no meio da trepidante campanha para a participação feminina na vida pública, que levaria dali a pouco ao direito de voto secreto também para as mulheres[1].

No entanto, o mais impressionante dizia respeito ao quadro de miséria: não havia um ângulo da estação onde não se visse alguém agachado, deitado ou em pé, com a mão estendida a pedir uma esmola.

Quando a viram descer do trem vestida de freira, formou-se uma multidão ao seu redor. Seu coração, por sua vez, se constrangeu, mesmo porque ela não tinha nada para dar. Ainda bem que o pai e os irmãos a tinham salvado rapidamente daquele embaraço.

Eram todas pobres criaturas do interior do estado da Bahia.

A população de Salvador, na realidade, crescera desmesuradamente[2], devido a uma seca implacável que assolava o Nordeste, e também àquela crise econômica que havia já quase vinte anos sacrificara, pouco a pouco, as exportações exatamente de cacau, café, açúcar e tabaco, que, numa determinada época, tinham sido a riqueza daquelas terras[3].

A crise dos mercados, iniciada com o primeiro conflito mundial, tornara-se crônica, e as pessoas fugiam dos campos imaginando que viveriam melhor na cidade. Os canteiros abertos para a construção das grandes obras urbanas davam, certamente, a ilusão de infinitas possibilidades de trabalho; o que podia ser verdade para alguns, mas não para todos.

E o que dizer do problema habitacional? O número de imóveis não era suficiente, mas, principalmente, os aluguéis eram altíssimos e, por isso, inacessíveis até mesmo para aqueles que tinham trabalho. O material de construção tornara-se tão caro que nem mesmo os pedreiros conseguiam construir uma modesta casa de tijolos para suas famílias. Dessa forma, formaram-se bairros inteiros de barracas construídas com os mais variados tipos de material.

A esse panorama de pobreza e de precariedade somava-se, dia após dia, a grande massa de pessoas que não possuíam nem mesmo um trabalho, e a arte do jeitinho estava na ordem do dia. Assistia-se ao impasse contínuo da miséria com a fome, da indigência com as doenças.

Os hospitais públicos não estavam absolutamente em condições de enfrentar a situação, contando apenas com uma assistência mínima para atender ao número de pessoas necessitadas de socorro: sendo assim, a desnutrição, a tuberculose, o tifo, a cólera, o beribéri e a "espanhola" eram os parentes mais próximos.

A estação de Calçada, naquela época, fervilhava de gente que ali encontrava um refúgio e, com qualquer furto, também o meio de sobrevivência, e todos ao redor formavam enormes bolsões de miséria. Enfim, parecia um terminal de desventurados que, tomados pela miragem da cidade, terminavam por engrossar o aglomerado limítrofe de Massaranduba, constituído por outros indigentes que os tinham precedido[4].

"As lágrimas enchiam meus olhos, meu coração estava invadido pela dor de ver tanta miséria ao meu redor", escreveria anos depois[5].

E esta não foi a única surpresa que a esperava em Salvador. Enquanto o cortejo formado pelos irmãos e pelo pai, que tinham ido buscá-la na estação, festejava-a com abraços e beijos, ouviu-se um estrondo semelhante à explosão de um raio que tivesse caído nas proximidades.

Irmã Dulce, assustada, agarrara-se ao pai, enquanto com os olhos o interrogava para saber o que tinha acontecido.

— Estão demolindo a Sé da Bahia — disse-lhe, quase para tranqüilizá-la.

— Por quê? — retrucou ela.

— Dizem que é necessário, do contrário não será possível realizar o novo projeto viário para a passagem do bonde — respondeu-lhe o Dr. Augusto, com a voz velada pela tristeza.

De fato, foi assim que a antiga catedral de Salvador desapareceu.

A família envolveu-a como um manto; somente tia Madaleninha conseguia arrancá-la para levá-la às várias igrejas e conventos da cidade, os quais freqüentavam juntas nos anos anteriores.

Madalena a acompanhava ostentando deferência mista ante aquele orgulho que freqüentemente se manifesta quando se apresenta um tesouro precioso, a peça forte da família, com a certeza de que os outros não a possuem.

Aquele hábito branco com o escapulário celeste, que tanto fascinara a jovem Maria Rita, agora usado por ela, exaltava as linhas delicadas da sua fisionomia, tanto que aqueles que a encontravam exclamavam maravilhados: "Que bela freira!" Quando tia Madalena ouvia esse elogio, acrescentava, com o cenho severo para evitar qualquer possível equívoco: "E também boa!", fazendo sorrir Irmã Dulce, que, por sua vez, dizia com os seus botões: "Que o Senhor me ajude a sê-lo!"

Elas tinham ido à associação Apostolado do Coração de Jesus, da qual Madalena era presidenta. Ali, Irmã Dulce recebera os cumprimentos de todas as associadas; além disso, ao fazerem os votos para que ela continuasse como consagrada à ação da misericórdia do Senhor, cada uma delas ressaltava sempre como era uma honra o fato de a associação tê-la iniciado na caridade em direção aos pobres e aos indigentes. No convento de Nossa Senhora do Desterro, não foi diferente. As Irmãs Franciscanas não paravam de repetir que a sua vocação nascera junto a elas, e que se sentiam honradas pelo fato de ela fazer parte das Irmãs Missionárias da Imaculada, às quais elas queriam muito bem. No entanto, pediam que Irmã Dulce se lembrasse delas pelo menos em suas orações...

Ela esteve com o seu velho confessor e guia espiritual, D. Elpídio Faria Tapiranga[6], que lhe pediu para continuar a missão franciscana conferida ao seu espírito no período de formação em São Cristóvão[7]; assim, chegada ao convento de São Francisco, Irmã Dulce escolheu, como seu confessor para esta nova estação da sua vida, Frei Hildebrando Kruthaup, dos Frades Menores, que ela conhecera já antes de partir para o noviciado[8].

Aqueles poucos dias passaram rapidamente, até que chegou aquele em que ela devia começar a fazer parte ativa da comunidade destinada a servir junto a um hospital inaugurado havia pouco na prestigiosa Avenida Sete de Setembro[9], o Hospital Espanhol[10].

Pelo fato de ser uma das mais jovens, ela recebeu, logo no início, a função de sacristã e de porteira durante o turno da noite, e, então, encarregada da limpeza[11].

A jovem Dulce procurava dedicar-se sempre à função que a Superiora lhe pedia para executar. A docilidade do seu caráter, alegre e simples, impedia que ela, professora formada, julgasse a tarefa de lavar o chão, os banheiros ou as enfermarias algo humilhante.

Sua inteligência aberta, no entanto, fez com que a Diretora a encaminhasse a um curso de Prática de Farmácia na Farmácia Galdino.

Irmã Dulce ficou muito contente, pois dessa maneira poderia aprofundar com maior consciência algo que desde a adolescência gostava muito de fazer[12]: preparar os medicamentos com base nas prescrições médicas que pudessem aliviar o sofrimento das pessoas. E acontecia que, na Farmácia Galdino, enquanto moía no almofariz e dosava o que fora prescrito pelo médico, às vezes começava a rir. Em sua mente afloravam lembranças de quando, anos antes, com poucos conhecimentos farmacêuticos, preparara compressas para aplicá-las nas chagas de algum velho ou aprontara até mesmo medicamentos para curar o olho de uma criança índia, muito pobre, que vivia nas redondezas da Rua Independência[13]. Gracejava com o farmacêutico, velho amigo do Dr.

Augusto, enquanto este se regozijava pelo fato de ela conseguir preparar aqueles medicamentos, mesmo sem experiência e noções aprofundadas. Ele a encorajava a não se limitar a freqüentar somente o curso prático. Mas tudo não passou de nobres conselhos e belas esperanças.

Entretanto, a inclinação que a jovem demonstrava ter chamou a atenção da Direção Sanitária do hospital, que começou a darlhe tarefas mais adequadas; assim, ela passou a exercer a função de enfermeira e, finalmente, também de responsável pelo setor radiológico[14].

Nesse ínterim, a Superiora Provincial, que naquele mesmo ano aceitara a gestão do Colégio dedicado a Santa Bernadete, e para onde transferira cinco Irmãs, constatara que o ano escolar encerrara-se com um resultado satisfatório; por isso, juntamente com o seu Conselho, decidira continuar. No entanto era necessário reforçar o quadro de pessoal, principalmente com confreiras formadas. Este foi o motivo pelo qual Irmã Dulce, depois de apenas seis meses no Hospital Espanhol, foi enviada para o Colégio[15].

A obediência, que resignou toda a vida de Irmã Dulce, fez com que ela não pestanejasse: reuniu os seus poucos e pobres pertences dentro de uma mala e, nos primeiros dias do mês de fevereiro de 1935, dirigiu-se ao Colégio, no Largo da Madragoa, mergulhado na grande favela de Massaranduba, pronta para o início do ano escolar[16].

Ali, necessitavam de uma mestra para a Escola Primária e de uma professora de História Geral e de História do Brasil para o Curso Ginasial[17]. Madre Rosa, muito provavelmente sonhando alto, pedira-lhe que continuasse também com os estudos de piano iniciados quando era criança e vivia com a família[18].

Irmã Dulce obedeceu. Naquela época, porém, ela tinha a impressão de viver em um limbo. Dedicava-se a tudo que lhe pediam, obedecia cegamente a tudo quanto as Superioras decidiam, mesmo sem sentir a menor inclinação[19]; seu pensamento e sua vontade comandavam, inconscientemente, o corpo para agir sem comprometer a alma. Não era ausente, mas vivia em uma outra dimensão. Parecia um asceta que tivesse decidido colocar em prática as palavras do centurião: "Tenho soldados abaixo de mim e digo a um deles: Vai, e ele vai; e a um outro: Vem, e ele vem, e ao meu servo: Faz isso, e ele faz."[20]

Essa completa anulação de si mesma, quase uma falta de opinião própria, de uma mente raciocinante, antecede sempre ou quase sempre um momento importante, a tomada de uma decisão, uma reviravolta, o enveredar de um novo caminho. Como o vento furioso que se transforma em bonança pouco antes de desabar o temporal.

Com o início do ano escolar, Irmã Dulce começou a dar suas aulas, mas logo em seguida constatou-se que alguma coisa não funcionava. Os alunos, depois de alguns dias, haviam tomado as suas providências: compreenderam que podiam fazer aquilo que queriam, pois aquela jovem professora possuía uma paciência sem limites e, de qualquer maneira, desejava o bem deles, como a mais misericordiosa das mães. Qualquer desculpa era boa para justificar os deveres malfeitos ou até mesmo ignorados. E, depois, em termos psicológicos, tinham descoberto o seu ponto fraco. Bastava que alguém aparecesse na janela e lhe dissesse, com uma boa dose de malícia:

— Mestra, Mestra, olha aquela pobre mãe com dois filhos famintos!

— Onde? — perguntava Dulce, chegando até a janela.

— Lá, debaixo da mangueira. Coitada...

Aqueles marotos tinham percebido que bastava muito pouco para "distraí-la" durante uma argüição ou uma explicação que não andava muito bem. E, a partir daquele momento, Dulce tinha sempre os olhos dirigidos para o lado de fora da janela, e a aula prosseguia com perguntas sobre quem ela conhecia, quem sabia onde morava... e as respostas, no mais das vezes, eram artificiais, dadas apenas para matar o tempo, como se costuma dizer.

E as notas? As notas eram sempre boas, principalmente se o aluno ou aluna possuía o dom natural para ser comediante: um amuo, uma lágrima faziam com que ela abrandasse, pois não era justo fazer com que um jovem sofresse apenas porque não dera uma resposta "pouco" exata!

Irmã Fausta[21], a diretora e Superiora da comunidade, suspeitou de alguma coisa e começou a observá-la. Obtida a confirmação, ficou nitidamente preocupada: se continuasse daquela maneira, as turmas ficariam prejudicadas no seu processo de formação escolar, para não mencionar a conduta.

Além disso, qualquer um podia ver a quilômetros de distância que aquela bendita Irmã ia todas as manhãs para as aulas sem um mínimo de entusiasmo, de estímulo, como se estivesse com a cabeça entre as nuvens[22]. Fazia o seu dever, por caridade, porque assim lhe fora pedido, porque assim queria a obediência... Seu desempenho era completamente diferente na parte da tarde, quando, como as outras confreiras, e mais duas moças, saía do Colégio para fazer a catequese[23].

E mesmo que os jovens fossem sempre os mesmos, refletia a Superiora, a diferença realmente existia, e a boa Irmã Fausta não deixou de percebê-la: aqueles de fora eram pobres, ou melhor, eram indigentes!

De qualquer maneira, era preciso tomar imediatamente uma providência. Assim que Madre Rosa[24], a Provincial, foi a Salvador, Irmã Fausta convidou-a para ir ao convento da Penha com urgência e, mal ela chegara, abordou o problema sem maiores formalidades.

— Madre — disse, com um ar muito preocupado —, não sei o que está acontecendo com Irmã Dulce...

A Provincial olhou-a com a expressão de quem espera uma notícia ruim.

— Acredito que ela tenha apenas um pensamento: sair do Colégio para andar entre esses barracos e recolher as crianças, para fazer o bem e ajudar as pessoas, por caridade, mas na escola é um desastre. Recentemente, ela me pediu autorização para iniciar um curso noturno para os operários na sede do Club de Regatas Itapagipe. No entanto, antes de lhe dar uma resposta, gostaria de falar com a senhora, Madre.

Madre Rosa olhou-a pensativa: ela e o Conselho tinham transferido Irmã Dulce do Hospital Espanhol exatamente porque acreditavam ter resolvido a questão do ensino no Colégio... Ela tinha tido tantas esperanças! Mas, como sabemos, nem sempre o vento sopra a favor!

Irmã Fausta aproveitou o silêncio da confreira para continuar:

— Madre, eu tenho uma opinião, mas peço à senhora para encará-la apenas como uma consideração sem qualquer intenção de interferir ou de mudar aquilo que decidir e julgar conveniente fazer. Para mim, a Irmã Dulce deveria ser deixada livre na missão evangelizadora e caritativa: do contrário, mesmo sem o desejar, prejudicará a preparação dos jovens e o bom nome da escola, que a senhora bem sabe o quanto nos custou no ano passado! Madre, acredite, Irmã Dulce está presente na sala de aula com o corpo, mas sua mente está muito longe. Provavelmente ela pensa nos jovens que estão do lado de fora, em qualquer enfermo necessitado, e procura encontrar o modo de ajudá-los, o que levar para eles, onde achá-los... Enfim, na escola faz apenas número e certamente causa prejuízo; por isso, é nosso dever ajudá-la a caminhar por uma estrada mais adequada à sua vocação, aos nossos alunos, para que eles tenham uma boa professora, e, finalmente, aliviar os tormentos às superioras.

Madre Rosa sorriu:

— Acredito que, para aliviar os tormentos às superioras a escolha seja, sobretudo, obrigatória.

Irmã Fausta suspirou aliviada. Logo em seguida, a Madre Provincial pôde aquilatar a grande preocupação que afligira o ânimo da confreira pela velocidade com que esta foi chamar Irmã Dulce para que a Provincial lhe desse, pessoalmente, a sua autorização.

A jovem Irmã, que nada sabia das preocupações das Superioras, aguardava as costumeiras recomendações. Sentiu-se completamente fora de si de tanto contentamento quando soube que fora exonerada do ensino para poder se dedicar totalmente à missão fora do Colégio.

Primeiramente, olhou com os olhos arregalados, depois, tomada pela alegria, pulou no colo da Madre Provincial como uma menina faz com sua mãe para demonstrar-lhe todo o seu reconhecimento[25].

A Provincial, apanhada de surpresa, recompôs-se imediatamente, e com uma frieza teutônica repreendeu-a:

— Irmã Dulce, é necessário controlar as emoções! Lembre-se sempre de que é uma freira!

Notas

1. Eleições de 14 de outubro de 1934, ver Gomes de Castro A. O., *O novo Código Eleitoral (Lei nº 48, de 4 de maio de 1936)*, (Biblioteca Jurídica Brasileira, 13), Rio de Janeiro, 1936, principalmente os quatro primeiros artigos com comentário relativo. O presidente Getúlio Vargas, assumindo o poder em novembro de 1930, tivera de superar em 1932 uma tentativa de insurreição um tanto sanguinolenta. Depois da vitória, ele impusera, com uma atitude inesperada, uma série de reformas "progressistas", como o sufrágio secreto estendido também às mulheres *sui juris*. A partir do novo sucesso daí derivado, iniciou-se um programa de profundas reformas administrativas, econômicas e sociais, que se tornaram as bases daquele que foi o Estado Novo. Para um aprofundamento das problemáticas desse período e daquelas que abordaremos no curso da nossa exposição, cf. Lingua, principalmente a página 117 e segs.; então, os estudos monográficos de Angela M. de Castro Gomes, *Confronto e compromisso no processo de constitucionalização (1930-1935)*, pp. 9-75, em particular sobre a reforma da Lei Eleitoral, às páginas 15-24.
Em 1937, instalou-se no Brasil o chamado Estado Novo, que, sob muitos aspectos, assemelhava-se ao sistema político da Itália de Mussolini. Na Bahia, como nos outros estados da confederação brasileira, o governo foi entregue aos *interventores*, nomeados diretamente por Vargas e dotados de plenos poderes, os quais, para captar a benevolência do poder central, investiam em grandes obras públicas. Estas obras tinham um duplo efeito: por um lado, melhoravam as condições de vida das classes privilegiadas, recompensando-as da queda dos mercados; por outro, agravavam as diferenças sociais com a urbanização. A população pobre era obrigada a engrossar a periferia urbana, sem qualquer infra-estrutura sanitária ou social, ver Eli Diniz, *O estado novo: estrutura de poder. Relações de classes*,

pp. 79-118, ambas em *O Brasil republicano. 3. Sociedade e política (1930-1964)*, (História geral da civilização brasileira, III, 3), Bertrand Brasil, Rio de Janeiro, 1997. Em Salvador, localidades afastadas, compreendidas em vastas propriedades privadas, em pouco tempo se transformavam em lugares de alta densidade demográfica. Por exemplo, Rio Vermelho, Brotas, Cabula perderam a sua condição de subúrbios afastados e se transformaram em bairros de classe média.

2. Em 1914, Salvador contava com aproximadamente 150.000 habitantes; em 1934, 402.887. Para um quadro histórico completo da situação política e econômica da primeira metade do século XX, ver Tavares L. H., *Histórias da Bahia*, Salvador, BA, Imprensa Universitária, 1974; Tourinho E., *Alma e corpo da Bahia*, Rio de Janeiro, RJ, 1955.
3. Cf. Lingua, principalmente páginas 122-123; Marcelo de Paiva Abreu, *O Brasil e a economia mundial (1929-1945)*, em *O Brasil republicano. 4. Economia e cultura (1930-1964)*, (História geral da civilização brasileira, III, 4), Bertrand Brasil, Rio de Janeiro, 1997, pp. 11-49, principalmente pp. 13-19. Em particular, a queda do mercado mundial do café em 1931 obrigara os brasileiros até mesmo a usá-lo como combustível para as locomotivas dos trens ou despejá-lo no mar para tentar manter o nível dos preços. A situação impusera, conseqüentemente, uma desvalorização da moeda.
4. Cf. Lembranças de Alberto Luiz Leal Serravalle. No decênio 30-40, criara-se uma situação que foi capaz de influir no perfil urbano de Salvador até os nossos dias, isto é, a distribuição do espaço de acordo com o nível econômico da população, provocada pelas ocupações dos terrenos, públicos ou privados, por parte das famílias dos sem-teto. A primeira foi na península de Itapagipe, onde os miseráveis ocuparam terras da família Palmeira, formando os bairros de Jardim Cruzeiro e Palmeira. O governador do estado naquela época, Otávio Mangabeira, recusara-se a ordenar à polícia que afastasse os ocupantes, reconhecendo a falta de habitações e justificando o ato extremo daquelas famílias. Dessa maneira, iniciaram-se as ocupações que, com o tempo, e a migração das pessoas do interior, se transformariam em novos espaços de miséria, ou seja, os bairros de Massaranduba e Alagados, construídos na sua maior parte sobre palafitas, no ponto em que funcionava a descarga da cidade. Assim, cresceu o empobrecimento na Bahia. Esta foi a causa das grandes dificuldades do sistema sanitário, principalmente em Salvador, quando, no final dos anos 30, o índice de mortalidade (6.132) superou o de natalidade (5.217). Cf.

Carneiro E., *A cidade do Salvador — Uma reconstituição histórica*, Rio de Janeiro, RJ, 1954; Szmrecsányi T., *Dinâmica populacional e urbanização no Brasil: o período pós-30*, em *O Brasil republicano. 4. Economia e cultura (1930-1964)*, (História geral da civilização brasileira, III, 4), Bertrand Brasil, Rio de Janeiro, 1997, pp. 258-268.

5. Reflexões da Irmã Dulce.
6. Este "douto e santo" sacerdote, pároco da Igreja de Santo Antônio Além do Carmo, seguira a família Lopes Pontes em todos os momentos bons e difíceis (casara o Dr. Augusto, batizara os seus filhos, fechara os olhos dos seus pais e de sua mulher). Batizara Maria Rita no dia 13 de dezembro de 1914, no dia de Santa Luzia, e fora o seu primeiro confessor e aquele que apoiara a sua vocação, cf. Relatório da Irmã Dulce; Lembranças de D. Apio Silva em Ata de Fundação da Associação das Obras Sociais Irmã Dulce; Lembranças de Dulcinha, Irmã Querubina da Silva e Maria Rita Pontes. Note-se um pequeno particular: quando a jovem Maria Rita fizera a profissão na Ordem Terceira Franciscana, não fora por acaso que assumira o nome de Luzia. Ela desejava lembrar a santa comemorada no dia do nascimento da sua fé. Outro confessor na Igreja de Sant'Ana fora Pe. Aires.
7. Que fora o seu confessor Fr. João Batista Villar ofm; cf. Lembranças de Dulcinha.
8. Cf. Lembranças de Dulcinha e Maria Rita Pontes. Devido a um tolo mal-entendido entre Maria Rita e Dulcinha, que a tia Madalena levara para se confessar na Igreja de São Francisco. Naquela ocasião, Maria Rita conhecera Frei Hildebrando, um alemão que chegara havia pouco ao Brasil. A partir daquele momento, ela ia confessar-se de vez em quando com ele, sendo encorajada nessas ocasiões a seguir a sua vocação, ver Pontes, p. 29. Uma vez que a vida e a atividade de Frei Hildebrando (1902-1986) se cruzará por muito tempo com a da Irmã Dulce, traçamos um breve perfil até esse período. Nascido em Borringhausen bei Damme, no norte da Alemanha, no dia 4 de maio de 1902, aos quinze anos ingressou no seminário de Vlodrop (Holanda). Muito cedo, após ter escolhido a vida religiosa e partido como missionário para o Brasil, tornou-se noviço na Província franciscana "Sant'Antonio" (23.02.1923). No dia do seu aniversário, no ano de 1924, chegou a Olinda. Foi ordenado sacerdote em Salvador no dia 21 de maio de 1929; assim, durante três meses esteve em São Cristóvão (Sergipe), onde contraiu o noviciado das Irmãs Missionárias da Imaculada Conceição da Mãe de Deus. Em 1930, foi designado pelos Superiores para dirigir a revista *Orbe Seráfico*,

uma publicação mensal que circulava entre os membros da Ordem Terceira Franciscana, e para ser Assistente Eclesiástico da Congregação Mariana de São Luiz em Salvador. Cf. *Lembrança da homenagem da Bahia a Frei Hildebrando Kruthaup ofm, em 4 de maio de 1949*, Salvador, Imprensa Vitória, 1949, *passim*; Fróes — Batalha, 9; Edgar Stanikowski, *Frei Hildebrando Kruthaup ofm. Um ideal humanista e social*, Convento de Berdel (s.d.).

9. Quando, em 1912, assumiu o governo do estado da Bahia, José Joaquim Seabra quis confirmar o seu poder e prestígio por intermédio de grandes obras urbanas; foi neste setor que se deu a ampliação da Avenida Sete de Setembro, inaugurada exatamente no dia 7 de setembro de 1915, modificando sobremaneira a rede viária da cidade. Cf. Carneiro E., *A cidade de Salvador — Uma reconstituição histórica*, Rio de Janeiro, RJ, 1954.
10. Juntamente consigo também tinham sido enviadas para lá Irmã Tabita e Irmã Capertana, ver Carta de 9.06.1940 (chamado Sanatório Hespanhol) e Lembranças de Dulcinha. O hospital ainda pode ser visto na Avenida Sete de Setembro, quase defronte ao farol (Farol da Barra).
11. Carta de 9.06.1940; cf. Lembranças de Dulcinha, da Irmã Olívia e de Maria Rita Pontes; Pontes, p. 25.
12. Lembramos que quando o Dr. Augusto a inscreveu na Escola Normal da Bahia, ela desejava ser enfermeira. Cf. Carta de 9.06.1940.
13. Cf. Lembranças de Maria Rita Pontes.
14. Carta de 9.06.1940. Cf. Lembranças de Dulcinha.
15. Eis o que se lê no Anuário do Colégio Santa Bernadete com relação ao seu início: "No dia 3 de abril de 1934 a Rev. Madre Comissária partiu de São Cristóvão, em companhia da Irmã Firmina, para fundar um novo colégio, também com o intuito de iniciar, mais tarde, aulas de catecismo em Itapagipe, onde se encontra o colégio que depois receberá o nome de Santa Bernadete. No dia 10 do mesmo mês, partiram para a mesma casa as seguintes Irmãs: Clotilde, Leonila, Severina, Luciana e Aquina. As lições começaram no dia 16 do mesmo mês, dia em que se comemora a festa daquela beata menina à qual a Virgem de Lourdes se dignou a aparecer: Bernadete, hoje santa. (...) No dia 15 de novembro, a escola encerrou o ano letivo com um resultado mais ou menos satisfatório" (Arquivo da Congregação das Irmãs Missionárias da Imaculada Conceição da Mãe de Deus). O colégio começara com quatro alunas (ver Lembranças de Maria do Carmo Santos, que foi uma delas). Mais tarde, foi vendido ao estado e hoje se chama Costa e Silva, ver Lembranças da Irmã Célia Maria Soeiro.

16. Carta de 9.06.1940.
17. Carta de 9.06.1940. Cf. Lembranças de Dulcinha, da Irmã Olívia, de Maria Rita Pontes; Pontes, p. 25.
18. Carta de 9.06.1940.
19. Cf. Carta de 9.06.1940.
20. Mt 8, 8-9.
21. Trata-se da Irmã Fausta Marques, cf. Lembranças da Irmã Maria das Neves de Alencar.
22. Cf. Lembranças da Irmã Querubina da Silva.
23. Cf. Anuário do Colégio Santa Bernadete (Arquivo da Congregação das Irmãs Missionárias da Imaculada Conceição da Mãe de Deus); Lembranças da Irmã Querubina da Silva.
24. Trata-se sempre da Madre Rosa Schüller, a qual guiara a vocação da jovem Maria Rita.
25. Anos depois ela confessou à Irmã Olívia Lucinda da Silva: "Naquele momento a minha vida começou."

VII

Muitas vezes, um estranho destino acompanha a beleza. Exatamente lá, onde a natureza exprimia todo o seu esplendor, ela foi humilhada ao ponto de se tornar um mísero exemplo do seu contrário, talvez por causa de uma "inveja" cósmica praticada pelos homens.

Exatamente esse o caso da pequena e sorridente península de Itapagipe, que abriga a enseada conhecida como dos Tainheiros[1], na Cidade Baixa de Salvador: lugar sagrado e, ao mesmo tempo, lugar de sofrimento e de miséria; prodígio da natureza e encarnação da degradação humana e do meio ambiente.

Nessa faixa de terra avançando sobre o mar, o Caminho de Areia surgira como um dos lugares mais sagrados de Salvador, o santuário de Nosso Senhor do Bonfim. Ali, os viajantes e os mercadores vinham fazer seus votos antes de embarcar e enfrentar a travessia do oceano. Eles voltavam sempre ali para desfazer seus votos.

Não havia um dia em que a igreja não fosse meta da peregrinação das famílias dos marinheiros que vinham "descarregar" naquele lugar sagrado as suas angústias, as suas ânsias e os seus medos ligados aos seus homens, pais, maridos, irmãos ou noivos.

Não havia, então, um único canto do Santuário que não testemunhasse, como ainda hoje, todas aquelas emoções, fruto do medo do homem e da procura do auxílio divino. Lugar de alegria e de dor, de qualquer maneira umedecido sempre pelas lágrimas.

A pouca distância, proeminente sobre o cabo que se estende sobre a larga Bahia, existia um outro lugar sagrado, onde se erguiam o monastério e a igreja dedicada à Nossa Senhora de Montserrat, emblema de oração, mas, principalmente, de deportação e de sofrimento. Dos pavilhões contíguos, por aproximadamente três séculos, a raiva e a dor subiram ao céu, o brado do sangue e das lágrimas dos pobres negros que, arrancados da sua África, eram amontoados ali para depois serem vendidos como escravos aos ricos proprietários das plantações.

Esse antigo paraíso, que se tornou purgatório, estava se transformando rapidamente num lugar que nunca seria o inferno, mas, diríamos, um lugar "variado", onde havia um pouco de tudo: alegria, dor, sofrimento, degradação e miséria. Talvez por acaso, por certos versos providenciais, ali se instalou também uma feira.

Depois de um violento incêndio na feira de Sete[2], que se encontrava na praia com o mesmo nome, próximo às Docas do Wilson[3], os comerciantes se transferiram para a praia de Água de Meninos[4]. Deveria ser algo provisório, mas, em apenas dois anos, o crescimento vertiginoso fez com que se tornasse definitivamente a feira de Água de Meninos.

A praia desaparecera, já que os esgotos a céu aberto e o lixo terminavam no mar, sem respeitar as mínimas normas de higiene. Ali eram construídos enormes barracões para depósito. Devido à sua amplitude, vários trechos receberam um nome para designar também uma espécie de "especificidade": em Coroa, instalavam-se serrarias e depósitos de material de construção; em Badame, eram descarregados os produtos deteriorados, disputados pelos miseráveis das redondezas...[5]

Ao longo do litoral, tinham sido instaladas fábricas, agora desativadas, nas quais a ilusão do emprego custava caro aos novos escravos: os cidadãos "livres", contratados com salários de fome para trabalhar por um número infinito de horas.

Toda essa realidade começava a poucos metros do Largo da Madragoa, defronte do Colégio Santa Bernadete, aonde chegavam os barracos e os casebres de Massaranduba.

Irmã Dulce, nas tardes em que obtinha a permissão de Irmã Fausta e saía com Florentina, a irmã de D. Florêncio Vieira, pároco da Penha, tentava reunir as crianças, pois, por intermédio delas, poderia chegar às famílias. Agora, podendo se dedicar por inteiro a este apostolado, arregaçara as mangas, e aquilo que parecia uma aspiração descartada, podia se transformar num verdadeiro plano de trabalho apostólico.

Primeiramente, ela dedicou-se às iniciativas esporádicas, isto é, reuniu as crianças das redondezas, filhos de operários das fábricas e dos desocupados, e, durante o dia, montou curso primário com eles: a alfabetização deveria constituir o primeiro degrau do seu resgate social. À noite, no Club de Regatas Itapagipe, ensinava os pais dessas crianças a ler e a escrever[6].

Ela se deu conta muito cedo de que sua ação para ser mais ampla e incisiva deveria começar pelas fábricas[7]. Começou a esperar os operários na saída, mas os via passar à sua frente sem suscitar nenhum interesse: estavam muito cansados para lhe dar atenção.

Então, foi falar diretamente com os patrões, para obter sua autorização para fazer a catequese com os trabalhadores. A única hora que lhe concederam foi a do almoço. Era muito pouco, mas ela achou que era suficiente para começar. Juntamente com Florentina, apresentava-se, pontualmente, ora nessa, ora naquela fábrica. Em pouco tempo, a experiência lhe mostrou que era totalmente inútil falar de fé ou de direitos dos trabalhadores ou da dignidade do homem: fazia-se necessária uma ação minuciosa com cada um deles, interessar-se pela sua vida, pela sua família, pelas suas necessidades, para então, sim, semear uma boa palavra, uma exortação, um rudimento de catecismo.

Um critério de humanidade transforma. A indiferença, porém, era tanta, que algumas vezes só se conseguia superá-la mencionando o nome de um filho, de uma esposa ou de uma mãe[8].

Sabemos que a boa e a má fama se alastram silenciosas como o azeite numa folha de papel. Assim, já no segundo ou terceiro encontro ela conseguira formar um pequeno grupo que a ouvia, condição indispensável para serem levados em consideração.

O entusiasmo que a animava era tanto que ela se tornara a hábil tecelã de uma teia de relações humanas, útil para a criação de uma atmosfera de confiança que deveria envolver não somente os operários naquele momento, mas toda a sua família, os vizinhos, os conhecidos... Agora, ou eram os filhos a levarem aos pais, ou os pais aos filhos.

Em conjunto com as outras confreiras, ela cuidou da preparação dos jovens para a Primeira Comunhão, o que constituiu uma etapa ulterior; transcorrendo, assim, alguns meses.

Irmã Dulce era muito pontual em seu apostolado, e os frutos já começavam a ser colhidos. Ela se tornara uma presença viva e eficiente, fosse nas fábricas, fosse entre os barracões de Massaranduba.

Como sempre acontece, os dias de sol podem ser seguidos por alguns nublados, por uma chuva forte, é natural!, mas a surpresa se dá quando, de repente, chega um temporal vindo exatamente da direção inesperada.

Um dia, Irmã Dulce estava no convento, quando a porteira veio chamá-la, pois o Arcebispo, D. Augusto Álvaro da Silva[9], estava ao telefone e queria falar urgentemente com ela. Dulce o atendeu e ficou surpresa quando ouviu a voz monótona do seu secretário dizer:

— Venha urgentemente ao Palácio Arquiepiscopal amanhã, pois Sua Excelência precisa falar com a senhora.

Ainda que o Prelado fosse amigo do Dr. Augusto e conhecesse pessoalmente Irmã Dulce — ela recebera dele a crisma na capela particular, junto aos irmãos, Augusto e Dulcinha[10] —, ele lhe transmitia muito temor, especialmente agora que era freira. E quando os Superiores fazem uma convocação, certamente não é para fazer elogios. Assim sendo, ela passou a noite na expectativa de saber o motivo daquela convocação de uma hora para outra, assim tão inesperada.

No dia seguinte, Dulce se apresentou, e, ao ver a fisionomia sombria do Arcebispo, sentiu-se intimidada. Depois de um breve preâmbulo, o Prelado foi direto ao assunto:

— Irmã, fomos informados de que a senhora tem feito catequese nas fábricas.

— Sim, Excelência, com a autorização tanto da Madre Provincial quanto da Superiora da Casa.

— Estamos sabendo. Isso é louvável — e balançava a cabeça em sinal de aprovação, mas, de repente, levantou o indicador e disse: — No entanto, a senhora faz o seu apostolado durante a hora de almoço, não é verdade?

Irmã Dulce começava a dar as devidas explicações do porquê daquele horário, quando um brusco movimento das mãos do Arcebispo impusera-lhe silêncio.

— Isto é indecente para uma Irmã — bradou o Arcebispo, e olhou-a com os olhos chamejantes, que se tornaram ainda mais furiosos diante da sua expressão estúpida. — A senhora não percebe? O que foi que lhe ensinaram durante o noviciado? E exatamente a senhora, que vem de uma família tão respeitável!

Dulce continuava sem entender.

— Não lhe ensinaram a ter pudor? Estar ali entre homens que usam calças curtas e mostram as pernas nuas. Nuas! Uma indecência que prejudica a sua reputação, sem falar nas possíveis tentações que o maligno pode insinuar no seu espírito... — E a repreensão, muito veemente, terminou com conselhos paternais enriquecidos por citações doutas e de exemplos edificantes.

Irmã Dulce, por um lado, respirou aliviada por ter sabido o motivo da convocação; por outro, foi tomada por um sentimento de embaraço. Quando, finalmente, obteve permissão para falar, com aquela sinceridade que já a caracterizava naquela época, respondeu:

— Excelência, eu nunca olhei para as pernas de nenhum operário! Se eu vou àquela hora, é porque os patrões das fábricas não me concedem um horário diferente. E, depois, como é que eu posso olhar para as pernas dos operários se eu tenho sempre entre as mãos a imagem do Sagrado Coração de Jesus?[11]

A tempestade esvaneceu-se com a mesma velocidade com que tinha chegado; e Irmã Dulce continuou o seu apostolado entre os operários, conhecendo cada vez mais as suas necessidades humanas e espirituais.

A irmã encarregada do "diário de casa" do Colégio Santa Bernadete deixou escrito: "Na tarde do dia [6 de dezembro de 1935], na presença do nosso digno Vigário [D. Florêncio Vieira] e da nossa Madre Comissária [Irmã Rosa Schüller], na Fábrica da Penha, a nossa Irmã Dulce inaugurou uma biblioteca para os operários com 50 livros, sem contar os jornais e as revistas, tudo generosamente oferecido pelos Padres Franciscanos, Salesianos e Beneditinos. Diante da imagem da Virgem fizeram a consagração à Nossa Senhora"[12]

Nesse ínterim, três operários de uma das fábricas de Itapagipe pensaram em construir os seus barracos sobre as palafitas no areal da baía interna dos Tainheiros. Foi um pequeno núcleo que em pouco tempo se tornou uma favela, Alagados[13].

Notas

1. Assim chamada porque ali atracavam os barcos dos pescadores de tainha.
2. Ocorrida no dia 9 de abril de 1934.
3. Depósitos próximos do porto onde se consertavam navios.
4. No ano de 1549, Cristóvão de Aguiar Daltro, nobre português, obteve do governandor Tomé de Souza uma sesmaria, um lote de terreno situado ao norte da cidade, onde existia uma copiosa fonte cuja água escorria até a beira do mar, formando, ali, um pequeno lago, onde um grande número de crianças costumava tomar banho e brincar, vindo até mesmo de muito longe; por essa razão, o pequeno lago foi chamado de Água de Meninos. Naquele terreno, Aguiar Daltro construíra um engenho e uma destilaria de aguardente, utilizando a energia das águas daquela fonte.
5. A feira de Água de Meninos transfomou-se, nos anos 60, num dos maiores armazéns do Brasil. Havia dentro dela até mesmo repartições do município e da polícia. Sua história foi contada num filme, *A grande feira*. Geraldo Leal da Costa, *Salvador dos contos, cantos e encantos*, Salvador, BA, Gráfica Santa Helena, 2000, *passim*.
6. O que vem a seguir foi retirado das Lembranças de Irmã Querubina da Silva, de Dulcinha, de Maria Rita Pontes, de Ana Maria da Silva Carneiro Lopes Pontes.

7. Era o mês de junho de 1935.
8. Cf. os jornais dos anos 50 por ocasião da inauguração do edifício Roma.
9. Vigésimo terceiro Arcebispo da Bahia, no período de 1925 a 1968. Nasceu em Recife aos 8 de abril de 1876, foi ordenado sacerdote no dia 5 de março de 1899. No dia 11 de maio de 1911 o Papa Pio X nomeou-o bispo de Floresta (Pernambuco), sendo transferido em 1915 para a Diocese de Barra (Bahia), em 1925 para a Arquidiocese Primaz de São Salvador da Bahia. Nomeado Cardeal da Santa Igreja Romana no dia 17 de janeiro de 1953, em 1962 participou da primeira sessão do Concílio Ecumênico Vaticano II e dos conclaves que elegeram os Papas João XXIII e Paulo VI. Morreu no dia 14 de agosto de 1968, e foi sepultado na Capela do Senhor, Santo Cristo, na Catedral de Salvador. Cf. *O Mensageiro*, periódico da Arquidiocese, edição especial de 21.11.76: *Os pastores da Bahia.*
10. A cerimônia realizara-se no dia 20 de agosto de 1932, ver Lembranças de Dulcinha e de Maria Rita Pontes.
11. "O seu grande apostolado, naquela época, visava a difusão da devoção do Sagrado Coração de Jesus, que ela carregava sempre consigo para as fábricas de Salvador e para os outros lugares das redondezas. Esta sua devoção foi apoiada pelos padres Redentoristas", relembra Irmã Querubina da Silva, cf. Lembranças de Ana Maria da Silva Carneiro.
12. Anuário do Colégio Santa Bernadete (Arquivo Congregação das Irmãs Missionárias da Imaculada Conceição da Mãe de Deus — Província Santa Cruz — Convento D. Amando — Salvador, Bahia).
13. Em poucos anos se transformou na área com as maiores palafitas do Brasil, chegando a abrigar uma população calculada em mais de 100.000 pessoas. A área estendia-se sobre uma longa faixa da Baía de Todos os Santos, que ia desde Lobato até a Ribeira. Em 1979, uma área de Lobato foi aterrada, criando-se, assim, o Loteamento Joanes. Com as obras desse primeiro aterro, Alagados começou a se expandir ao longo da via suburbana até a Plataforma, formando um novo bairro, Novo Alagados, ou Alagadiços. Dividido em comunidades distintas, Nova Esperança, Boiadeiro, São Bartolomeu, 19 de Março, o novo bairro, em poucos anos, igualou-se ao velho em dimensão e características: casas comunicantes entre si através de frágeis pontes de madeira, sem infra-estrutura, na maioria dos casos sem água encanada e com instalações irregulares para o fornecimento de energia elétrica. Atualmente, Alagados e Novo Alagados estendem-se pelas enseadas de Tainheiros e de Cabrito, desde a Ribeira até Plataforma.

VIII

Desde a época em que estava em São Cristóvão, Irmã Dulce começara a sofrer de dor de garganta; por longos períodos, a rouquidão a afligia, e ela devia fazer muito esforço nos dias em que dava aulas. Agora o esforço era menor, mas havia momentos em que ela era tomada por uma repentina afonia; no final, foi obrigada a ceder às insistências da Superiora e do Dr. Augusto, indo procurar um especialista.

O resultado da consulta foi peremptório: deveria ser operada. Apesar das relutâncias, no mês de junho teve de submeter-se a uma operação de garganta[1], fato que determinaria o seu tom de voz débil pelo resto da vida.

Depois da operação, conseguiram mantê-la afastada apenas o estritamente necessário daqueles que eram, de uma vez por todas, os seus compromissos. E ela retornou rapidamente para junto dos operários.

Não podendo forçar excessivamente a voz, ela pediu ajuda ao Padre Alfonso dos Redentoristas, que estava no Bonfim. Ficou combinado que ele ou um dos seus confrades se encarregariam da catequese aos domingos à tarde. E isso poderia ser feito em um velho edifício abandonado que ela havia encontrado[2].

Irmã Dulce, no entanto, sempre com a fiel amiga Florentina ou com alguma das confreiras, aproveitava para penetrar no coração da miséria: ia visitar os doentes, levava remédios e outros gêneros que conseguira arranjar para os barracos mais afastados.

Uma ocasião, enquanto caminhava, começou a sentir uma forte dor no abdômen; na volta, uma pontada aguda fez com que ela se dobrasse. Florentina, com muita dificuldade, conseguiu socorrê-la. Lentamente, arrastando-a, conseguiram chegar ao Santa Bernadete. A dor aumentava incessantemente, e foi necessário recorrer a um médico: apendicite[3]. Assim, ela foi obrigada a parar, mais uma vez, naquele ano.

A inatividade forçada por um período serviu, no entanto, para fazer com que ela refletisse. A seara era muito grande e implicava envolver outras pessoas. Sua mente parecia uma turbina: se ela queria que a ação fosse incisiva, deveria recorrer a todos os seus conhecidos e solicitar-lhes ajuda. Foi assim que, ao falar com José Bastos[4], membro da Congregação Mariana de São Luiz, ela foi apresentada ao jovem médico Bernardino Nogueira, o qual ficou muito feliz em poder ajudá-la[5].

A assistência médica era de fundamental importância dentro de toda aquela miséria. Nos primeiros tempos, Irmã Dulce identificava os casos mais graves e urgentes, infiltrando-se nas palafitas de Alagados, e depois levava o padre, ou o pai, Dr. Augusto, ou o Dr. Bernardino, juntamente com roupas, alimentos e remédios[6]; em seguida, ela pensou em criar um ambulatório que pudesse servir tanto aos operários e às suas famílias, quanto a todos os outros necessitados[7].

Em uma velha casa abandonada de Itapagipe, junto à Oficina Baiana de Navegação, com latões de querosene como cadeiras, uma mesa velha, um mísero lume e alguns baldes — assim começou o consultório. Ele visitava os pacientes necessitados, e ela procurava arranjar os remédios, pedindo-os nas farmácias ou solicitando-os às pessoas que pudessem comprá-los.

As jovens do Colégio Santa Bernadete, levadas pelo seu exemplo, entusiasmaram-se a tal ponto que faziam turnos para poder acompanhá-la e ajudá-la: algumas levavam doações, outras levavam remédios, já que tinham algum médico na família[8]. Ela acompanhava pessoalmente os enfermos com suspeita de tuberculose ao Hospital Santa Isabel, para certificar-se de que seriam internados, pelo menos nos casos mais graves. De qualquer maneira, muito cedo constatou-se que o que mais afligia tantas pessoas eram as verminoses[9] e a desnutrição. Mas como curar a doença sem antes procurar identificar as causas?

O diagnóstico não deixava dúvidas: a doença era um produto específico da desnutrição, que derivava da miséria, a qual, por sua vez, tinha suas raízes no desemprego.

Então, o espírito de Irmã Dulce voltou-se para os quatro pontos cardeais: batia à porta de todos os seus santos protetores, terrenos e celestes. Dada a conjuntura geral, era necessário um grande esforço para conseguir o que quer que fosse num escritório, numa loja ou numa fábrica. Assim mesmo, era sempre como pretender transvasar a água do mar com uma concha.

Além de tudo isso, os operários não possuíam nenhum tipo de representação sindical, não gozavam de nenhum benefício, de nenhuma assistência médica. Neste sentido, as solicitações de Irmã Dulce naturalmente foram dirigidas ao seu confessor, Frei Hildebrando; mesmo porque ele demonstrara nitidamente grandes habilidades empresariais nas áreas ligadas às atividades sociais, como a recente construção da "Casa de Santo Antônio", do grandioso edifício Excelsior para as reuniões da Congregação Mariana de São Luiz e da sala cinematográfica[10]. O conhecimento e a sensibilidade demonstrados também por alguns membros da Congregação Mariana facilitaram ainda mais as coisas.

Assim, mesmo em nível oficial, o contato para uma confrontação de idéias e para uma eventual iniciativa em conjunto entre Irmã Dulce, Frei Hildebrando e a Congregação Mariana de São Luiz tornou-se mais intenso[11]. Por um lado, a Congregação acreditava poder ajudar a classe operária, alinhada com tudo o que estava ocorrendo em outras partes do Brasil[12]; por outro, Irmã Dulce possuía uma inclinação prática, e, em sua cabeça, os discursos que ouvia sobre a luta operária, os direitos trabalhistas, a sindicalização, defendida por essa ou aquela Encíclica papal, não passariam de belas palavras, se depois não fossem concretizadas para melhorar as condições de vida que ela enfrentava todos os dias na linha de frente.

Os operários são como os pobres. Se, na realidade, não têm trabalho, não fazem parte da "classe" dos pobres?

No entanto, debatia-se a idéia de que era necessário criar uma consciência radicalmente nova para que deixassem de existir a pobreza e a desigualdade social, muito melhor do que colocar "remendos" sobre as feridas, protegendo com uma assistência que, no fim de contas, não resolve os problemas. E a oposição de alguns à sua linha de ação era firme.

— Muitas pessoas afirmam que eu faço mal em proteger e defender os pobres... desamparados irmãos pobres! — contestava, decidida, Irmã Dulce. — Só quem convive diariamente com eles pode avaliar o quanto sofrem, o quanto necessitam da palavra de Deus, de uma mão amiga que se estenda em direção às suas. Muitos de vocês me criticam, dizendo que eu faço mal, que eu "mimo" os pobres. Quem de nós que se encontrasse naquela mesma situação não gostaria de receber tudo? Eu, ao contrário, lhes digo: Ajudem-me! Dêem-me a possibilidade de ajudar esses pobres irmãos a saírem dos barracos cobertos de papelão ou de latas velhas, famintos, desempregados, doentes; seus filhos, suas mulheres também têm fome. Eles hoje estão morrendo, e não sabemos se estarão vivos num amanhã, quando conseguirmos aquilo que é, sem dúvida alguma, um sacrossanto objetivo[13].

Eram duas perspectivas aparentemente em contraposição, que, se fossem devidamente coordenadas, podiam frutificar a curto e a longo prazo. No entanto, era oportuno trabalhar para a fundação de uma agregação de operários. Uma vez que desde muito tempo já atuava entre eles e estava procurando formar com alguns deles uma "sociedade proletária"[14], Irmã Dulce era a pessoa mais indicada para promover o seu envolvimento. Dado esse primeiro passo, ela poderia contar com o apoio da Congregação Mariana[15].

Os operários foram convocados, mas foi um clamoroso fiasco: da primeira reunião, participaram apenas quatro homens e seis mulheres!

A essa altura, algumas pessoas aconselharam-na a desistir[16], mas ela estava convencida: pensou que se tratasse de um erro organizativo e tentou mais uma vez.

Da segunda convocação, participaram aproximadamente duzentas pessoas: assim, no dia 31 de outubro de 1936 estaria criada a União Operária São Francisco, o primeiro movimento operário cristão de Salvador[17].

"Como toda a Bahia sabe" — escreveu o jornal *A Tarde* —, "Irmã Dulce estava trabalhando havia mais de um ano entre a classe operária naquela zona. Devido ao crescimento do movimento, ela pensou em fundar uma grande organização operária cuja direção fosse confiada ao Frei Hildebrando Kruthaup, diretor da "Casa de Santo Antônio", que por sua vez obteve autorização para aplicar a arrecadação desta Casa em benefício da construção e instalação de uma sede própria para os operários[18].

Durante a inauguração solene, participaram o Canônico Flôrencio Vieira, Vigário da Penha, representando o Arcebispo Primaz, o Dr. Alberto de Assis, presidente da Associação dos Professores Católicos, na qualidade de representante do Secretário da Educação e Saúde Pública, a Superiora das Missionárias da Imaculada Conceição, representando a Madre Geral, o Sr. Cleto Araponga, presidente da Congregação Mariana São Luiz, o Dr. Bernardino Nogueira, diretor do Posto Médico, Frei Mariano, representante do Provincial dos Franciscanos, e muitas outras pessoas de prestígio. A sessão foi coordenada por Frei Hildebrando, sendo nomeado Presidente da União um entusiasta da primeira hora, o Sr. José Bastos.

O jornal *O Imparcial*, ao redigir a crônica pontual do acontecimento, definiu Irmã Dulce como "fundadora e idealizadora da grande obra que se consolida hoje com a fundação de uma sede própria" [19].

Todos lhe reconheciam este papel, mas ela queria constar da iniciativa apenas como um membro da Congregação das Irmãs Missionárias da Imaculada Conceição[20].

Finalmente, uma sede digna para o ambulatório, uma farmácia e uma cooperativa de consumo, na Rua Lelis Piedade, 109, em Itapagipe, perto do Porto dos Tainheiros[21]. Podia-se iniciar dali e, aos poucos, dar continuidade aos outros serviços e aos outros projetos.

O importante foi que a ação benéfica não tardou a se manifestar em Itapagipe, assim como também nos bairros de Massaranduba e Plataforma.

As duas almas da iniciativa — Frei Hildebrando, considerado o "pai", e Irmã Dulce, que encarnava a "mãe"[22] — começaram a trabalhar, cada uma delas na sua própria direção, mas com o objetivo comum de atingir as finalidades do movimento e para o bem do próximo. Assim, enquanto Irmã Dulce se dedicava, como sempre, especificamente aos "usuários", o frei perseguia o objetivo de uma visão "política" num raio mais amplo.

Ele distinguia bem a importância de aderir e engajar-se no movimento nacional dos Círculos Operários para obter um maior peso e conseguir vantagens significativas. Assim, poucos meses depois[23], a União Operária São Francisco foi transformada em Círculo Operário da Bahia. O acontecimento foi amplamente divulgado pela imprensa[24].

O Círculo propunha-se a oferecer aos sócios cultura e atividades recreativas; proteção social, com assistência nas oficinas, nas escolas e famílias; defesa dos direitos legítimos da classe; assistência médica, dentária, farmacêutica, jurídica e material; sindicalização das classes operárias; fundação e incentivo para a criação de cooperativas ou vendas do Círculo; instituição de uma Caixa de Auxílio e de Empréstimo, por intermédio da qual os sócios doentes deviam ser ajudados, como também as famílias dos sócios falecidos. Havia também, como norma, a preocupação de se manter fora e além da política partidária[25].

Nesse ínterim, na "Casa de Santo Antônio", ao lado do convento de São Francisco, no centro de Salvador, foram imediatamente colocados à disposição dos sócios um salão para as reuniões e algumas salas de jogos. Os sócios podiam usufruir da redução pela metade da entrada para o Cinema Excelsior. O mais importante, porém, foi o início da elaboração de um Estatuto baseado nos princípios estabelecidos pelo Padre Leopoldo Brentano no Manual do Círculo Operário[26].

Provavelmente, a rápida transformação da União Operária em Círculo foi levada a cabo, com muita perspicácia, por Frei Hildebrando visando a participação, com plenos direitos, no primeiro Congresso Operário Católico, realizado em novembro de 1937 no Rio de Janeiro[27].

A mudança acarretara não somente uma denominação diversa, mas também uma forma organizativa articulada, que, de maneira quase imperceptível, surtira o efeito de uma variação no equilíbrio das várias forças convergentes, a emergir algumas décadas mais tarde[28]. Ele deslocara o centro de gravidade do movimento, isso podia ser percebido claramente pelas palavras proferidas pelo presidente Bastos em seu discurso inaugural:

— Era necessário executar uma obra em grande escala, de maiores proporções, de proporções tais em condições de atender ao número sempre crescente de sócios e beneficiados, o qual excedia as possibilidades da idealizadora e das Irmãs Missionárias; assim sendo, ficou decidido passar a direção à Casa de Santo Antônio[29].

Frei Hildebrando e os franciscanos assumiram, assim, um papel primário, mas isso não afetou minimamente nem a suscetibilidade nem o interesse de Irmã Dulce. Ao contrário, ela ficou contente, pois os operários e os pobres podiam gozar de estruturas e serviços adequados. Seu objetivo, na realidade, não era o comando, mas a ação. A ela, interessava ter carta branca e dispor de meios para ajudar aqueles que dela necessitavam. Era o que lhe bastava!

O dia 15 de agosto daquele ano foi particularmente solene e importante. Desde muito tempo não se via a igreja do convento da Penha tão cheia de gente em festa.

A comoção atingiu o seu ponto mais alto quando, num silêncio sepulcral, entraram três irmãs, Irmã Nazareth, Irmã Terezinha e Irmã Dulce, com uma coroa de flores brancas na cabeça e um círio aceso. Elas tinham percorrido toda a nave e detiveram-se diante do balaústre do presbitério, onde tinham sido dispostos três genuflexórios forrados de tecido branco.

Assim, diante de Deus e dos homens, emitiram a Profissão Perpétua[30].

Notas

1. Era o mês de junho de 1936, ver Carta de 9.06.1940.
2. Tratava-se da sede do Colégio Cincinato Franco, de propriedade da Secretaria de Educação, cf. Pontes, p. 29.
3. Era o mês de agosto de 1936, ver Carta de 9.06.1940.
4. O senhor José Luiz Guimarães de Araújo Bastos era um funcionário da Rede Ferroviária Leste Brasileiro muito ligado ao Frei Hildebrando.
5. Era o mês de outubro de 1936, cf. Pontes, p. 26.
6. Alagados era — e em parte é até hoje — um lugar insalubre, perigoso e pouco seguro. Todas as vezes que Dulce ali ia, fazia-se acompanhar de alguma confreira. Uma vez, ela caiu das palafitas, machucou-se e foi salva pelo padre e pelo médico que, naquele momento, estavam com ela. Cf. Lembranças de Dulcinha.

7. Cf. Pontes, pp. 26-29 *passim.*
8. Cf. Lembranças de Irmã Querubina da Silva e de Maria do Carmo Santos, que, na época, eram colegiais; de Irmã Maria das Neves de Alencar Neves.
9. Tratava-se tanto de contaminação de feridas ou de úlceras cutâneas crônicas provocadas pelas larvas de moscas, devido, principalmente, às desastrosas condições de higiene, quanto de infestações intestinais por vermes parasitas, especialmente nas crianças.
10. No dia 13 de junho de 1932 foi inaugurada a "Casa de Santo Antônio"; em 1935, o Edifício Excelsior. Ver Fróes — Batalha, p. 9 e *passim.*
11. Cf. Ata de Afastamento do Círculo Operário do Edifício Pax.
12. É necessário fazer uma breve descrição do que estava acontecendo, naquele momento, no Brasil, do ponto de vista sócio-religioso. Em 1891, o Papa João XIII escrevera a Encíclica *Rerum Novarum* em "defesas dos interesses legítimos dos mais fracos". O documento, no entanto, não obteve uma grande ressonância na Igreja brasileira que, ao avanço das organizações operárias de caráter anarquista ou socialista, respondia com uma tentativa de aumentar a própria influência por intermédio de algumas associações independentes (cf. Carlos A. de Menezes, *Ação social católica no Brasil: corporativismo e sindicalismo*, São Paulo, Loyola, 1986; José Albertino Rodrigues, *Sindicato e desenvolvimento no Brasil*, São Paulo, Difel, 1968). Foi o Cardeal Sebastião Leme, Arcebispo do Rio de Janeiro, quem iniciou com carta pastoral, quando ainda era Arcebispo de Olinda, uma verdadeira organização de estado leigo católico forte e de uma *intelligentsia* católica, colocando-se na direção daquela que era definida como "neocristandade" (cf. Sebastião Leme, *Carta pastoral a Olinda*, em Scott Mainwaring, *Igreja Católica e política no Brasil (1916-1985)*, São Paulo, Brasiliense, 1989; Riolando Azzi, *A neocristandade: um projeto restaurador*, São Paulo, Paulus, 1994; sobre a figura de Leme, ver Irmã Maria Regina, *O Cardeal Leme*, Rio de Janeiro, J. Olympio, 1962). A Encíclica *Quadragésimo Ano*, do Papa Pio XI, em 1931, causou, ao contrário, maior impacto. A conjuntura política diversa, instaurada logo após a Revolução de 1930, e que levara ao poder Getúlio Vargas, com a tomada de posição, a seu favor, do Cardeal Leme e de grande parte do episcopado, certamente havia criado um terreno favorável. No dia 15 de março de 1932 foi fundado o Círculo Operário Pelotense pelo jesuíta Leopoldo Brentano, que no *Manual do Círculo Operário* sustentava que, depois de 30, "o problema social no Brasil entrara numa nova fase" (p. 27). Isso porque o governo procurava demonstrar uma maior preocupação com a situação dos operários.

criando o Ministério do Trabalho, reconhecendo o movimento sindical e emanando "leis sociais" (cf. José Oscar Beozzo, *A Igreja entre a revolução de 1930, o Estado Novo e a redemocratização*, em *O Brasil republicano. 4. Economia e cultura (1930-1964)*, (História geral da civilização brasileira, III, 4), Bertrand Brasil, Rio de Janeiro, 1997, pp. 273-341, principalmente pp. 307-315 [*A Igreja e o Operariado, Círculos Operários Católicos*]). P. Brentano, além disso, procurava de todas as maneiras criar um movimento "circulista" nacional com o governo contra os comunistas. Os objetivos eram múltiplos: sindicalização, assistência, oferta de serviços de preparação para as funções e atividades de recreação; na verdade uma Caixa para empréstimos ou para assistência (cf. Antônio A. Diehl, *Os Círculos Operários: um projeto sócio-político da Igreja Católica no Rio Grande do Sul [1932-1964]*, Porto Alegre, Edipucrs, 1990). Muito provavelmente, Frei Hildebrando era informado de tudo e acompanhava com muita atenção esse movimento, do contrário não se explicaria o que ocorreu em Salvador naquele período.

Aproveitamos a ocasião para agradecer ao Prof. Frei Hugo Fragoso ofm pela oportunidade que ele nos deu de confrontar as idéias sobre essa problemática e pelas indicações bibliográficas, em particular de uma tese inédita de George Evergton Sales Souza, *Entre o religioso e o político: uma história do Círculo Operário da Bahia*, defendida na Universidade da Bahia, Salvador, 1996, de grande utilidade para um quadro completo do fenômeno e da sua evolução com o decorrer do tempo.

13. Reflexões da Irmã Dulce; cf. Lembranças de Camilo Calazans de Magalhães.
14. Cf. Ata de Afastamento do Círculo Operário do Edifício Pax.
15. Diversas foram as reuniões preliminares na Casa de Santo Antônio, nas quais tomavam parte também personalidades e empresários de fora da Congregação Mariana, entre eles, por exemplo, o Dr. Augusto. Cf. jornais dos anos 50, por ocasião da inauguração do Edifício Roma.
16. Talvez fosse o próprio D. Flôrencio Vieira, ver *A Tarde*, de 31.07.1979.
17. Cf. Ata de Afastamento do Círculo Operário do Edifício Pax.
18. Na edição de 1.11.1936, o presidente José Bastos, numa entrevista dada ao jornal *O Globo*, de 22.09.1937, declarou que a União Operária São Francisco era mantida com o faturamento do cinema Santo Antônio e com a ajuda de algumas pessoas importantes, como o comendador Martins Catharino e Ranulpho Pimentel.

19. Na edição de 1.11.1936 foi publicado um artigo detalhado, enquanto no dia seguinte o discurso do presidente era divulgado na íntegra. O acontecimento teve uma grande repercussão na imprensa.
20. Vejam-se os diversos artigos dos jornais e também o discurso do presidente da União e depois do Círculo Operário publicado no *O Imparcial* de 2.11.1936 e de 13.01.1937.
21. Cf. Pontes, pp. 29-30.
22. Cf. Lembranças de Albertino Esperidião Alves; Sales Souza, p. 87.
23. No dia 12 de janeiro de 1937. A data é deduzível com exatidão devido aos festejos realizados pelo decênio, realizados em 12 de janeiro de 1947, cf. *Diário de Notícias* de 11.01.1947. Ver também a Ata de Afastamento do Círculo Operário do Edifício Pax.
24. Cf. *A Tarde* de 11.01.1937; *O Imparcial* de 12 e 13.01.1937; *O Globo* de 22.09.1937.
25. Cf. Estatuto do Círculo Operário da Bahia e Regulamento da Caixa de Auxílio e de Empréstimo.
26. Cf. Sales Souza, pp. 38 e seg., 51 e seg.
27. Certamente, esse é o motivo pelo qual o jornal *O Imparcial* de 7.11.1937 ressalta o fato de o movimento da Bahia contar, naquela data, com aproximadamente 3.000 associados.
28. Ver mais adiante.
29. *O Imparcial* de 13.01.1937.
30. Anuário do Colégio Santa Bernadete (Arquivo Congregação das Irmãs Missionárias da Imaculada Conceição da Mãe de Deus — Província Santa Cruz — Convento D. Amando — Salvador, Bahia). Os padrinhos de Irmã Dulce foram o Prof. Dr. Aristides Novis, o Prof. Dr. Aristides Pereira Maltez, o interventor Federal, capitão Juracy Montenegro Magalhães, e sua mulher, Dona Lavínia Acyoli Magalhães, ver Ata de Fundação da Associação das Obras Sociais Irmã Dulce.

IX

O Círculo Operário da Bahia teve um crescimento surpreendente; em 1939, já contava com nada menos do que quatro mil sócios[1]. Por sugestão da Irmã Dulce, Frei Hildebrando mandara construir o cinema Itapagipe, servindo, assim, àquela zona.

A responsável pelo "diário da casa" do Colégio Santa Bernadete observou que: "No dia 1º de maio entrou em funcionamento uma escola , 'Santo Antônio', em Massaranduba, sob a direção e os cuidados do Círculo Operário, onde também trabalha a nossa querida Irmã Dulce."[2]

Santo Antônio era uma escola para crianças e jovens das famílias dos operários, mas também de todos aqueles que não podiam manter os filhos nos estudos. Além dos deveres institucionais, a escola oferecia cursos profissionalizantes para a iniciação ao mercado de trabalho: para os rapazes, havia oficinas de sapateiro, mecânico, alfaiate, carpinteiro, datilógrafo; para as moças, aquele conjunto de aprendizados teórico-práticos denominados como "economia doméstica" (costura, cozinha etc.)[3].

No entanto a "paixão" de Irmã Dulce continuava a ser sempre o laboratório. O estágio em farmácia, feito por algum tempo, já não era suficiente, e aquele longínquo conselho do Dr. Galdino "teve" de ser seguido. Ela inscreveu-se em um curso regular para obter o diploma que lhe possibilitaria exercer a profissão legalmente. Foi assim que, depois de passar em todos os exames, tirou o diploma de Farmacêutica junto à Secretaria de Educação e Saúde do Estado, defendendo uma tese sobre "Cápsulas e Comprimidos"[4].

As atividades eram inúmeras e muito absorventes, mas havia a juventude e o entusiasmo. A própria Dulce assim escrevia à Madre Pacífica Boenning, a nova Superiora Geral da sua Congregação[5]:

> Desde 1936 até agora, tenho estado em missão com a Irmã Gregória. Antes deste período, trabalhei com outras confreiras. Atualmente, tenho sob os meus cuidados o ambulatório, a farmácia, a escola, as oficinas para os aprendizes, filhos de operários. (...) Posso lhe garantir que até hoje me sinto feliz, muito feliz! Jesus tem sido muito bom para com uma pobre pecadora como eu. Gostaria de lhe agradecer, também, por todos os benefícios, espirituais e materiais, que recebo, todos os dias, da nossa Congregação. Jesus é o único que poderá recompensá-las por todas as graças, por todo o bem que me fazem.[6]

Que Irmã Dulce era feliz, não seria necessário dizê-lo; todos podiam constatar isso, principalmente aqueles que viviam junto dela: depois de um dia de trabalho intenso em Massaranduba, as confreiras e as moças do Colégio Santa Bernadete viam quando ela voltava cantarolando, e, freqüentemente, estas últimas a esperavam para cantarem juntas, possivelmente com Dulce ao piano ou acordeão, *Adeus, amor, eu vou partir...*[7], a última canção da moda[8].

Uma tarde, Irmã Dulce permaneceu um pouco mais que o habitual no ambulatório da Rua Lelis Piedade. Havia um crepúsculo intenso: o vermelho dourado tingira todas as coisas, dando-lhes uma dimensão surreal. O Dr. Bernardino e as moças[9] que a tinham ajudado naquele dia já não mais se encontravam ali. Ela experimentava uma sensação estranha, e o seu pensamento ruminava aquela frase que o doutor lhe dissera entre uma visita e outra: "Irmã, o mundo está pegando fogo. A Alemanha invadiu a Polônia... a França e a Inglaterra declararam guerra a ela..." Aquela cor vermelha a impressionava: os reflexos daquele incêndio chegavam também à sua terra!

Enquanto fechava a porta do ambulatório, ela ouviu um soluço às suas costas. Virou-se rapidamente e viu um menino de uns doze anos com o rosto coberto de suor que tremia como uma folha. Descalço, com o corpo macilento e o rosto encovado, deixava transparecer toda a fome passada desde o nascimento e a vida miserável que levava, ganhando alguns trocados com a venda de jornais. Também ele naquela manhã gritara pelas ruas de Salvador: França e Inglaterra declararam guerra à Alemanha!

Disseram-lhe para gritar daquela maneira porque ele não sabia ler e nem imaginava o que queriam dizer aqueles nomes.

À tarde, com o surgimento de uma febre que lhe fazia explodir a cabeça, arrepios inesperados e violentos atravessavam o seu corpo débil como se fossem fortes descargas elétricas. Ele ficara apavorado, mas para onde ir? Para os pais? A família? Fazia muito tempo que não os via: o seu lar era a rua. Os seus companheiros afastaram-se dele, com medo de que ele lhes transmitisse alguma infecção. E ele vagava como um cachorro raivoso. Finalmente, vira aquela freirinha[10].

— Irmã, não deixa eu morrer na rua, me ajuda! — disse-lhe, entre soluços.

— Meu filho, onde eu coloco você? Isto aqui é um ambulatório.

— Irmã, não deixa eu morrer... — e não conseguiu terminar a frase, pois os arrepios tinham se transformado em tremores violentos.

Dulce reabriu a porta rapidamente e o puxou para dentro. Colocou a mão em sua testa e constatou que a febre era muito alta. Apanhou o avental do doutor e envolveu o menino com ele. O branco daquela veste ressaltava ainda mais a cor de terra que a malária, já em estado avançado, dera àquele pequeno rosto.

Dulce deu-lhe um remédio, o mais apropriado entre aqueles de que dispunha, enquanto o menino continuava a chorar e a repetir:

— Irmã, não deixa eu morrer na rua... por favor, Irmã, me ajuda... me ajuda... — Um lamento que teria dilacerado o coração mais duro.

Irmã Dulce olhou para ele fixamente, enquanto seu cérebro passava em revista os lugares e as pessoas que poderiam acolhê-lo.

— Ilha dos Ratos! — exclamou para si mesma, de repente. Recolheu do ambulatório tudo que podia servir para cobri-lo e, segurando-o pela mão, disse-lhe: — Anda, vem comigo.

Ilha dos Ratos era um bairro um pouco afastado, onde havia algumas casas vazias. Ela deteve-se diante de uma delas, mas a porta e as janelas tinham sido barradas pelo proprietário para evitar que alguém entrasse. Sozinha ela não conseguiria forçar a porta; sem perder a calma, olhou em torno e disse ao primeiro que passava:

— Rapazinho, por favor, arrombe esta porta para mim.

O homem olhou para ela sem entender:

— Irmã, a senhora ficou doida de vez? Essa casa tem dono!

— Eu sei, mas quero que você arrombe a porta assim mesmo.

— Não, Irmã, não quero ter nenhuma responsabilidade...

— Não se preocupe. É por minha conta. Eu assumo toda a responsabilidade.

— Não, Irmã, não quero saber disso.

— Este menino está morrendo... vamos deixar ele morrer na rua como um cachorro? Arrombe esta porta, por favor!

Aberta a porta, Dulce acomodou o menino e lhe garantiu que voltaria o mais rápido possível.

— Não me deixa sozinho... não deixa eu morrer aqui sozinho... — recomeçou a chorar o pobre coitado.

Depois de tranqüilizá-lo, ela saiu correndo. Foi até Florentina e indicou-lhe a casa; mais tarde, regressou, trazendo consigo uma lanterna, leite e um pedaço de pão. A mulher se prontificou a permanecer ali, velando o menino doente por toda a noite, e, assim, Dulce pôde voltar para o convento[11].

Naquela tarde, porém, ela não voltou cantando.

No dia seguinte, indo até a casa, percebeu que os moradores do local, colocando as cabeças para fora dos barracos, faziam comentários. A notícia do arrombamento da porta para ajudar aquele menino já correra todo o bairro. Ela nem teve tempo de se informar sobre as condições de saúde do pequeno "jornaleiro", pois duas mulheres se apresentaram e levaram-na ao bairro da Ribeira, para um barraco que mais parecia um ninho de ratos: uma velha não tinha forças nem para gritar; os seus lamentos coincidiam com a respiração.

Irmã Dulce não pensou duas vezes, pegou-a nos braços como se fosse uma menina e levou-a para a casa da Ilha dos Ratos. Passaram-se apenas alguns dias quando foi informada de que um homem estava morrendo num buraco na Rua da Lanterna, em Massaranduba. Dulce foi vê-lo; era um tuberculoso, já no último estágio. Percebendo a total inutilidade de levá-lo para o Hospital Santa Isabel, ela dirigiu-se a um homem que tinha um carro e pediu-lhe que o transportasse, mas, para onde? Como não podia colocá-lo junto ao menino e à velhinha, fez com que a porta de uma outra casa vazia fosse arrombada, acomodando o homem ali.

Todos perceberam que podiam contar com aquela freirinha, e, assim, todos os casos em que Dulce fora chamada para intervir terminaram com o arrombamento de mais duas portas.

O proprietário das casas, vindo a saber do que estava acontecendo, denunciou o fato à Saúde Pública. O diretor do 4° Centro da Saúde convocou imediatamente Irmã Dulce para que ela desse as devidas explicações sobre os seus atos. E ela contou tudo que havia acontecido e o que a levara a cometer aquele ato ilegal.

O homem não se deixou convencer nem muito menos comover pelo fato de que se tratava de pobres infelizes que nada mais tinham além do ar para respirar e dos olhos para chorar. Ao contrário, explicou-lhe o que significava propriedade privada, falou dos direitos e dos deveres do cidadão, da retidão nos comportamentos e, sem escutar nem mais uma palavra, disse-lhe para desocupar aquelas casas.

Dulce voltou à Ilha dos Ratos, preocupada e com o cérebro em chamas. No entanto, nada deixou transparecer nem aos doentes e nem àqueles que a assistiam. Finalmente, depois de ter ouvido as lamentações de todos, fez-lhes uma exortação calorosa:

— Por favor, eu lhes peço: rezem muito hoje, rezem muito.

O dia chegou ao fim e ela não havia encontrado nenhuma solução. À noite, levou a refeição e os remédios para os seus doentes, e qual não foi a sua surpresa quando viu que alguém já tinha providenciado o alimento daquela noite.

— Hoje foi ele que veio — disse-lhe o menino.

— Ele quem? — perguntou Irmã Dulce.

Então, ela foi informada de que, no final da manhã, o diretor do 4° Centro da Saúde Pública estivera ali acompanhado por dois funcionários. Observara tudo, fizera perguntas a todos e depois se fora. Todas aquelas provisões tinham acabado de chegar.

Irmã Dulce suspirou aliviada, achando que o problema estava resolvido, mas, assim que botou os pés fora da casa, deu com o proprietário, que vinha ao seu encontro, furioso. Ameaçava chamar a polícia, mandá-la para a cadeia por invasão de domicílio As palavras da Irmã, no entanto, fizeram com que ele aos poucos se acalmasse e, no fim, concordasse:

— Olha, Irmã, eu deixo que eles fiquem aqui até que fiquem bons ou que morram, mas não coloque mais ninguém aqui, porque quando o último for embora eu vou mandar consertar as casas[12].

Se para o menino se delineava uma solução por algum tempo, o mesmo não se podia dizer em relação ao homem e à velhinha; além do mais, ela tinha sido chamada para atender outros casos desesperados. Compreendia que a generosidade não podia sufocar a justiça. Era preciso encontrar uma outra solução. Devia fazer um gesto muito evidente, que chamasse a atenção pública, que mobilizasse as consciências.

Amadureceu alguma coisa em sua mente, pois, um dia, na escola Santo Antônio, rodou pelas turmas pedindo a todos os jovens que levassem caixas, latinhas, folhas de zinco, mesas, esteiras, pedaços de madeira — enfim, tudo aquilo que pudesse ser reutilizado.

À frente de um pequeno exército, munido de todo aquele material recuperado, deu início à tarefa de fazer com que os arcos da rampa que conduziam ao Santuário de Nosso Senhor do Bonfim[13] se tornassem "habitáveis". Terminada a arrumação daqueles ambientes, sentiu-se satisfeita: conseguira construir "casas", em parte (três quartos) de alvenaria, e que alvenaria! Quando é que aqueles pobres desgraçados poderiam sonhar em morar numa casa de alvenaria?

Mobilizando algumas pessoas que possuíam carroças e carrinhos de mão, ela organizou a mudança dos doentes que não podiam caminhar: eram cinqüenta ao todo[14]. Naquele dia, viu-se um formigueiro humano, que reuniu como se fosse uma corrente as casas da Ilha dos Ratos com os arcos do Bonfim.

— Nosso Senhor do Bonfim certamente ficará contente em ter sob as suas asas protetoras essas pobres criaturas! — pensou Irmã Dulce. Os Redentoristas da colina tinham acompanhado a fervorosa execução de todas aquelas obras e balançaram suas cabeças, sorrindo: "É Irmã Dulce!" Mas o prefeito da cidade, Wanderley Pinho, não pensava da mesma maneira, e, de posse de um relatório completo de tudo que havia acontecido, convocou-a.

Quando os dois se encontraram frente a frente, a Irmã percebeu que ele estava muito contrariado. Mal comparando, o diretor do 4° Centro da Saúde Pública tinha sido muito gentil.

O prefeito, ao contrário, não quis ouvir explicações.

— A Prefeitura gastou muito dinheiro para fazer com que a colina sagrada se tornasse um salão à altura do Santuário da cidade. Fez com que se tornasse belo para que os turistas pudessem admirá-lo; a senhora, ao contrário, colocou ali as fezes desta cidade!

— Aqueles que o senhor chama de "fezes" são nossos irmãos: por que não encontramos uma acomodação adequada para eles? — começou a rebater Dulce.

— Se daqui a uma semana a senhora não retirar aquela indecência, mando a polícia para tomar providências... e a senhora, com todo o respeito, não sairá desta impunemente — interrompeu-a o prefeito, colocando, bruscamente, um ponto final no encontro.

Ela não tinha nenhuma outra opção a não ser obedecer. Sua ação demonstrativa não surtira nenhum efeito; aliás, servira apenas para atrair outros desesperados.

"Que Irmã é essa? Está sempre no meio da rua!"

"Que fique dentro do convento; do contrário, não devia ter pensado em ser freira..."

"O Círculo Operário não é suficiente para ela?"

"Por que dá tanta atenção àqueles miseráveis? Faz coisas demais!"

"Ajudá-la? E de que adianta! É como colocar água dentro de um cesto![15]"

Os abastados, aqueles que não desejam ser "incomodados", sempre existiram em todas as épocas e em todas as latitudes. O que, no entanto, mais aborrece é que, além de não quererem fazer coisa nenhuma, também procuram impedir que os outros o façam, dando opiniões quase sempre muito críticas.

Irmã Dulce tinha consciência disso, mas não dava nenhuma importância. Estava convencida de que tudo que fazia não era por uma obstinada vontade de princípio, mas porque acreditava piamente nas palavras do Evangelho.

"Muita gente" — deixara escrito nesse particular — "acredita que não devemos dar aos pobres a mesma atenção que damos às outras pessoas. Para mim, o pobre, o doente, aquele que sofre, o abandonado, é a imagem de Cristo (...) Se olharmos para o pobre com estes olhos, para o seu aspecto de fora, o ser sujo, cheio de parasitas, com grandes chagas, isso não nos incomodará, pois na sua pessoa está presente o Cristo sofredor.

"Somente quem convive com o pobre pode compreendê-lo.

"Muita gente acha que eu faço muito, que concedo muitas atenções aos pobres, e me criticam por isto.

"Cada um de nós não gostaria de ser bem recebido, de ser bem tratado? E o pobre não possui o direito de ser bem acolhido, de receber todas as atenções espirituais e materiais? (...) Fazemos muito por eles? Eu pergunto: é muito o que fazemos por Deus? Ele não merece tudo de nós? Se o pobre representa a imagem de Deus (estava nu e me vestiste, doente e me visitaste, tinha fome e me deste de comer[16]), então, pode ser demais aquilo que fazemos por ele?"[17]

Estando imbuída dessa profunda convicção, podemos compreender por que a sua paciência com os pobres e os doentes era inexaurível e levar em consideração episódios no limite da tolerância completamente naturais. Uma vez, ela se preparava para dar a sopa a um doente que havia recolhido na esquina de uma rua, completamente abandonado. Depois da primeira colherada, ele cuspiu a sopa em seu rosto. Dulce, sem perder, minimamente, a paciência, deu-lhe uma outra colherada, dizendo:

— A primeira era minha, mas a segunda é sua. Coma, que vai fazer bem a você[18].

No entanto, era necessário encontrar um lugar onde pudesse abrigar aqueles pobrezinhos que estavam sob os arcos do Bonfim. E, ainda dessa vez, a solução não demorou muito.

Em Itapagipe havia, perto da escola, um mercado abandonado, o Mercado do Peixe. Por que não utilizá-lo?

Dito e feito: ela reuniu novamente o formigueiro humano e conseguiu acomodá-los melhor.

De acordo com a Superiora e com as confreiras, e, considerando a disponibilidade das moças do Colégio Santa Bernadete, ela tomou também uma outra iniciativa que deveria aliviar a fome de muitas famílias indigentes de Massaranduba: foi chamada a obra do "quilo", pois cada família, dentro de suas posses, uma vez por mês, oferecia um quilo de gêneros alimentícios aos mais pobres[19].

Por outro lado, a direção do Círculo Operário da Bahia, no início do mês de maio de 1941, de acordo com as manifestações nacionais pelo qüinquagésimo aniversário da Encíclica *Rerum Novarum* de Leão XIII, promoveu uma convenção de cinco dias — presidida pelo Prof. Isaías Alves de Almeida, secretário de Educação e Saúde, tendo como representante do interventor Federal[20] Landulfo Alves de Almeida[21] — em sua sede junto ao Edifício Pax.

O movimento, composto por cinco mil sócios, em troca de seu apoio ao governo, obtinha favores que iam desde o prestígio com o consenso do interventor até os incentivos financeiros. Na realidade, no mês de novembro do mesmo ano foram promovidas diversas comemorações pelo quarto aniversário do Estado Novo[22] no cine Pax, "nos quais — como evidenciou a imprensa — tomaram parte representantes de vários sindicatos e sócios de inúmeras instituições". Naquela ocasião, a reunião foi presidida por Antônio Uchôa, delegado do Trabalho, e os oradores foram os dirigentes máximos do Círculo: José Bastos, diretor, Agnelo Lima, presidente e, finalmente, o assistente eclesiástico, Frei

Hildebrando. Todos se esforçaram para demonstrar os benefícios obtidos pelos trabalhadores brasileiros durante o governo de Getúlio Vargas[23].

Notas

1. Dados recolhidos dos jornais *A Tarde* e *O Imparcial*, ver Sales Souza, p. 53. Dali a pouco tempo (1940) o Círculo teria a sua sede transferida para o Edifício Pax, construído por Frei Hildebrando por conta e num terreno dos franciscanos no centro de Salvador, incluindo também o cinema com o mesmo nome.
2. Anúario do Colégio Santa Bernadete (Arquivo Congregação das Irmãs Missionárias da Imaculada Conceição da Mãe de Deus — Província Santa Cruz — Convento D. Amando — Salvador, Bahia).
3. Cf. Anuário do Colégio Santa Bernadete (Arquivo Congregação das Irmãs Missionárias da Imaculada Conceição da Mãe de Deus — Província Santa Cruz — Convento D. Amando — Salvador, Bahia): "Irmã Dulce e Irmã Gregória trabalharam com zelo incessante no Círculo Operário, dirigindo a escola com mais de 400 crianças pobres. Trabalhando na farmácia dos pobres, Irmã Dulce se preparava para os exames a fim de obter o diploma de farmacêutica, tendo sido aprovada com louvor; visitava os doentes e os pobres, convocava as crianças para o catecismo. Fundaram-se oficinas de sapateiro, mecânico, alfaiate e carpinteiro." Ver também Lembranças de Maria do Carmo Santos, que ali trabalhou como professora juntamente com Abgail Marques de Oliveira, Brasília Castro, Zabelina Morais e Neuza, a futura Irmã Querubina da Silva.
4. Diploma do dia 8 de janeiro de 1941. Cf. Pontes, p. 25.
5. Em 1938, no dia 5 de março, morreu em Nápoles D. Amando Bahlmann, o fundador da Congregação; e no dia 23 de abril, Madre Maria Imaculada de Jesus, a fundadora, sendo sua sucessora Madre Pacífica, que ficaria no cargo até 1958.

6. Carta de 9.06.1940.
7. *Adeus, amor, eu vou partir.*
8. Lembranças de Irmã Célia Maria Soeiro, que era colegial naquela época.
9. Lembranças de Irmã Maria das Neves de Alencar Neves.
10. Com relação ao que segue, ver Lembranças de Irmã Olivia Lucinda da Silva; Irmã Célia Maria Soeiro.
11. Cf. Pontes, pp. 13-15.
12. Cf. *A Tarde* de 31.07.1979.
13. Em 1798, a Devoção do Senhor do Bonfim fizera construir uma muralha para a contenção das inclinações do Santuário, pois, tratando-se de uma zona arenosa, havia o perigo de desmoronamentos. Entre 1865 e 1900, a praça foi alargada e pavimentada, sendo construída uma rampa sustentada por dezenove arcos sobre o declive, a qual possibilitava um acesso mais fácil à igreja. A área inteira pertencia à Devoção; lentamente, porém, cedeu espaço ao poder público e, assim, em 1933 a Prefeitura providenciou a restauração da rampa e a limpeza dos jardins ao redor da colina sagrada. Cf. José Eduardo Freire de Carvalho Filho, *A devoção do Senhor Bom Jesus do Bonfim e sua história*, Salvador, BA, 1923; cf. *A Tarde* de 8.09.1994 e de 7.08.1999.
14. Cf. *A Tarde* de 31.07.1979.
15. Cf. Pontes, p. 33.
16. Mt 25, 35-36.
17. Reflexões da Irmã Dulce.
18. Cf. Lembranças de Irmã Querubina da Silva, Irmã Olívia Lucinda da Silva e Iraci Vaz Lordelo.
19. No "diário de casa" de Santa Bernadete, foi escrito: "1941 — Foi fundada a obra do 'quilo'. Centenas de famílias, mensalmente, contribuem com um quilo de qualquer gênero alimentício para os mais pobres e isso salvou muitas famílias de morrerem de fome", ver Anuário do Colégio Santa Bernadete (Arquivo Congregação das Irmãs Missionárias da Imaculada Conceição da Mãe de Deus — Província Santa Cruz — Convento D. Amando — Salvador, Bahia).
20. Lembramos que os interventores eram os governadores dos vários estados da Federação brasileira nomeados diretamente por Getúlio Vargas.
21. O Cardeal Sebastião Leme e o Padre Leopoldo Brentano foram os principais organizadores das manifestações, apoiadas pelo governo Vargas. Os palestrantes e os respectivos temas discutidos na Convenção foram: Dr.

Antônio de Oliveira Dias (diretor do Instituto Normal da Bahia), *O direito de propriedade e a Rerum Novarum*; Sr. José Bastos (diretor do Círculo Operário da Bahia), *Os círculos operários do Brasil e a Rerum Novarum*; Dr. Valdemar Tourinho de Abreu (acadêmico da Faculdade de Direito da Bahia), *O capitalismo e a Rerum Novarum*; Dr. Guilherme Marback (diretor da Escola Comercial da Bahia), *Dever do Estado*; Sr. João Pacífico de Souza, *Como se procurou resolver a questão*; Dr. Luiz Lago Araújo (delegado do IAPC), *O dever e os direitos do trabalhador*; Sr. Nicolau Torres, *O salário mínimo e a família*; Dr. Fernando São Paulo, *A harmonia do capital e trabalho: fundamento da paz*; Sr. Publio José Corrêia (presidente do Sindicato da Estiva), *A legislação trabalhista no Estado Novo e a Rerum Novarum*; Frei Hildebrando Kruthaup, *As reivindicações trabalhistas e a Rerum Novarum*. Nesse ínterim, as emissoras de rádio transmitiam programas sobre a doutrina social da Igreja e a legislação operária brasileira. (cf. *A Tarde*, de 9 e 11.05.1941; *O Imparcial*, de11, 13 e 16.05.1941; Sales Souza, pp. 58-69).

22. Em 1937, Getúlio Vargas fundara no Brasil o chamado Estado Novo, que muito se parecia com o sistema político da Itália de Mussolini. Cf. Eli Diniz, *O Estado Novo: estrutura de poder. Relações de classes*, em *O Brasil republicano. 3. Sociedade e política (1930-1964)*, (História geral da civilização brasileira, III, 3), Bertrand Brasil, Rio de Janeiro, 1997, pp. 79-118.
23. Cf. *A Tarde* de11.11.1941; Sales Souza, p. 63.

X

Nesse meio tempo, o mundo pegara fogo de verdade: desde a Europa até o Japão, o vento da guerra alimentava o incêndio. Seria desnecessário mencionar as repercussões que o conflito acarretou em termos de sofrimento, de mortes e de miséria. No entanto, para seguir o rumo da nossa história, faz-se necessário relembrar alguns episódios.

Na manhã do dia 7 de dezembro de 1941 os japoneses atacaram a frota americana sediada em Pearl Harbor (Havaí), no Pacífico, e, cinco dias depois, a Itália e a Alemanha declararam guerra aos Estados Unidos: o fogo estava atravessando também o Atlântico.

A essa altura os Estados Unidos fizeram uma forte pressão sobre a América do Sul, em particular sobre o Brasil, para que ele assumisse uma posição definida dentro do conflito.

Getúlio Vargas, até então simpatizante e imitador de Mussolini, posicionou-se com os Aliados, contra a Itália e a Alemanha[1]. A revanche alemã não tardou: em fevereiro de 1942, alguns navios mercantes brasileiros foram afundados no Atlântico. O país ficou profundamente abalado com o ocorrido, e, a partir do dia 12 de março, realizaram-se diversas manifestações contra os nazifascistas.

O clima de tensão aumentou consideravelmente em agosto, quando se registraram os naufrágios de outros cinco navios mercantes, com a conseqüente declaração de guerra por parte do Brasil. O ódio contra as potências do Eixo se transformou em xenofobia, em particular contra os alemães: os jornais alertavam para que ninguém confiasse nos alemães que declarassem não ser nazistas[2].

Essa situação deixou o Círculo Operário em sérias dificuldades. No final do mês de setembro, "foram promovidas diversas reuniões extraordinárias com a finalidade de retirar dos seus quadros todos aqueles que tivessem qualquer tipo de relação com os países do Eixo"[3]. A estreita ligação entre o Círculo e a comunidade franciscana, na sua maioria constituída por alemães,[4] entre os quais o próprio Frei Hildebrando, representava o obstáculo maior.

O Círculo, como todo o movimento "circulista", era fortemente anticomunista, e por isso transformou-se num evidente alvo das Esquerdas, que se aproveitaram da mudança de rota do governo para lançar o descrédito sobre os seus representantes mais importantes: em Salvador, principalmente, sobre Frei Hildebrando.

Além disso, levando em consideração, também, uma circular na qual o Arcebispo Primaz pedia que os alemães fossem afastados da direção das instituições religiosas para evitar que fossem feitas investigações ou retaliações[5], Frei Hildebrando decidiu afastar-se, temporariamente, de todo o movimento "circulista" até que a situação se normalizasse; assim, nomeou para ocupar o seu lugar como assistente eclesiástico um brasileiro, Frei Joaquim da Silva[6].

No entanto o movimento baiano conseguiu sobreviver sem sofrer excessivos prejuízos durante o período da guerra; pelo contrário, no dia 22 de julho de 1946[7] conquistou o muito ambicionado reconhecimento na categoria de ente de Utilidade Pública[8]. Isso foi possível por duas razões independentes e, ao mesmo tempo, concomitantes: a direção do Círculo pôde apoiar as autoridades governativas, independentemente da sua posição política; por outro lado, Irmã Dulce, atuando fora de qualquer lógica partidária e política, com a sua ação caridosa indiscriminada, assumira uma posição de forte peso na sociedade baiana.

Naquele ano, a sua Congregação passou a alojar-se no Convento de Santo Antônio, próximo ao Largo de Roma. O limite entre o Convento e o Largo era demarcado por um terreno chamado Roça do Coronel, que pertencia à família Muniz Sodré. Irmã Dulce gostava muito do lote e queria construir ali a nova sede do Círculo Operário. Falou sobre o assunto com Frei Hildebrando. Ele também gostava do local, pela posição e amplitude; mas e o dinheiro?

Depois de longas negociações, os proprietários dispuseram-se a cedê-lo por duzentos contos[9]. Era uma soma ponderável, mas não inviável.

A grande capacidade de Irmã Dulce para convencer os benfeitores a contribuir foi o trunfo nessa partida que se delineava dura, fosse pelo momento difícil, fosse pelo fato de o frade ter sido colocado, forçosamente, fora do jogo. E, aqui, a jovem Dulce — tinha apenas 32 anos — demonstrou grandes habilidades empresariais e um aguçado bom senso.

Poucos sabiam que a força daquela freirinha estava na oração e, principalmente, no jejum. Fortificada pela comunhão diária, ela podia se apresentar tanto para pedir uma esmola para os seus pobres quanto para solicitar um grande financiamento para o Círculo Operário.

Acontecia, então, que ela lançava mão de tudo, e, um dia, ao entrar numa loja, pediu:

— O senhor pode me dar alguma coisa para os meus pobres? — e estendeu a mão.

Como resposta, o homem lhe deu uma cusparada.

Dulce não se perturbou; ao contrário, ela respondeu-lhe com tranqüilidade:

— Meu senhor, isso é para mim; agora, dê alguma coisa para os meus pobres.

O sujeito olhou-a atônito, mas para não deixar transparecer seu embaraço, reagiu com violência:

— Saia daqui imediatamente![10]

Dulce ofereceu aquela humilhação a Jesus Crucificado e agradeceu-lhe. No entanto, dentro do seu coração fervia uma outra preocupação: era preciso fazer a escritura pública do terreno para o Círculo Operário, e o dinheiro disponível não chegava à metade daqueles duzentos contos solicitados.

Estava na hora do almoço, e o então interventor Renato Pinto Aleixo[11] encontrava-se na casa. Irmã Dulce era uma das poucas pessoas que não precisavam nem marcar hora nem se apresentar somente na sede do governo para falar com ele.

O interventor estava sentado à mesa tomando café. Dulce aproximou-se dele e sem maiores formalidades disse:

— Meu padrinho, eu tive um sonho esta noite.

Divertido, ele lhe respondeu:

— Ah! Sim? E o que foi que você sonhou?

— Sonhei com o senhor, meu padrinho.

— Comigo? — exclamou o homem.

— Sonhei que o senhor me dava uma pedra de presente.

— Ah! Se é só isso, está bem! Eu lhe dou a pedra — disse o interventor, rindo.

Irmã Dulce olhou para ele e sorriu:

— Sim, mas existe um senão, meu padrinho.

— Qual?

— A pedrinha custa 80 contos!

O interventor balançou a cabeça e, irônico, respondeu:

— Então, houve realmente um engano da sua mente.

— Como? Quer dizer que o senhor não pode nos ajudar? — prosseguiu Dulce, preocupada.

— Eu não disse isso.

— Então?

— O sonho a enganou, porque a pedrinha vale cem contos, e não oitenta; mas se a senhora preferir uma de oitenta, não tem importância![12] — E começou a rir.

Dulce saiu pela rua com o passo apressado e o coração em festa, agradecendo ao Senhor pelo enorme valor que ele atribuíra àquela cusparada recebida pela manhã.

Dessa maneira, tinha em seu poder a metade do dinheiro. Batendo em tantas portas, já tinha quase alcançado a soma, mas ainda faltavam 15 contos, que ela não conseguia arrecadar.

Estava cansada, quase desencorajada: rezava havia diversos dias para Santo Antônio e para os seus infinitos protetores terrenos. Nada! Aquela soma parecia encantada.

Depois de mais um dia inútil, vazia, ela decidira fazer uma visita à sua madrinha, D. Úrsula Catharino. Em casa, encontrou somente a irmã, D. Almerinda, que, ao vê-la assim tão fraca, quis saber quais eram os problemas que a atormentavam e tentou consolá-la. A uma certa altura, Dulce desmaiou. Quando voltou a si, D. Almerinda deu-lhe um xícara de leite. Dulce sentia-se ainda atordoada, mas assim mesmo se despediu. Na porta, a mulher colocou um envelope no seu bolso, dizendo-lhe:

— Compre qualquer coisa para você.

Ao chegar em casa, Irmã Dulce abriu o envelope e encontrou os quinze contos![13]

Dessa maneira, o terreno foi comprado, depois que Frei Hildebrando convocara o jovem engenheiro Norberto Odebrecht, cuja família possuía uma firma de construção. Ele lhe mostrara a escritura do terreno, convidando-o para desenvolver um projeto que deveria englobar a construção de um cinema e dos diversos ambientes que iriam constituir a nova sede do Círculo Operário. Alguma coisa de grandioso. O jovem, no entanto, sabia que o frade encontrava-se em situação muito difícil: como ele poderia arcar com aquelas despesas, que, sem dúvida alguma, seriam bastante altas?

Frei Hildebrando respondera-lhe tranqüilamente:

— Depois o senhor resolve isso com a Irmã Dulce[14].

E, assim, iniciaram-se as obras no Largo de Roma. O engenheiro e a Irmã prepararam um plano financeiro de aproximadamente oito mil contos, e, já que não dispunham de dinheiro em espécie, assinariam promissórias semanalmente como pagamento das despesas feitas. O plano pôde ser concretizado graças à amizade com o gerente do banco[15].

Todos os dias, Irmã Dulce, além das orações comunitárias, costumava recitar o ofício da *Via Crucis*[16]. Era uma devoção que parecia adequar-se à sua ação em relação àqueles pobrezinhos que nela encontravam a sua única protetora. Depois da "estação" das casas vazias, aquela dos arcos do Bonfim, aquela do Mercado do Peixe, delineava-se uma outra... e onde?

O Mercado parecia a solução melhor. Havia o espaço, e aqueles desgraçados já chegavam a setenta. Eram doentes crônicos, freqüentemente abandonados, até mesmo pelos parentes. Dulce, contando com a colaboração de Florentina, de alguma confreira, de algumas moças, do Dr. Bernardino Nogueira, ao qual se juntara o Dr. Edgar Mayer, irmão de uma das colegiais suas admiradoras do Santa Bernadete, conseguia tranqüilamente manter o compromisso, por intermédio das esmolas, mas, principalmente, das ofertas generosas *in natura* feitas pelos feirantes que vinham vender seus produtos na feira de Água de Meninos.

Quando ia à feira, não deixava nunca de pegar algum capitão da areia[17], como eram conhecidos os meninos de rua, e, com a desculpa de ser ajudada, procurava carregá-lo junto a si.

No entanto, o Mercado de Peixe também começava a incomodá-la. Mais uma vez, encontrara pessoas que a criticavam. Mais uma denúncia foi feita às autoridades. Seria esta a última "estação" daquela sua *Via Crucis*?[18]

O prefeito Wanderley Pinho mandara chamá-la e, com a brusquidão de costume, deu-lhe um prazo, dessa vez um pouco mais elástico.

Irmã Dulce suspirara aliviada, mas o destino daquelas pobres criaturas permanecia dentro dela como uma preocupação constante: para onde levá-las sem correr o risco de ter que mais uma vez desalojá-las?

As frentes às quais tinha de responder eram múltiplas, e os dias passavam rapidamente: o prazo estipulado pelo prefeito, por mais elástico que fosse, já se esgotara havia muito tempo, e... ao voltar para casa, Dulce encontrara um policial que viera queixar-se com a Superiora, Irmã Joana, entregando-lhe uma nova convocação.

O prefeito usara poucas palavras:

— Providencie imediatamente ou providencio eu com a força pública.

Em vez de voltar para o Santa Bernadete, preocupada, Irmã Dulce foi ao Convento de Santo Antônio, próximo ao Largo de Roma, onde fora construído o canteiro para a construção da sede do Círculo Operário. Cumprimentara a Superiora, Irmã Gaudência, e as confreiras; em seguida, como que empurrada por uma mão invisível, foi dar num jardinzinho adjacente, que se tornara o vasto reino das galinhas.

Pôs-se então a observá-las: de repente, olhou ao seu redor e começou a correr como se participasse de uma corrida de velocidade. Entrou como um raio no convento e deu com a Irmã Gaudência no corredor.

— Madre, Madre — disse, quase sem poder respirar —, me dá o galinheiro?

— O quê? — perguntou a Superiora, estupefata.

— Se a senhora me der o galinheiro, naturalmente junto com o jardinzinho — porque só com o galinheiro o que eu posso fazer? —, enfim, se a senhora me der aquele espaço, eu coloco... depois eu vou perguntar... depois eu faço vir... — e enquanto ela raciocinava como se estivesse estudando um jeito de arrumar as coisas, Irmã Gaudência olhava para ela com os olhos arregalados.

Quando ela terminou aquela reconstrução mental, percebeu que a Superiora e as confreiras, que tinham vindo ver o que estava acontecendo, olhavam-na sem compreender o que ela queria dizer.

— Aqui, eu coloco os meus pobres doentes — concluiu.

Irmã Gaudência pensou por um minuto, depois olhou para as outras: todas fizeram um sinal positivo.

— Está bem — disse.

Dulce, como uma menina em festa, pulou no seu colo e a abraçou, em meio a um pranto de alegria.

A Superiora, para disfarçar a comoção, saiu-se com a pergunta:

— Mas onde vamos colocar as galinhas?

— Deixe comigo, Madre — respondeu Dulce; e pediu para telefonar para o pai.

— Paizinho, vá até o prefeito e peça-lhe que tenha paciência e espere mais três dias. Só três dias... três dias, por favor. Sim, dê-lhe a sua palavra. Eu te dou a minha.

Combinou com a Irmã cozinheira matar todas as galinhas e preparar um caldo; em seguida, foi correndo até o canteiro de obras próximo. Perguntou pelo engenheiro e pediu-lhe que destacasse um grupo de operários para limpar o galinheiro, construir um teto e tornar o ambiente habitável. Foi até o carpinteiro... ao vendedor de cobertas... rodou novamente pelas turmas da Escola Santo Antônio e pediu a cada aluno que lhe levasse tudo que pudesse ser reaproveitado... pedaços de madeira... colchões... até mesmo copos.

Implorou a duas confreiras que fossem ao Mercado do Peixe anunciar a todos que se preparassem para a mudança; assim, aqueles que tivessem carrinhos de mão e carros... enfim, naqueles três dias foi um movimento maior do que o de costume.

E, mais uma vez, formou-se o formigueiro humano entre o Mercado do Peixe e o ex-galinheiro do Convento de Santo Antônio[19].

Feito o balanço final, dispunha-se de cinco lâmpadas de querosene, cinco baldes, meia dúzia de toalhas, uns setenta lençóis, uma dezena de cobertores, uns setenta colchões de crina com os leitos armados sobre suportes de madeira para os sessenta doentes, alguns dos quais em péssimas condições, casos desesperados de câncer, tuberculose, gangrena e anemia — que ninguém queria[20].

Ela conseguira criar dois ambientes: num deles, colocou as mulheres, no outro, os homens.

"Agora poderão ficar em paz, esses pobrezinhos!", disse para si mesma.

Durante as obras, ela vira uma barraca de regateiros abandonada que se encontrava defronte, além da rua. Não podia colocar os seus meninos de rua junto com os doentes e os velhos! Aproveitando-se das circunstâncias, fez aumentar aquela barraca e, com algumas prateleiras, colchões e um ou outro utensílio, tornou-a habitável.

Também os meninos tinham a sua casa![21]

Notas

1. O Brasil entrou na guerra ao lado dos Aliados e enviou para a Europa uma expedição com aproximadamente 25.000 soldados (ver Língua, principalmente as páginas 126-127).
2. Cf. Sampaio, pp. 136-146 *passim*; *O Estado da Bahia* de 23.09.1942; Sales Souza, pp. 63-65.
3. Cf. Sampaio, p. 146.

4. A partir de 1893, os franciscanos alemães da Província de Santa Cruz da Saxônia procuraram reerguer o que restara da antiga e decadente Província de Santo Antônio, cf. Fragoso, p. 32.
5. Cf. Fragoso, p. 35. A medida do Arcebispo deve ser examinada de acordo com alguns episódios desagradáveis que poderiam ter comprometido a posição da Igreja. De fato, no mês de março fora efetuada uma investigação policial no Convento de São Francisco da qual resultou o seqüestro de alguns números do jornal *Mensageiro da Fé*, publicado pela comunidade franciscana e dirigido por Frei Hildebrando. O jornal inspirava receio, pois conseguira alcançar a tiragem de 40 mil cópias (cf. Sales Souza, p. 99). A polícia acreditava que aqueles jornais eram "um instrumento de propaganda nazista", uma vez que, nos artigos sob o título "Guerra Moderna", viam-se carros armados, lanças, torpedeiros e aviões da Alemanha com legendas consideradas "muito panegíricas" (Sampaio, p. 146). "Como se ouvia dizer, [os frades alemães] conspiravam, na igreja e no convento, contra a segurança do Brasil, guiados por um deles de nome Hildebrando. Alguns desses frades foram processados, mas o processo, muito mal conduzido, parecia uma gozação, e, após uma absolvição, todos foram postos em liberdade. No entanto, os boatos populares não terminaram e todos garantiam a existência de estações de rádio clandestinas dentro do convento, o que parecia ser muito provável. A verdade é que os frades são nazistas, e o tal Frei Hildebrando mantinha uma enorme catequese fascista entre os operários. Nesse sentido, a sua ação é bastante nefasta", escreveu Jorge Amado, em *Bahia de Todos os Santos*, na edição de 1945 reeditada até 1961 (São Paulo, Martins Editora, 1961, p. 200); depois da revisão de 1976, esse parágrafo foi eliminado pelo autor. Na biografia de Frei Hildebrando, menciona-se que "em Salvador, por algum tempo, o chefe da polícia era um general do Exército. Frei Hildebrando obteve uma audiência e explicou a situação dos religiosos franciscanos, o seu trabalho, a assistência que davam aos pobres etc. O general foi irredutível e, referindo-se à pessoa de Frei Hildebrando, disse: 'O senhor é alemão e, por ser alemão, é um inimigo!'" (Stanikowski, p. 17). As acusações de nazista para desmoralizar Frei Hildebrando e, conseqüentemente, o Círculo encontraram as suas causas, certamente, nos militantes comunistas, em particular, na imprensa (cf. João Falcão, *O Partido Comunista que eu conheci*, Rio de Janeiro, Civilização Brasileira, 1988, pp. 227-228, no qual se enumeram os jornalistas pertencentes ao Partido Comunista que trabalhavam nos maiores jornais de Salvador; ver Sales Souza, pp. 95-97).

6. Carta circular do dia 13 de setembro de 1942. O Círculo, naquele momento, por tudo que se sabia, não tinha nenhuma intenção de desligar-se da comunidade franciscana; de acordo com Frei Hildebrando, ele devia mostrar o seu desinteresse pelo elemento alemão e, em particular, por ele mesmo, causador de um conflito político e social (cf. *O Imparcial* de 19.04.1942; 30.06.1942; Sampaio, p. 146), e tanto isso é verdade, que aceitou um frade brasileiro escolhido por ele. Portanto a alegação de interesse do Círculo em não se desligar para não perder os benefícios oriundos do faturamento dos cinemas Pax e Santo Antônio, de propriedade franciscana, insinuada por algum estudioso da época, parece um tanto limitada (ver Fragoso, p. 35, *apud* Sales Souza, p. 65).
7. Decreto nº 13.487.
8. Com esse reconhecimento, ficava mais fácil obter financiamentos públicos. Em seguida, foi reconhecido como "Instituição sem fins lucrativos", e isto garantiu a isenção de impostos e da cota do empregador ao Instituto Nacional de Seguridade Social.
9. O conto era uma antiga unidade monetária, e seu nome completo era "conto de réis", equivalente a mil mil-réis, ou seja, um milhão de réis (cf. A. Martini, *Manuale di Metrologia, ou seja, medidas, pesos e moedas...*, Turim 1883 [Reimpressão anastática ERA, Roma 1976], 581ss.).
10. Algum tempo depois, o comerciante se arrependeu e tornou-se um benfeitor seu, cf. Lembranças de Irmã Olívia Lucinda da Silva e de Iraci Vaz Lordelo.
11. Cf. *A Tarde* de 30.11.1948.
12. Cf. *A Tarde* de 3.05.1959; Lembranças de Maria das Neves de Alencar Neves; Pontes, p. 30.
13. Cf. *A Tarde* de 3.05.1959.
14. Cf. Lembranças de Norberto Odebrecht.
15. Cf. Lembranças de Norberto Odebrecht. A nota era descontada no Banco Mercantil Sergipense, que por sua vez a endossava ao Banco do Brasil, ver também Lembranças de Ângelo Calmon de Sá; Pontes, p. 135.
16. Cf. Lembranças de Irmã Olívia Lucinda da Silva, de Dulcinha.
17. Lembramos o livro do escritor Jorge Amado, *Os capitães da areia.*
18. Cf. o artigo de Eva Maria Bianca no *Jornal do Comércio* do Rio de Janeiro de 14.07.1963, sob um título significativo: "O Anjo dos Alagados. Freira recolhe doentes e vive sua *Via Crucis*."

19. O "galinheiro" foi o primeiro núcleo do conjunto hospitalar que hoje pode ser visto. Cf. Lembranças de Irmã Querubina da Silva, de Dulcinha, de Irmã Olívia Lucinda da Silva, de Irmã Eufrásia Ferreira Costa, de Irmã Maria das Neves de Alencar Neves e de Iraci Vaz Lordelo.
20. Cf. o artigo de Eva Maria Bianca no *Jornal do Comércio* do Rio de Janeiro de 14.07.1963.
21. Lembranças de Irmã Eufrásia Ferreira Costa e de Iraci Vaz Lordelo.

XI

No dia 12 de janeiro de 1947 comemorava-se o décimo aniversário da fundação do Círculo Operário da Bahia. Folheando os jornais, podia-se ler:

"O Círculo Operário da Bahia é a associação operária mais numerosa do estado, pois reúne nos seus quadros mais de treze mil associados. Com a arrecadação da contribuição mensal de um cruzeiro, a ajuda da Comunidade Franciscana e de outras pessoas amigas, o COB mantém um serviço completo de assistência para os seus sócios.

"Quarenta e cinco funcionários prestam todo o seu esforço à nobre causa, entre os quais três médicos, quatro dentistas, dezesseis professores primários, quatro mestres de corte e costura, três enfermeiros. Além disso, o COB mantém uma farmácia própria, escolas profissionalizantes, uma Caixa Mútua de Beneficência, um salão de recreação e biblioteca.

"O COB, espelhando-se em um passado glorioso, visa, contudo, a um futuro ainda mais promissor com a construção e a inauguração da sua nova sede no [Largo de] Roma, a futura Praça da Bandeira. É um edifício gigantesco de beneficência operária que o COB está levando a cabo (...) para a grande massa operária dos bairros da península de Itapagipe e de toda a Cidade de Salvador. Não com os próprios recursos, pois a contribuição mensal dos associados é de apenas um cruzeiro, mas, pedindo de porta em porta, o COB vem construindo esse edifício, confiando na proteção de Santo Antônio, pai dos pobres e padroeiro da obra. Os dirigentes, a Comunidade Franciscana e, especialmente, a grande pioneira e fundadora do COB, a reverenda Irmã Dulce Lopes Pontes, esperam terminar com sucesso a obra iniciada."

Presentes às manifestações realizadas no edifício Pax, no centro de Salvador, estavam o interventor, os representantes do governo, as autoridades eclesiásticas, civis e militares. Todos os pronunciamentos foram transmitidos pelo rádio[1].

O balanço das atividades e dos serviços efetuados foi decididamente positivo.

O "diário de casa"[2] do Colégio Santa Bernadete traz uma anotação significativa. Diz: "No mês de julho deste ano a nossa caríssima Irmã Dulce recebe o bastão de Superiora da nova casa Santo Antônio. No dia 16, juntamente com a Irmã Hilária, iniciam uma nova comunidade, filha primogênita do nosso Santa Bernadete. Sua dedicação e sua caridade sem limites farão com que ela se torne digna de tudo aquilo que se espera dela. Deixa uma grande saudade."[3]

A tristeza das confreiras e das moças do Colégio não durou muito tempo, pois Irmã Dulce possuía uma grande capacidade de persuasão[4].

No Convento Santo Antônio, Dulce, por sua vez, encontrava-se envolvida pelas três atividades que começavam a tomar corpo. O convento estava situado entre o ex-galinheiro, onde estavam os seus amados doentes, e o canteiro para a construção do grandioso conjunto da Beneficência Operária, enquanto defronte encontrava-se o barracão que abrigava os meninos de rua.

Tudo aumentava: os doentes crônicos internados, os necessitados de assistência e de remédios, os jovens recolhidos na Estação da Calçada, na feira de Água de Meninos, ou simplesmente pelas ruas, os edifícios da nova sede do Círculo Operário da Bahia, que compreendiam o Cine Roma, escolas, consultório médico, salas para aprendizes, farmácia, salas de reunião, e, com tudo isso, cresciam, inevitavelmente, as dívidas[5].

Na direção do Círculo Operário, tanto Frei Hildebrando quanto Irmã Dulce tinham plena consciência de que os débitos seriam pagos, mas a direção não possuía a capacidade de angariar os recursos: Frei Hildebrando estava fora de cogitação, restava apenas Dulce.

Assim, os industriais foram solicitados a fazer suas doações e contribuições, destacando-se, entre eles, Eduardo Martins Catharino[6], um entusiasta e incentivador do Círculo desde o seu início, os comerciantes e a alta sociedade baiana ligada a Frei Hildebrando. Foram promovidos pescas e sorteios de toda espécie. Mas a campanha só conseguiu arrecadar fundos para cobrir um terço dos débitos[7].

A inesperada transferência do diretor do banco, com o qual Irmã Dulce e o engenheiro Odebrecht haviam estabelecido aquele tipo de transação, foi como uma ducha de água fria, pois o novo diretor simplesmente recusou-se a dar prosseguimento àquele acordo[8].

Preocupado, o engenheiro entrou em contato com Frei Hildebrando, que o tranqüilizou, dizendo que Irmã Dulce iria ao Rio de Janeiro para pedir empréstimos e "só voltaria quando tivesse encontrado uma solução"[9].

E assim foi. Dulce viajou ao Rio de Janeiro e conseguiu obter um empréstimo de três milhões de cruzeiros do Instituto dos Industriários[10].

Apesar de todas as dificuldades, a inauguração de pelo menos dois setores "produtivos" (cinema) e de grande utilidade (ambulatório) do edifício da Beneficência Operária foi marcada para o final daquele ano. No entanto, surgiu uma ocasião que, de qualquer maneira, poderia agilizar a causa: a visita do presidente da República, o general Eurico Gaspar Dutra, a Salvador[11].

As duas "almas" do movimento moveram-se de acordo com as suas especificidades: a direção do Círculo envolveu inteiramente os quadros dos associados; aliás, a contribuição deles foi de tal ordem que chegou a impressionar o presidente[12], mas todos confiavam muito no papel que Irmã Dulce teria desempenhado e naquilo que ela teria sido capaz de inventar.

Dulce, surpreendentemente, posicionou-se diante da rampa do Santuário do Bonfim com aproximadamente trezentas crianças e jovens, todos eles seus "filhos espirituais": ali estavam filhos de operários, meninos de rua e jovens das favelas de Massaranduba e de Alagados.

Quando o cortejo com o automóvel do presidente chegou, foi rodeado, ficando impedido de passar.

— Quem é aquela Irmã? — perguntou Dutra ao ministro da Fazenda, o baiano Clemente Mariani, que o acompanhava.

Mariani informou-o brevemente. Curioso, o presidente fez com que Dulce se aproximasse, para falar com ela. A conversa limitou-se apenas a algumas perguntas e respostas.

Pouco depois, todos puderam ver o presidente, juntamente com a freirinha, rodeado por toda aquela multidão de jovens, ir a pé em direção ao Largo de Roma.

Dulce fez o papel de anfitriã da casa, mostrando-lhe o novo centro que estava para ser inaugurado — ou melhor, improvisou uma espécie de entrada inaugural —, as iniciativas promovidas, a atividade que vinha sendo efetuada.

O presidente ficou muito bem impressionado. Ele não conseguia entender como aquela freirinha pequena e frágil fosse capaz de tanto.

A essa altura a grande habilidade de Dulce, baseada na sua simplicidade e na sua capacidade de fazer vibrar as sutis cordas do sentimento, manifestou-se:

— Senhor presidente, além da minha família, eu tenho uma outra muito grande. O Dr. Otávio Mangabeira[13] é um bom pai.

— Nesse caso, cara Irmã, sou seu pai duas vezes, e, portanto, seu avô — respondeu o presidente, sorrindo.

— Um avô rico, muito mais rico do que o pai, que é um pobre — interveio Mangabeira.

Então, com a simplicidade de uma menina, Irmã Dulce avançou:

— Caro avozinho, sua neta está muito endividada e precisa de seis milhões e quinhentos mil cruzeiros.

A essa altura o presidente acenou para o ministro Clemente Mariani e pediu-lhe para providenciar o pedido de Irmã Dulce[14].

Foi um encontro importante para Dulce, porque, de qualquer maneira, ela conseguira encontrar o meio para livrar-se do débito maior e havia atraído a atenção do presidente para a instituição. Importante também porque o cônsul Hélio Cabral, secretário particular do general Dutra, oferecera-se, espontaneamente, para acompanhar a iniciativa na solicitação que seria encaminhada ao Senado. E, naquele encontro, o professor Pereira Lyra, chefe da Casa Civil do presidente, propusera, por sua vez, a inauguração, no edifício da Beneficência Operária, de um Serviço de Alimentação para as operárias, projeto que muito interessava Dulce[15].

Depois desse acontecimento inesperado e providencial, podia-se suspirar de alívio; assim, com um espírito de maior tranqüilidade, no sábado, dia 28 de novembro de 1948, às vinte horas, foram inaugurados o Cine Roma e uma boa parte dos ambientes do novo edifício da Beneficência Operária da Bahia, na presença do governador do estado, do prefeito e dos representantes da base naval, do Banco do Brasil, do Banco Econômico, dos Sindicatos dos Trabalhadores Baianos, da Congregação Mariana de São Luiz, da Congregação das Irmãs Missionárias, dos Franciscanos e dos industriais.

Após a bênção do edifício, efetuada pelo assistente eclesiástico Frei Edilberto Dinkelborg ofm[16], o presidente do Círculo, Jacintho Manoel dos Anjos, tomou a palavra e colocou em evidência a satisfação dos operários e dos "circulistas" com a obra e as suas finalidades. Fez questão de agradecer aos benfeitores, à preciosa ajuda das Irmãs Missionárias, da senhorita Dulce Maria de Souza Brito Lopes Pontes[17]. Em nome dos operários, falou o trabalhador Raphael Cesar de Oliveira, que entoou um verdadeiro hino "à dedicação da Irmã Dulce para com os pobres, assim como para com os operários e, particularmente, para com os circulistas".

Em seguida, Irmã Dulce subiu ao palco, onde recebeu uma ovação.

Suas palavras foram dedicadas a todos aqueles que, generosamente, haviam cooperado para aquela magnífica obra e fez questão de citar, um por um, todos os nomes: agradeceu aos comerciantes da Bahia, ao governador Otávio Mangabeira, aos dois ex-interventores, Renato Aleixo e Cândido Caldas, ao desembargador Bulcão Vianna, ao presidente Gaspar Dutra, ao Prof. Pereira Lyra e ao cônsul Hélio Cabral. Mencionou, também, as Irmãs Franciscanas e as suas confreiras. Fez referência aos auxílios e à dedicação à causa demonstrada pela família Catharino Meireles, em particular de D. Almerinda Martins Catharino. Terminados os agradecimentos, dirigiu-se aos sócios.

— Empresas como essas — disse — só podem ser idealizadas e realizadas se nos reunirmos em torno de um ideal, se tivermos fé e, principalmente, amor a Deus, ao Brasil, ao trabalho e ao próximo.

Finalmente, ela concluiu com uma pitada de ironia:

— Que os benfeitores, a quem eu nunca conseguirei agradecer completamente, não se sintam completamente seguros: haverá ainda outras ocasiões em que bateremos às portas dos seus corações generosos para pedir mais ajuda[18].

O aplauso, longo e sincero, foi acompanhado por uma grande comoção.

"Dá-lhe força, Senhor, para que reproduza tanto a tua santidade, e faz aparecer outras Irmãs Dulces, assim frágeis e fortes, capazes de conduzir, elevando a alma do próximo, a milhares no teu Reino", lia-se em um artigo de jornal alguns dias depois[19].

A impressão suscitada pela majestade e amplitude do novo edifício, e pela assistência médica e profissional articulada que se conseguia fornecer, levou a imprensa a fazer reportagens especiais sobre Irmã Dulce.

A opinião pública era solicitada a emitir um juízo sobre ela: para alguns, era uma santa; para outros, a encarnação da vitória dos mais puros sentimentos humanos, um anjo da guarda e uma combatente incansável[20].

Ela ria de tudo isso, queria que falassem das obras para que elas pudessem crescer, mas sobre o quanto pudesse exaltar a sua pessoa, mantinha-se irredutível.

No primeiro dos três artigos sobre "O Círculo Operário: um posto avançado de assistência social na Bahia", escritos por Raymundo Matta, lemos, de fato: "A história de Irmã Dulce merece ser contada de maneira particular, como um digno exemplo que honra o Cristianismo, e se a sua Ordem Religiosa lhe impõe modéstia, fazendo com que se torne impessoal a obra grandiosa que está realizando entre nós, ao ponto de nos proibir de falarmos da sua pessoa, o jornalista não pode escapar ao desejo de apresentá-la, rapidamente, correndo o risco mesmo de aborrecê-la, traçando na sua figura simples e caridosa o ideal de toda uma vida que é a ambição permanente de milhares de outras Irmãs espalhadas pelo mundo inteiro. Irmã Dulce é, antes de tudo, um símbolo e, para nós baianos, um orgulho."[21]

Notas

1. *Diário de Notícias* de 11.01.1947.
2. No ano de 1948.
3. Anuário do Colégio Santa Bernadete (Arquivo Congregação das Irmãs Missionárias da Imaculada Conceição da Mãe de Deus — Província de Santa Cruz — Convento D. Amando — Salvador, Bahia). Além da Irmã Hilária foram transferidas para o Convento Santo Antônio Irmã Aparecida e Irmã Plácida, cf. Lembranças de Irmã Olívia Lucinda da Silva; ver também *Diário de Notícias* de 20.07.1949.
4. Diversas moças que na época haviam colaborado com Irmã Dulce nas suas diversas iniciativas de caridade tornaram-se, depois, freiras da Congregação

5. A construção do conjunto foi calculada em 15 milhões de cruzeiros. Uma soma muito alta naquela época e que deveria ser amortizada pelas contribuições de amplos setores da sociedade baiana sob diversas formas de patrocínio.
6. Toda a família Catharino sempre foi particularmente generosa com Dulce, cf. também *A Tarde* de 30.11.1948.
7. Cf. *A Tarde* de 23.12.1948 e o *Diário de Notícias* de 2.04.1950.
8. Tratava-se do novo diretor do Banco do Brasil, cf. Pontes, p. 135.
9. Lembranças de Norberto Odebrecht.
10. Cf. *A Tarde* de 3.05.1959; Ata do Afastamento do Círculo Operário. O cheque foi levado para Salvador por Dulcinha.
11. O general Eurico Gaspar Dutra, apoiado por Getúlio Vargas, fora eleito no dia 2 de dezembro de 1945. No mês de setembro de 1946, fora aprovada a nova Constituição na qual os poderes federais e locais encontravam um equilíbrio formal: o Chefe do Estado, eleito por sufrágio universal direto, permaneceria no cargo por cinco anos. Dutra, na realidade, cederia o seu lugar nas eleições de 1950, quando Vargas venceu. A liberdade sindical era escassa, porque a organização dos trabalhadores era controlada, de forma autoritária e corporativa, pelo Estado: cf. Lingua, principalmente as páginas 129-135; *O Brasil republicano. 3. Sociedade e política (1930-1964)*, (História geral da civilização brasileira, III, 3), Bertrand Brasil, Rio de Janeiro, 1997, *passim*. A visita fora solicitada principalmente para a inauguração da "Estrada do Petróleo".
12. Cf. *A Tarde* de 19.11.1948, 22.11.1948 e o *Diário de Notícias* de 19.11.1948.
13. Era o governador da Bahia. Com essa expressão, Irmã Dulce queria dar a entender não somente a benevolência que o governador sempre tivera para com ela, mas também aquela demonstrada recentemente em relação às famílias dos necessitados. Essas famílias, de fato, haviam ocupado um pouco antes os terrenos que a família Palmeira possuía na península de Itapagipe. Após a denúncia, o governador Mangabeira recusara-se a ordenar que a polícia evacuasse os terrenos, reconhecendo a falta de habitações e justificando o ato extremo daquelas famílias. A partir dessas ocupações, surgiriam os bairros de Jardim Cruzeiro e Palmeira, como já foi dito.
14. O presidente encarregara o deputado federal, o baiano Juracy Magalhães, de apresentar o projeto de financiamento ao Senado, a fim de que se obtivesse a soma necessária para o pagamento da dívida. O financiamento foi

obtido com a aprovação do Senado na sessão do dia 30 de março de 1950. Cf. *A Tarde* de 29.11.1948, *Diário de Notícias* de 2.04.1950, de 31.03.1950, de 26.05.1950; Sales Souza, pp. 90, 104-106; Pontes, pp. 34-35; Lembranças de Norberto Odebrecht, de Irmã Maria das Neves de Alencar Neves, de Irmã Querubina da Silva, de Taciano Francisco de Paula Campos.

15. Cf. *A Tarde* de 30.11.1948.
16. Frei Joaquim da Silva assumiu, depois do fim da guerra, essa nova imagem de franciscano. Não conhecemos as razões pelas quais o cargo de assistente eclesiástico não foi reassumido por Frei Hildebrando. Poderíamos elaborar algumas hipóteses. Durante a construção do edifício da Beneficência Operária, no Largo de Roma, com a desculpa da "perseguição" antigermânica, ele se esquivara, continuando a sê-lo mesmo depois da guerra terminada. Nesse sentido, ele deixara todo o ônus de obter os fundos sobre os ombros de Dulce, enquanto ele se dedicava ao projeto e à construção da grande Casa de Retiro São Francisco e do Conventinho (cf. Fróes — Batalha, pp. 9-10, 205-211 e *passim*). Acreditamos que isso não tenha passado desapercebido a ninguém dos quadros do Círculo.
17. Na ocasião, tanto o Dr. Augusto quanto Dulcinha saem das sombras para dar mão forte à Irmã Dulce em sua árdua empresa.
18. Todas essas notícias foram retiradas dos artigos do jornal *A Tarde* de 30.11.1948.
19. Ver *A Tarde* de 3.12.1948. Note-se que o grande ausente da ocasião é Frei Hildebrando. No ano seguinte, porém, por ocasião da inauguração solene de uma outra parte do edifício da Beneficência Operária, verifica-se que se torna novamente assistente eclesiástico (ver mais adiante).
20. Cf. *Diário de Notícias* de 20.07.1949.
21. *Diário de Notícias* de 20.07.1949. Os serviços foram fornecidos com foto de Gervasio Batista.

XII

Na grande estrutura do Largo de Roma, o Círculo Operário colocara em funcionamento o Cine Roma, no qual os sócios pagavam meia entrada, a escola primária e ginasial, os cursos profissionalizantes de música, de arte culinária, de corte e costura, de datilografia e economia doméstica, além dos ambulatórios com consultórios dentários e raios X, farmácia e distribuição de remédios, tudo completamente gratuito para os operários e para as suas famílias[1].

Naturalmente, Irmã Dulce empenhava-se em que mesmo os inúmeros pobres não-sócios[2] tivessem assistência médica gratuita e recebessem remédios.

O Círculo, depois de ter liquidado as dívidas contraídas para a edificação do centro no Largo de Roma, podia contar com a receita proveniente das cotas mensais dos operários — de apenas um cruzeiro! —, mas, principalmente, com as doações que Dulce conseguia obter e algum subsídio estatal. De acordo com o que fora idealizado por Frei Hildebrando para a Congregação de São Luiz e levado para o Círculo Operário, os cinemas constituíam um elemento de diversão e, ao mesmo tempo, de entrada garantida. Assim, a direção projetou a realização de outras duas salas cinematográficas (Plataforma e São Caetano)[3].

Frei Hildebrando voltara a assumir a Assistência Eclesiástica[4], o que sugeria um período de grande desenvolvimento para o Círculo.

Ao analisar a obra e o serviço realizado pelo Círculo, foi dito que mais do que de "Círculo Operário" seria preciso falar de "Círculo para os Operários", devido ao forte caráter assistencial dado ao movimento[5].

O fato, por um lado, foi atribuído à Irmã Dulce, que, exatamente no período de afastamento forçado de Frei Hildebrando, teria, com a sua forte personalidade e a sua ação, influenciado a destinação do Círculo[6]. Sem dúvida alguma, Dulce possuía uma mentalidade prática e muito pouco teórica, isenta de qualquer tendência político-partidária e ideológica. Seu objetivo era apenas um: viver de maneira radical o ideal caridoso cristão de ajudar aos necessitados, imediatamente e da maneira mais eficaz.

Eis uma sua declaração emblemática:

— Miséria é falta de amor entre os homens. Deus não gosta dos insensíveis. O problema é estrutural, pois as pessoas, individualmente, ajudam, como fizeram até hoje comigo. Eu não entro na área política, não tenho tempo para me ocupar com as implicações partidárias. O meu partido é a pobreza. Eu só não gosto quando usam o meu nome para conquistar simpatias. Isso prejudica o meu trabalho[7].

Os outros, no entanto, isto é, Frei Hildebrando e numerosos componentes da direção do Círculo, mesmo tendo objetivos de grande alcance social e político teoricamente, na prática não se separavam da forma assistencial, já que esta era parte integrante da sua mentalidade[8]. Não fosse assim, o retorno do frade alemão à direção do Círculo teria deslocado ou pelo menos dirigido a ação para uma forma de maior sindicalização do movimento e ele teria lutado pelo reconhecimento dos direitos dos trabalhadores.

É oportuno abordar o assunto, pois a questão surgiu imediatamente após a publicação de um artigo muito crítico, escrito por Frei Gil de Almeida Bonfim ofm[9]. Este chamava a atenção para o fato de que o desejo de constituir um "movimento operário cristão" para fornecer uma alternativa aos movimentos anarquista ou comunista na realidade acabara se tornando um movimento de assistência, pouco sindicalizado, que não levara a nenhuma mudança dentro das fábricas[10].

Frei Gil definira a assistência social fornecida pelo "circulismo" — e, assim, também do Círculo Operário da Bahia — como "um meio de prudência do capitalismo e da burguesia diante do perigo de perder o seu poder. Um recurso apostólico do Catolicismo diante do perigo para as almas. E um expediente do Estado diante das tremendas responsabilidades que carregava sobre os ombros".

O frade foi o primeiro eclesiástico que teve a coragem de encarar o problema de forma direta, afirmando: "A assistência social não ataca os males sociais na raiz; não afronta as causas, que são, em primeiro lugar, a desordem das estruturas, a injustiça radical do regime econômico, a ruptura dos quadros normais da vida, o desequilíbrio das pessoas e das coletividades, a mediocridade humana generalizada, o materialismo."

Naturalmente, ele não se abstém de atacar diretamente as causas que, na sua opinião, determinam a reviravolta "negativa" no "circulismo", criticando, veladamente também, a obra do Círculo Operário da Bahia: "A maior parte dos fundadores ou presidentes dessas obras sociais, católicas ou não, para poder fundá-las ou mantê-las, recorreram aos ricos que são capitalistas, seja no início, seja durante (a sua atividade) (...). Esses mesmos ricos, ao praticarem aquela ação generosa na aparência, apresentam-se, depois, justificados por ela, homens probos e caridosos. Continuam, no entanto, a pagar aos operários o mesmo salário de fome. (...) Os representantes da Igreja, contentados pelos capitalistas com aqueles donativos, ficam calados diante das injustiças praticadas, para não afastarem os benfeitores. Aquela esmola foi colocada em nossa boca de modo que não pudéssemos falar nem agir."

E concluía dizendo que tais obras sociais estavam sendo depreciadas aos olhos dos trabalhadores, que as consideravam "vergonhosas conivências com os capitalistas (...), não depositando nenhuma confiança nelas"; por outro lado, a assistência social seria sempre uma necessidade para "os inválidos, os cegos, os portadores de deficiências, os órfãos e todos aqueles que não podem trabalhar, mas não deveria ser mantida como se fosse necessária também para a classe operária"[11].

Tais observações tinham causado um pouco de tumulto, mas depois não surtiram nenhum efeito sobre o Círculo Operário[12], pois, como diz o provérbio, a teoria na prática é outra.

O Círculo, como todos os outros movimentos análogos, estava com as mãos atadas: tendo recebido a ajuda do patronato — como justamente observara Frei Gil —, não podia manter nenhuma ação efetiva em defesa dos direitos dos trabalhadores; e também havia o presidente Dutra, a quem se devia um reconhecimento pelo substancioso auxílio dele recebido para saldar as dívidas. No entanto, alguma coisa que ia além dessas razões devia permanecer na conta dos débitos. O governo de Dutra concedia escassa liberdade sindical: apesar do direito de greve ter sido restabelecido, as limitações para o seu exercício eram tantas que tornavam o princípio sancionado uma boa intenção privada de uma possível atuação, alguma coisa, enfim, que permanecia apenas no papel[13].

Além dessa circunscrita visão crítica do problema e da presumível ação "distorcida" colocada em ação pelo Círculo, este apresentava-se como "uma gigantesca organização operária, uma das mais poderosas do país"[14], e estava vivendo o período do seu máximo esplendor. Os diretores, com o intuito de divulgar as atividades, fizeram imprimir um pequeno livro no qual constavam também informações estatísticas que davam a conhecer o serviço realizado[15].

Irmã Dulce, por outro lado, estava empenhada, como já dissemos, em numerosas frentes, que iam desde a classe operária até os meninos de rua, desde os indigentes até os doentes crônicos. Ao constatar que tudo estava transcorrendo bem em relação aos operários, dedicava-se cada vez mais à sua ação em setores da sociedade que necessitavam de particular atenção: os pobres, ou melhor, os miseráveis, rejeitados até mesmo pelo seu ambiente familiar; os crônicos, que não eram nem sequer levados em consideração pela sociedade, e os meninos de rua.

Na cidade, enfim, todos sabiam da sua disponibilidade e do tipo de dedicação que exercia: assim, os casos lhe eram assinalados, e ela, ajudada pela Irmã Hilária ou por qualquer outra confreira ou voluntária, ia recolher aqueles pobres infelizes e os levava para serem internados no ex-galinheiro: havia doentes que davam arrepios, devido às suas chagas, à sujeira e aos insetos que os cobriam, mas Irmã Dulce não recuava diante de nada. Encarregava-se, pessoalmente, de lavá-los, alimentá-los, examiná-los[16]; se necessário, chamava um médico; em seguida, ou os internava ou os mandava para casa, de acordo com o caso. De qualquer maneira, ela compreendera que, para se aproximar dos casos mais desesperados de mendicância e de marginalização, devia agir durante a noite: instituiu uma espécie de "ronda" de caridade[17], "incursões", como ela mesma as definia[18]. As pessoas chamavam de "corredor do Círculo Operário"[19].

— Fazemos esta ronda — conta ela mesma — duas vezes por semana. Saímos eu, outras duas confreiras e um guarda às oito e meia e retornamos às onze e meia, fazendo quatro, cinco ou seis viagens, segundo o número de pobres que encontramos. Levamos todos para o nosso hotel, onde quatro confreiras trabalham junto comigo. Ali, damos-lhes uma sopa quente e um lugar para dormir; às cinco da manhã, eles saem para tentar encontrar um trabalho. Aos rapazes, damos charutos, frutas ou caixas de engraxate, a fim de que eles possam vender seus produtos e trabalhar um pouco[20].

Isto era também possível graças à disponibilidade de alguns voluntários que possuíam automóvel — no final presentearam-na com uma caminhonete — e às confreiras ou às suas admiradoras que não faltavam com a sua colaboração.

Os alvos eram, normalmente, os cantos dos edifícios públicos, em particular a Estação da Calçada, que tanto a tinha impressionado quando chegara a Salvador. Lá, encontrava não apenas gente que vinha em geral do interior da Bahia, desempregada, completamente debilitada pela fome, doentes gravíssimos que nenhum hospital aceitava, considerando-os incuráveis; conseguia surpreender, também, durante o sono, os meninos[21].

Finalmente, conseguira estabelecer uma tática. Na última ronda que fazia, esperava que os meninos adormecessem nas calçadas. Aproximava-se com o passo silencioso e, com a agilidade de um felino, os pegava. Na maior parte dos casos, eles reagiam violentamente, protestavam, gritavam, debatiam-se, mas ela continuava a segurá-los, enquanto começava a falar com eles docemente no ouvido. Os meninos pouco a pouco se tranqüilizavam, e ela, liberando as presas, começava a acariciar-lhes a cabeça[22]. Assim, aproxima-

A família. Da esquerda para a direita: Maria Rita (Irmã Dulce), Dr. Augusto Lopes Pontes (pai) com Aloysio, Augustinho, D. Dulce (mãe) com Geraldo ao colo e Dulcinha.

Irmã Dulce
aos 18 anos de idade.

Dr. Augusto Lopes Pontes (pai), sempre presente em todos os momentos.

Carregando a sobrinha Maria Rita Lopes Pontes, que viria a substituí-la à frente das Obras Sociais Irmã Dulce, após sua morte.

Cerimônia comemorativa dos 25 anos de vida religiosa de Irmã Dulce, no ano de 1959.

Prédio do Círculo Operário da Bahia, instituição criada por Irmã Dulce para assistência social e formação profissional de operários e suas famílias. Local onde, atualmente, está sendo construída a Igreja da Imaculada Conceição da Mãe de Deus, que guardará o corpo da serva de Deus.

Através da música tentava tocar o coração dos desesperançados.

Ao lado da sua irmã, D. Dulcinha, companheira fiel durante toda a sua missão de fé. Como ela dizia: "Dois corpos numa só alma."

O cantor e compositor Roberto Carlos, rei da Música Popular Brasileira, por quem Irmã Dulce nutria grande admiração. A foto registra visita do cantor às Obras, um momento de alegria para os filhos de Irmã Dulce.

Ato de inauguração do novo Albergue Santo Antônio, em 1960. Na foto, Irmã Dulce conduz a solenidade, tendo a sua direita o então governador da Bahia, Dr. Juracy Magalhães.

Com o Dr. Ângelo Calmon de Sá, um dos principais colaboradores das Obras Sociais Irmã Dulce e atual presidente do Conselho da instituição.

Dr. Norberto Odebrecht (hoje conselheiro da OSID), engenheiro responsável pela realização do sonho de Irmã Dulce: a construção do Círculo Operário da Bahia e do Hospital Santo Antônio.

O ex-presidente José Sarney, grande admirador de Irmã Dulce e colaborador das Obras Sociais.

Em 1979, o encontro com Madre Teresa de Calcutá, em Alagados.

O primeiro encontro com o papa João Paulo II, em 1980: um momento de muita alegria.

Uma das tarefas diárias de Irmã Dulce era pedir doações pela cidade, apoiada pelo povo, que sempre fazia questão de ajudá-la como podia.

Admiração e carinho do povo ao Anjo Bom da Bahia.

Manifestação popular em prol da Campanha do Tijolo, destinada à ampliação do Hospital Santo Antônio. A credibilidade do trabalho de Irmã Dulce sempre foi atestada pelo povo baiano, que atendia aos pedidos de doação para a melhoria das Obras Sociais.

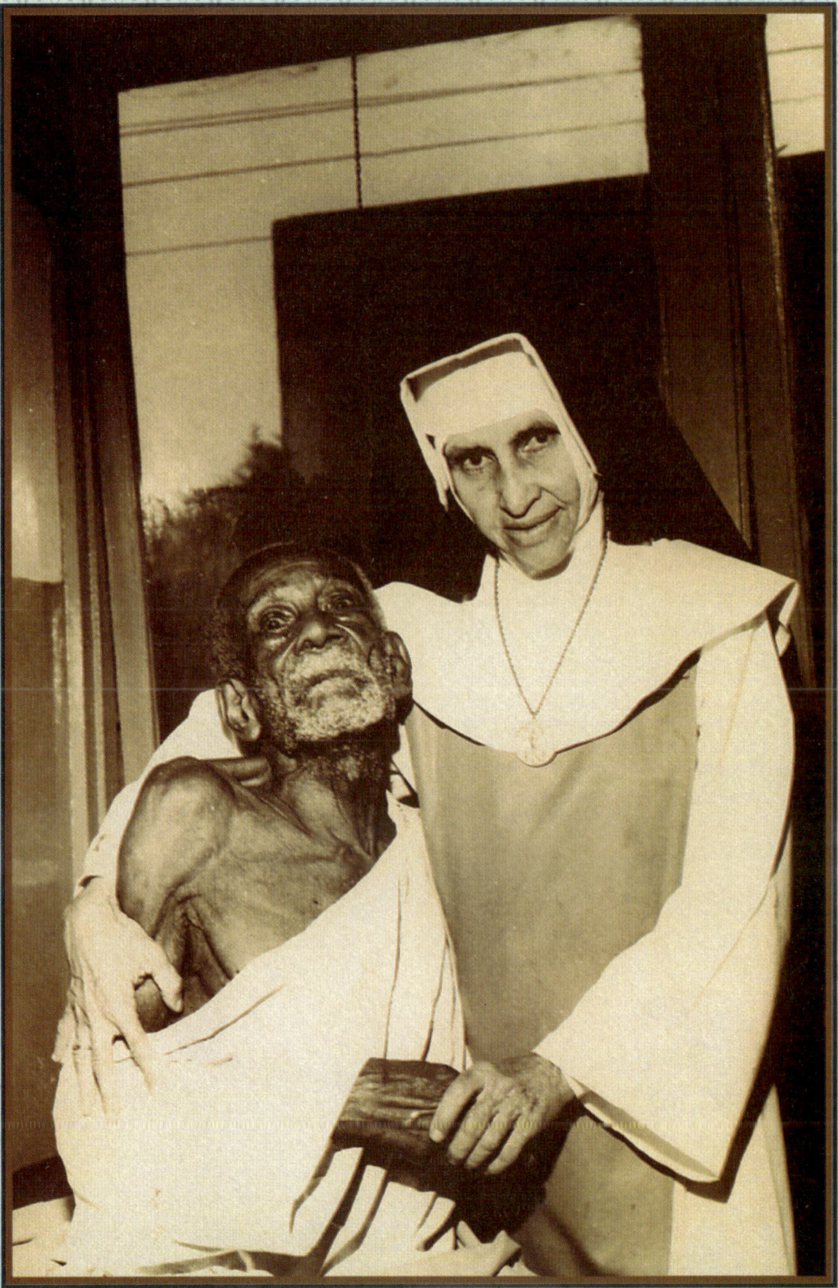

"Vejo em cada doente, em cada velho abandonado, a figura de Cristo.
Como posso não socorrê-lo?"
Irmã Dulce

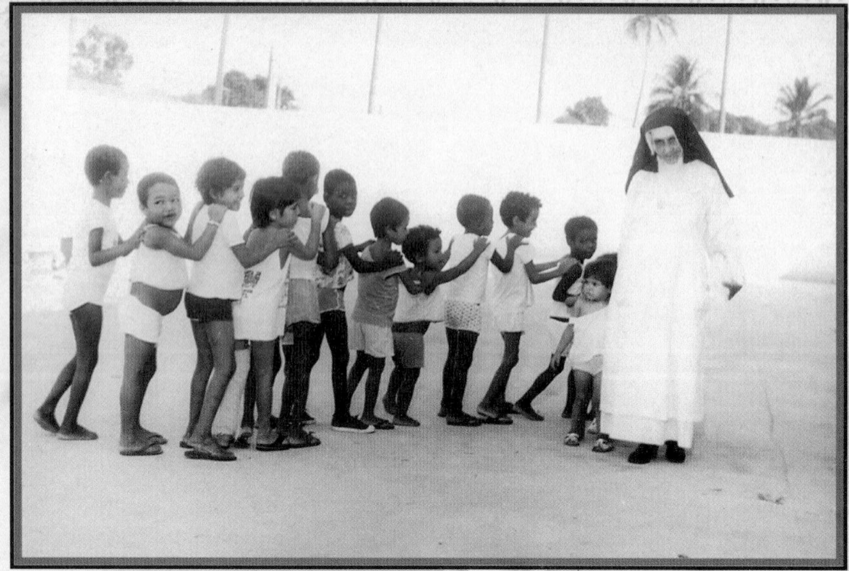

Carinho e atenção nunca faltaram às crianças em situação de risco que Irmã Dulce recolhia nas ruas de Salvador.

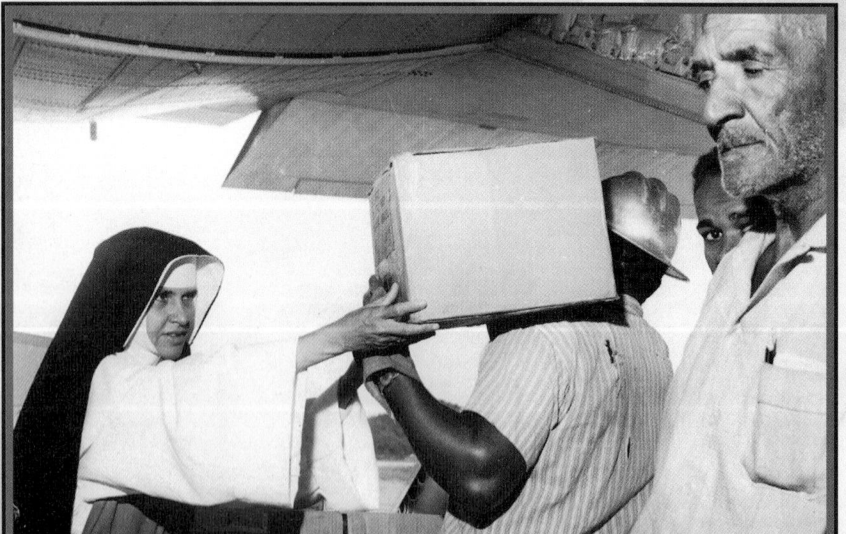

As doações chegavam dos mais diversos locais, e Irmã Dulce fazia questão de receber pessoalmente com muita alegria.

Nunca deixava de atender quem procurava por assistência, e para isso utilizava todos os espaços disponíveis no Hospital.

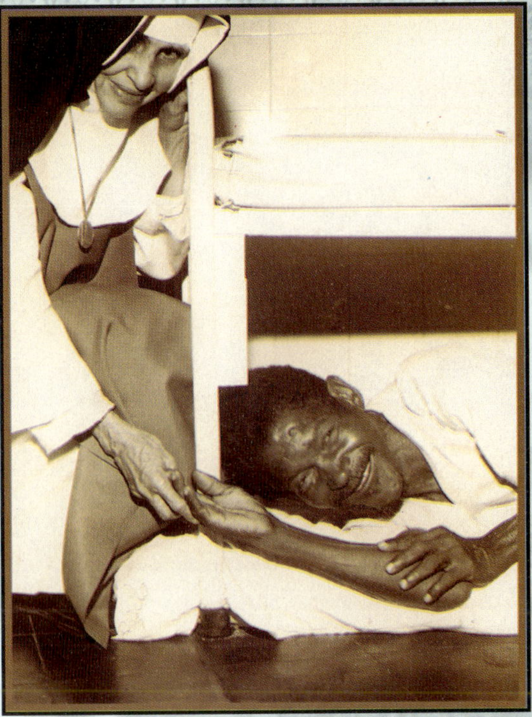

Energia de olhares que se entendiam e falavam de um mesmo amor.

Para as crianças que acolhia, fazia questão de mostrar pessoalmente a importância do trabalho na formação do homem.

Atuava em todas as frentes, inclusive ministrando aula de corte e costura, curso oferecido pelo Círculo Operário da Bahia.

A dedicação às crianças era incansável. Sempre que podia alegrava as festinhas dos filhos dos associados do Círculo Operário da Bahia.

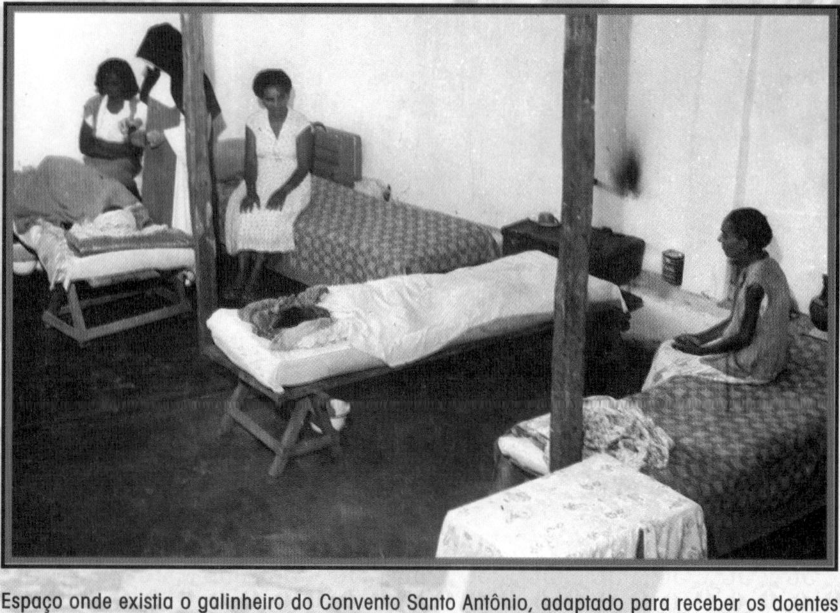

Espaço onde existia o galinheiro do Convento Santo Antônio, adaptado para receber os doentes recolhidos nas ruas da cidade. Fato que deu origem à tradição, propagada pelo povo baiano, de que Irmã Dulce construiu o maior hospital da Bahia a partir de um simples galinheiro.

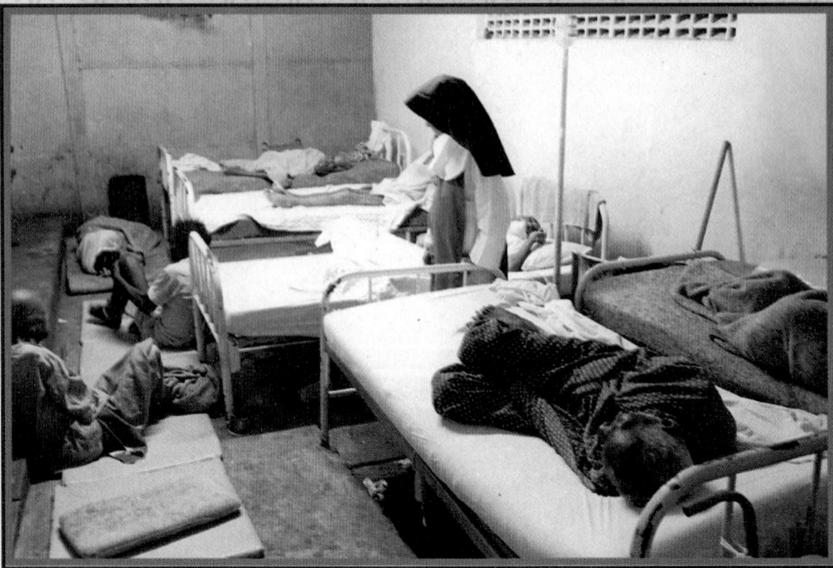

Os primeiros anos do Albergue Santo Antônio, ainda em espaços improvisados.

Poder ajudar os mais carentes sempre foi o sentido de sua vida.

Irmã Dulce sempre ia ao encontro dos que precisavam (início da Favela dos Alagados).

"Com amor, fé e dedicação é possível transformar em realidade a assistência aos mais carentes."
Irmã Dulce

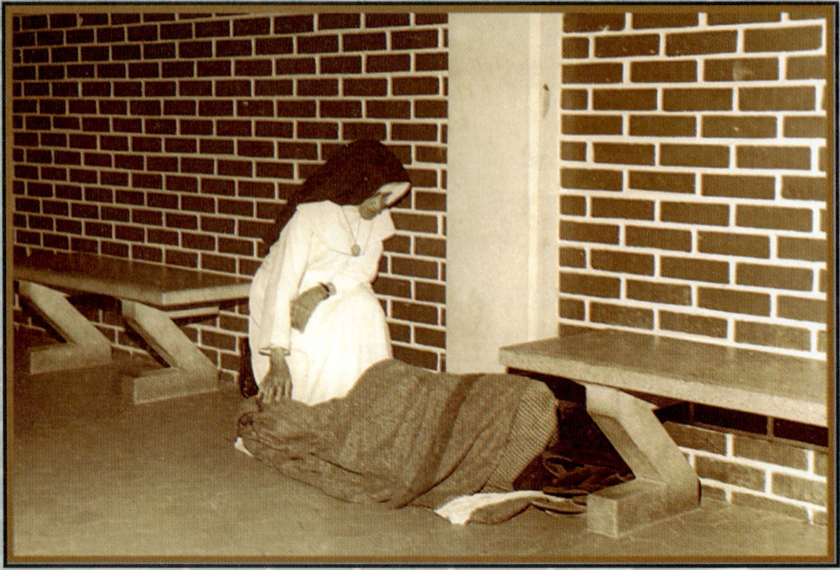

Recolher mendigos nas ruas de Salvador: trabalho que fez por toda a sua vida.

Basílica de Nossa Senhora da Conceição da Praia, onde inicialmente o corpo de Irmã Dulce foi sepultado, às 17 horas do dia 15/03/1992.

No velório, o último adeus a Irmã Dulce. Na expressão dessa senhora, o retrato da comoção do povo, que sempre esteve ao seu lado.

Local de peregrinação, o túmulo de Irmã Dulce está localizado no interior da Capela Santo Antônio das Obras Sociais Irmã Dulce.

Panorâmica do ambulatório do Hospital Santo Antônio nos dias atuais.

A fé do povo por Irmã Dulce é também demonstrada junto à estátua localizada em frente à Capela e Convento Santo Antônio.

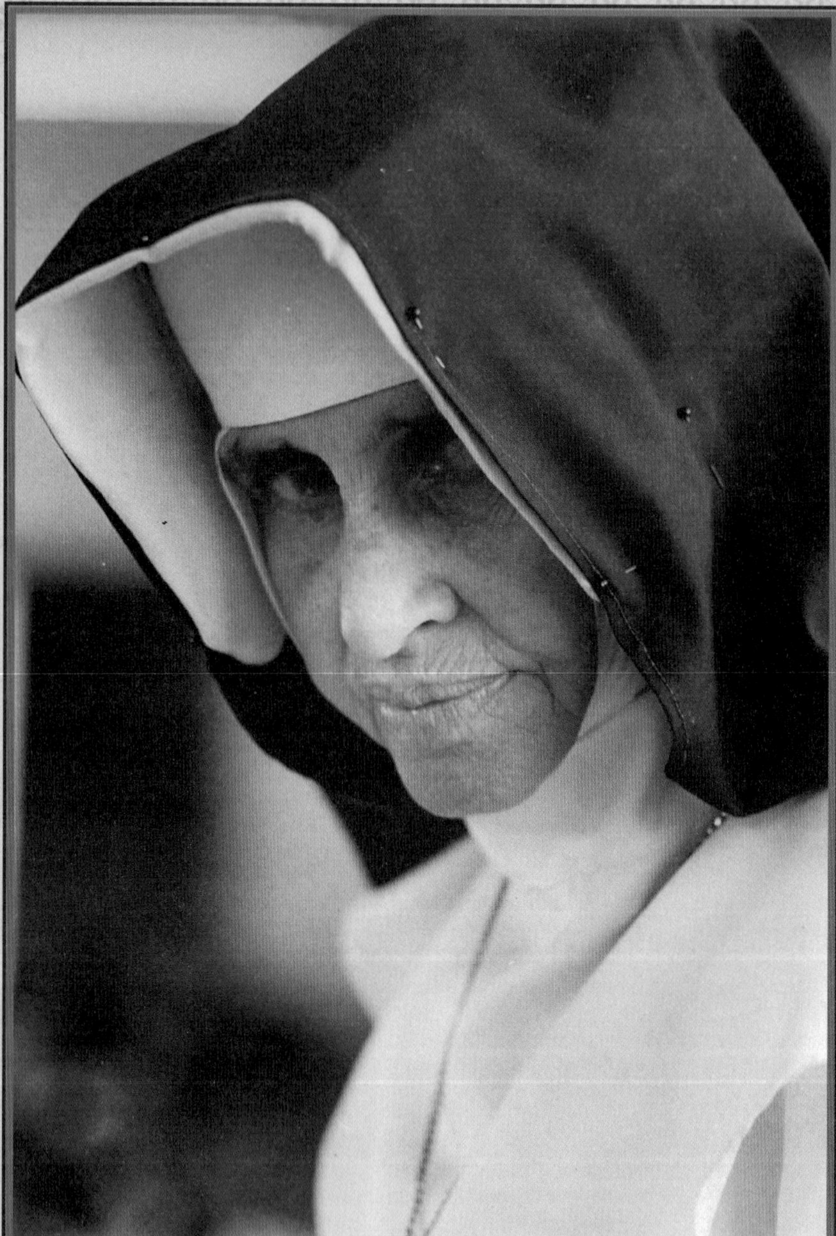

"Se fosse preciso começaria tudo outra vez, do mesmo jeito, andando pelo mesmo caminho de dificuldades, pois a fé, que nunca me abandona, me daria forças para ir sempre em frente."
Irmã Dulce

va-se da caminhonete[23] e os conduzia ao ex-galinheiro, que passou a ser chamado de Albergue Santo Antônio.

Dulce compreendera qual era o meio mais eficaz para iniciar o longo caminho da recuperação. Na realidade, deixou escrito: "Quando eu saía pelas ruas para fazer a ronda noturna e recolher os mendicantes ao relento, juntamente com os velhos eu encontrava rapazinhos de diferentes idades, mas sempre pequenos, que dormiam uns sobre os outros. Jamais encontrei crianças solitárias. Eu os acordava e os levava comigo. A partir desse momento, começou o nosso trabalho com os meninos de rua.

"Quando tinham treze anos, eu os recolhia para ensinar-lhes o catecismo e prepará-los para a Primeira Comunhão. Eu levava os jovens e os adultos para o Albergue. Eles se lavavam, recebiam café com pão e depois iam dormir. Quando não havia leitos suficientes, dormiam no chão, sobre esteiras. Na manhã seguinte, depois do café, voltavam para a rua, pois não havia com quem deixá-los. Ao meio-dia, vinham almoçar e voltavam para a rua; à noite, recolhiam-se novamente.

"Esses jovens são muito violentos e agressivos. Desde pequenos, aos quatro, cinco anos. Procuramos educá-los através do amor, sem castigos físicos. É necessário ter muita paciência e amor a Deus para trabalhar com esses jovens. Eles estão habituados a serem maltratados em casa, são perseguidos na rua, são espancados e revidam. Somente com muito amor conseguimos recuperar jovens como esses[24]."

A notoriedade e a repercussão na imprensa serviram para conquistar a simpatia de médicos e enfermeiros, de professores, enfim, de voluntários que ela utilizava para curar ou educar os jovens. Ao mesmo tempo, todos sabiam que estavam ajudando os necessitados: por isso, diante da porta do Albergue formavam-se longas filas de pobres para receber um prato de sopa à noite, ou para conseguir algumas roupas, um pedaço de pano ou simplesmente alguns trocados para pagar uma prestação[25].

Em síntese, o serviço tornava-se cada vez mais especializado e dedicado a tais emergências. Desnecessário dizer que tanto nos ambientes do ex-galinheiro ou daquelas barracas vizinhas (Albergue Santo Antônio) quanto no barracão onde se encontravam os jovens, o espaço começava a ficar apertado, como maiores eram as necessidades de dinheiro e de gêneros de toda espécie.

Certamente, o problema mais freqüente a ser resolvido era aquele mais imediato: dar de comer aos internados, aos jovens e àqueles que esperavam diante da porta.

Algumas vezes, arranjava-se o jantar com pão, leite e café oferecidos pela vizinhança ou por intermédio da ajuda de Santo Antônio; de qualquer maneira, ninguém ia dormir sem ter comido alguma coisa.

A solução em tais ocasiões chegava de forma bastante singular, como em uma das tantas noites nas quais as freiras, desconsoladas, anunciaram-lhe que não havia comida suficiente para todos.

"Aonde posso ir a esta hora?", disse ela para si mesma; e, em seguida: "Bem, vamos até quem eu conheço!", e dirigiu-se para a Capela. Ali, encontrava-se a imagem de Santo Antônio, com quem ela "conversava" desde moça.

Ela começou a rezar, pedindo ao Santo para ajudá-la com aqueles pobrezinhos.

Não se deu conta do tempo que passou ali na concentração da sua súplica, quando sentiu a mão de uma confreira que a sacudia e sussurrava-lhe no ouvido:

— Irmã, telefone para você.

— Alô — disse, assim que pegou o aparelho.

— Boa noite, Irmã Dulce — respondeu-lhe uma voz feminina do outro lado da linha.

— Boa noite. Em que lhe posso ser útil, minha filha?

A voz da mulher tornou-se um pouco insegura devido à emoção:

— Irmã, é melhor que tenha sido assim... minha filha devia se casar hoje de tarde... ainda não consigo acreditar... antes de sair para a igreja... enfim, ela desistiu de se casar e eu agora me encontro com todas aquelas bandejas de doces e salgados preparados para a recepção. Não sabia o que fazer, então me lembrei da senhora. Posso mandar tudo para os seus pobres? Espero que a senhora não se ofenda.

— Minha filha, que o Senhor a abençoe. A senhora não pode imaginar o bem que está fazendo por esses infelizes. Esteja certa de que Santo Antônio fará com que sua filha encontre um rapaz melhor, que a fará feliz. Tenha fé e reze, e verá que este pedido nosso se concretizará.

Os doces e salgadinhos chegaram. Todos puderam não só matar a fome, mas também deliciar-se.

De qualquer maneira, Irmã Dulce voltou à Capela para agradecer a Santo Antônio, e recomendou-lhe sobretudo que não se esquecesse da moça[26].

Notas

1. Funcionava também a Caixa de Mútuos e Empréstimos, a assistência sindical e tudo quanto fora previsto no Estatuto inicial do movimento, segundo os ditames do "circulismo".

2. Livreto de divulgação do Círculo Operário da Bahia, Salvador, 1950. Nos dados estatísticos relativos ao período 1937-1949 estão os seguintes registros, muito significativos: remédios dados aos pobres não-associados, 31.233; pobres não-associados socorridos uma vez por semana com gêneros alimentícios, 100.762; pobres socorridos com roupas e outros utensílios, 46.925; esmolas dadas aos pobres, sócios ou não, 30.120; o jornal *A Tarde* de 12.01.1957, nos decênios 1937-1957, menciona 211.190 remédios distribuídos aos pobres, sócios ou não; retalhos de tecido, 248.000; pobres acolhidos na portaria, 344.800.
3. O terreno onde foi construído o cinema São Caetano havia sido comprado pela Congregação Mariana de São Luiz; aquele de Plataforma, por Irmã Dulce, v. Ata do Afastamento do Círculo Operário. Acreditamos que Irmã Dulce tenha sido a única freira a fundar três cinemas (Roma, Plataforma, São Caetano), cf. *A Tarde* de 31.07.1979.
4. Devia ser no mês de fevereiro de 1949, ver *A Tarde* de 14.02.1949. No dia 4 de maio daquele mesmo ano, por ocasião do 25° aniversário da sua chegada ao Brasil, o presidente Dutra, por solicitação de uma comissão especial de personalidades baianas, concedeu-lhe a cidadania brasileira. As comemorações foram realizadas no salão do cinema Excelsior, e as rádios Excelsior e Sociedade transmitiram a cerimônia ao vivo. A Congregação Mariana de São Luiz publicou para a ocasião o livro *Lembrança da homenagem da Bahia a Frei Hildebrando Kruthaup ofm em 4 de maio de 1949*, Salvador, Imprensa Vitória, 1949. Ver também Fragoso, p. 32 e *passim*; Fróes — Batalha, p. 10 e segs., p. 157 e *passim*; Sales Souza, pp. 97-98, 101.
5. Cf. Fragoso, p. 32. Devemos toda a problemática que será desenvolvida neste parágrafo ao estudo do Prof. Frei Hugo Fragoso ofm e ao estudo inédito, já citado em várias ocasiões, do Dr. George Evergton Sales Souza. Naturalmente, nem sempre estamos de acordo com as suas análises ou conclusões, mas isto, acreditamos, origina a ciência: o confronto sereno sobre problemáticas complexas. Veja-se também José Oscar Beozzo, *A Igreja entre a revolução de 1930, o Estado Novo e a redemocratização*, em *O Brasil republicano. 4. Economia e cultura (1930-1964)*, (História geral da civilização brasileira, III, 4), Bertrand Brasil, Rio de Janeiro, 1997, pp. 273-341, principalmente pp. 307-315 [*A Igreja e o operariado, Círculos Operários católicos*]).
6. Cf. Sales Souza, *passim*.

7. Ver Revista *Manchete* de 1983.
8. Basta ler Fróes — Batalha, *Audácia e fé. Entrevistas de duas repórteres com Frei Hildebrando ofm sobre suas obras sociais e religiosas na Bahia*, ou o Relatório das atividades do Círculo Operário da Bahia (1950).
9. Gil de Almeida Bonfim, em *Revista da Província Franciscana de Santo Antônio* (Recife) 7,1 (1949), p. 296 e segs.; cf. Fragoso, pp. 36-37.
10. O "pecado original" estava na ambigüidade do movimento "circulista": nascido no seio da Igreja Católica, devido a uma certa sensibilidade para com as necessidades da classe operária, pretendia no entanto se apresentar como um movimento autônomo dos trabalhadores cristãos. Cf. Sales Souza, pp. 10-11.
11. Cf. Fragoso, p. 37.
12. Cabe evidenciar que a direção era composta também de representações operárias.
13. Cf. Carlos A. de Menezes, *Ação social católica no Brasil: corporativismo e sindicalismo*, São Paulo, Loyola, 1986, *passim*; José Albertino Rodrigues, *Sindicato e desenvolvimento no Brasil*, São Paulo, Difel, 1968.
14. "O Círculo Operário da Bahia é uma gigantesca organização operária, uma das maiores do país, que exerce uma enorme influência benéfica sobre as grandes massas, constituindo, por isso mesmo, na Bahia, o mais forte baluarte contra o comunismo", ver Manifesto do 5° Congresso Nacional dos Círculos Operários do Brasil, Rio de Janeiro, CNOC, 1946; Sales Souza, p. 83.
15. Livreto de divulgação do Círculo Operário da Bahia, Salvador, 1950. Entre outras coisas, menciona-se ali que o número de sócios superava 16.000 e revelam-se alguns dados estatísticos relativos ao período 1937-1949, no qual o Movimento de Beneficência fornecera 64.876 consultas médicas; 3.515 pequenas intervenções cirúrgicas; 3.763 exames de laborátorio; 500 radiografias; 32.732 remédios preparados na farmácia do COB; 33.080 tratamentos dentários. E muitos são os outros dados que poderiam ser examinados e discutidos separadamente. O COB, nos anos 50, teve um crescimento significativo, quase duplicando: em 7-8 anos. Pelo jornal *A Tarde* de 12.01.1957, sabemos que, no período de vinte anos (1937-1957), as consultas médicas chegaram a 132.708, isto é, 67.832 nos últimos sete anos! Radiografias e radioscopias, 8.968, isto é, 8.468 em sete anos; exames de laborátorio, 9.544; tratamentos dentários, 71.238. Desejamos, no entanto, chamar a atenção para o número de sócios considerado exagerado (Sales Souza, p. 103 e segs.;

o estudioso fornece um prospecto do número dos associados eleitores nas eleições para COB de 1942-1964, retirado dos *Livros de Atas da Assembléia Geral do COB:* 1947: 768 eleitores; 1954: 1.723 eleitores; 1956: 741 eleitores; 1958: 1.580 eleitores etc.). Em primeiro lugar, é necessário dizer que, como em todas as associações, os eleitores da diretoria são representações; segundo, que o cadastramento, por incrível que pareça, incluía a maior parte das pessoas que se inscreviam apenas para gozar de todas as facilidades oferecidas: desconto no cinema, assistência sanitária gratuita, escolarização para os filhos etc. Assim, deveria ser julgado com outro critério, no qual o motivo de surpresa deveria ser o fato de não atingir cifras superiores. De qualquer maneira, o número de 20.000 do qual se fala naqueles anos deve ser considerado verossímil, devido ao fato de que, com o passar do tempo, se repete como vantagem também pelo próprio Frei Hildebrando, ver Fróes — Batalha, p. 119.

16. No dia 15 de novembro de 1947 conseguira o Diploma de Auxiliar do Serviço Social (Enfermeira) (Registrado sob nº 112, às fls. 4v do Livro de Registro de Documentos).
17. Cf. Lembranças de Irmã Querubina da Silva; de Irmã Eufrásia Ferreira Costa.
18. Cf. Pontes, p. 48.
19. Cf. *A Tarde* de 28.11.1958.
20. *O Globo* de 21.09.1961.
21. Cf. Lembranças de Irmã Eufrásia Ferreira Costa; *O Globo* de 21.09.1961.
22. Cf. Pontes, p. 48.
23. Tratava-se de uma kombi que lhe fora presenteada, ver Eva Maria Bianca, "O Anjo dos Alagados. Freira recolhe doentes e vive sua V*ia Crucis*" no *Jornal do Comércio* do Rio de Janeiro de 14.07.1963.
24. Reflexões de Irmã Dulce.
25. No jornal *A Tarde* de 28.11.1958 lê-se: "Hoje o 'corredor' (que já não possui leitos para tanta gente) recebe nada menos do que trinta pessoas por semana, às quais não faltam, durante o tempo que ali permanecem, assistência médica, alimentos, bilhetes (de viagem) e até mesmo dinheiro. Este total aumenta cem por cento se incluirmos aqueles que são recebidos na porta, que pedem todo tipo de ajuda." Cf. Lembranças de Irmã Eufrásia Ferreira Costa.
26. Cf. Pontes, pp. 158-160.

XIII

Eram mais ou menos sete e meia, Irmã Dulce acabara de tomar café e subira para o seu quarto, no Convento Santo Antônio, onde numa cestinha estava criando um cachorrinho. Levara o leite quente, e o pequeno animal lhe fazia festa. Como todos os filhotes, ele queria brincar, e, assim, puxava-a pelo hábito, quando, de repente, ouviu-se um barulho muito forte. Assustada, Dulce abriu imediatamente a janela que dava para a rua e assistiu a um espetáculo terrificante: uma violenta batida entre um ônibus e um bonde[1].

As ferragens dos dois veículos ficaram entrelaçadas. Logo em seguida, os gritos dos passageiros encheram o ar. O fogo começou a se alastrar rapidamente.

— Fogo! Fogo! Irmãs! Irmãs! — começou a bradar com toda a força dos pulmões.

Correu para baixo e, como um general numa batalha, distribuiu as tarefas a todas que ia encontrando à sua frente: Irmã Aparecida com a mangueira de água, Irmã Ana Maria e Irmã Gregória para apanhar os extintores do Cine Roma...

Deu um grito para os rapazes:

— Para fora com baldes d'água e de areia! Chamem os médicos e as enfermeiras, corram... corram...! Irmã Hilária, os vidros... os vidros!

Ela, por sua vez, pegara um bastão e quebrara o vidro posterior do ônibus, enquanto Irmã Hilária, com uma pedra, quebrava os vidros das janelas. A violência dos seus movimentos dava a impressão de que estivessem excomungando o diabo!

Assim, num piscar de olhos, fora organizada uma esquadra de salvamento enquanto esperavam pelos bombeiros. E, pelo ar, ouviam-se os gritos de dor e de medo misturados com a fumaça acre da borracha que queimava.

— Socorro... socorro...! — gritavam as pessoas, as chamas lambendo suas roupas ou seus cabelos.

O fogo avançava rapidamente, aumentando de intensidade, enquanto aqueles "bombeiros" vestidos de azul e branco retiravam dos dois veículos as pessoas desmaiadas e queimadas, correndo o risco de também ficarem queimados. Hilária ajudava, tirando-os pelas suas janelas, enquanto Dulce, assim que conseguiram abrir uma porta, entrou e apoiava aqueles que já não tinham mais forças para se debruçar. Dessa maneira, foi possível salvar doze pessoas entre aquelas mais lesionadas. Finalmente, com o rosto negro de fuligem e o hábito irreconhecível, Dulce saiu do ônibus com dois rapazes completamente desfigurados pelas chamas[2].

Logo em seguida, os soldados da Polícia Militar também vieram ajudar — e finalmente chegaram os bombeiros.

"16 mortos na tragédia dos Dendezeiros[3]", "A morte viajava no ônibus", "Espetáculo de dor e lágrimas", "A grande tragédia dos

Dendezeiros" — eram as manchetes dos jornais no dia seguinte, acompanhadas por fotografias impressionantes[4].

"As irmãs do Círculo Operário da Bahia, principalmente Irmãs Dulce, Hilária e Ana Maria, trabalharam heroicamente para salvar os passageiros", lia-se.

A tragédia abalara a comunidade baiana, mas, como sempre acontece, a vida cotidiana voltou ao normal, e o desastre foi lembrado ainda por algum tempo por causa das carcaças torradas dos dois veículos.

Naquele ano, o inverno fora particularmente rígido, e Dulce, nas suas rondas noturnas com a caminhonete, recolhera inúmeros desgraçados meio congelados.

Uma noite em que não saíra, pois ardia em febre, sua janela acesa tornou-se um pólo de atração, como uma luz de verão para os insetos.

— Irmã Dulce, estou com frio! — gritou-lhe uma voz.

Ela chegou até a janela e atirou-lhe um cobertor.

— Irmã, os meus filhos estão com frio: um agasalho, pelo amor de Deus!

— Irmã, um cobertor para mim também! — E enfileiraram-se outros dois, três ou quatro.

Dulce, logo depois, reabriu a janela e jogou os cobertores para eles.

O tumulto havia alarmado as confreiras. Elas entraram no quarto de Dulce e a encontraram com a janela aberta a jogar para baixo não apenas os cobertores, mas lençóis, meias, roupas e tudo aquilo que pudesse agasalhar.

Cada vez que alguém conseguia agarrar alguma coisa, subia um agradecimento:

— Que o senhor a proteja, Irmã!

— Que o Senhor a conserve sempre!

— Que o Senhor encha o seu coração de mel!

Irmã Hilária a repreendeu com voz severa:

— Irmã, a senhora está doente, será que não entende? Já deu tudo o que tínhamos em casa. Aqui sobre a cama não há mais nada; será que vamos ter de descer e tirar a coberta e o lençol de um doente para dar à senhora?

— Não! Não! Não se preocupem comigo. Irmã, eles precisam mais do que eu — respondeu com o olhar e a expressão de uma menina. Depois, passando pelas confreiras, dirigiu-se às escadas.

— Aonde a senhora vai agora? — perguntou Irmã Ana Maria.

— À capela. Querem vir também?

Depois de ter rezado ajoelhada diante do Sacramento, fez um sinal para elas, reunindo-as ao redor da imagem de Santo Antônio.

— Vamos levantá-lo e carregá-lo em procissão — disse.

Todas pegaram a imagem de Santo Antônio e, após terem percorrido o corredor, chegaram à porta secundária do convento.

Dulce a abrira.

— A procissão para fora, não, Irmã — interromperam, em coro, as Irmãs. — Permita que nos agasalhemos melhor.

Irmã Dulce fez um sinal negativo. Em seguida, tomou uma cadeira, colocando-a do lado de fora da porta e ordenou:

— Deixem-no aqui e entrem novamente.

As Irmãs cumpriram a ordem; ela também entrou, fechou a porta e voltou para a Capela a fim de rezar.

As confreiras entreolharam-se intrigadas; em seguida, uma de cada vez, retiraram-se para os seus aposentos.

Passado algum tempo, ouviram-se o silvo de uma longa freada e o rumor de três golpes secos contra o muro externo do Convento.

Dulce sobressaltou-se e rapidamente correu em direção ao portão que dava para fora; num segundo, as confreiras juntaram-se a ela. Era uma caminhonete Rural Willys que se desgovernara.

O motorista desceu do veículo, e todas tiveram a impressão de conhecê-lo. As Irmãs aproximaram-se dele para ver se estava machucado, mas o homem agradeceu, dizendo que estava bem.

Irmã Dulce continuava a fitá-lo, porque estava certa de conhecê-lo; as outras tinham a mesma sensação. No entanto, o homem, sem dizer uma palavra, abriu a caminhonete e começou a descarregar as cobertas.

Desnecessário dizer que, enquanto retirava os agasalhos do veículo, já havia diversas pessoas prontas para pegá-los. Terminada a descarga, o homem sorriu, subiu novamente na caminhonete e foi-se embora sem dizer uma palavra.

Indescritível a alegria das irmãs e dos pobrezinhos que tinham recebido aquele conforto para os seus corpos.

Fechada a porta do Convento, Irmã Dulce pedira às confreiras que abrigassem também Santo Antônio daquele frio! E, em procissão, levaram-no de volta para a Capela — olhando para aquele rosto no entanto, cada uma delas, dentro dos seus corações, havia encontrado uma semelhança com... aquele motorista[5].

Irmã Dulce deteve-se um pouco na Capela, depois foi descansar, porque no dia seguinte, às cinco horas da manhã, já devia estar com os seu doentes.

Todos se perguntavam como ela conseguia reunir tanta força naquele seu físico diminuto e gracioso, tomando apenas um pouco de leite e algumas colheradas de caldo durante o dia.

A resposta encontra-se entre as reflexões que ela deixou escritas.

"Toda a nossa força" — diz num parágrafo — "está na oração. Sem ela, não podemos fazer nada. É por intermédio da oração que obtemos de Deus as graças necessárias para executar bem a nossa missão entre os pobres. Somos criaturas humanas, frágeis e sujeitas às tentações. Através da oração, Deus nos transmite todas as graças de que necessitamos para levar a cabo o nosso trabalho de amor e de dedicação sem reservas aos nossos irmãos sofredores, os pobres.

"A oração é o alimento da nossa alma, não podemos viver sem rezar: ela pode ser feita em qualquer lugar, a qualquer momento. Podemos rezar até mesmo enquanto dormimos, oferecendo a Deus a nossa respiração como pedido de perdão para os pecados, nossos e do mundo inteiro, e cada palpitação do coração, como um gesto de amor oferecido a Deus, que tanto nos amou e ama. Assim, mesmo dormindo, rezamos."[6]

Notas

1. Devido à alta velocidade, o ônibus bateu no bonde. O desastre foi causado pelo erro e pela imprudência do motorista do ônibus, cf. Lembranças de

Juvenal Falcão Coutinho (passageiro do bonde), de Maria Luiza Viana Fernandes (senhora que acudiu juntamente ao marido), e notícias dos jornais.

2. Cf. Lembranças de Hilária Rodrigues Lopes, de Juvenal Falcão Coutinho, de Maria Luiza Viana Fernandes.
3. O bairro Roma possuía antes muitos dendezeiros (palmeira de onde se extraía o azeite-de-dendê), daí sua denominação.
4. *A Tarde* e *Diário de Notícias* de 6.01.1952; cf. Pontes, pp. 42-43.
5. Cf. Pontes, pp. 157-159.
6. *Reflexões de Irmã Dulce.*

XIV

Folheando o jornal *A Tarde* de 22 de julho de 1955 lê-se sobre a particular repercussão de uma transmissão radiofônica:

> Um grande sucesso: O programa *A Bahia Te Agradece* conquistou uma alta audiência para a Rádio Sociedade da Bahia.
>
> Irmã Dulce, a primeira personalidade apresentada — na próxima semana, Tio Juca — no programa patrocinado pelo Creme Dental Ipana.
>
> A Rádio Sociedade da Bahia marcou, ontem, mais um ponto na sua vitoriosa ascensão, ao lançar o programa *A Bahia Te Agradece*, sob o patrocínio do Creme Dental Ipana, da Bristol Myers do Brasil S. A.
>
> De acordo com as informações já dadas [aos leitores], trata-se de um excelente programa, no qual será colocada em evidência a vida de ilustres baianos contemporâneos que se dedicaram ao bem da coletividade. O programa inaugural foi dedicado à Irmã Dulce, cuja obra relevante a favor da classe operária baiana culmina com a majestade do Círculo Operário da Bahia.
>
> Um público numeroso compareceu aos estúdios da Rádio Sociedade e foram apresentados o Prof. Augusto Lopes Pontes, pai de Irmã Dulce, o Sr. Cícero Silveira, diretor da Grant Publicidade, o Sr. Henrique Tessfer, representante local da Bristol Myers do Brasil S. A., o Sr. Jaime Bulcão, também da Bristol, Frei Romano e dirigentes do Círculo Operário[1].

> Às 20:35, teve início o programa, analisando os aspectos mais significativos da vida de Irmã Dulce na sua luta incansável a favor dos pobres e dos humildes.
>
> A redação da Rádio Sociedade da Bahia demonstrou, mais uma vez, a sua capacidade profissional, realizando um programa de altíssima qualidade, que tanto impressionou os ouvintes.
>
> Uma medalha de honra.
>
> Terminada a parte artística do programa *A Bahia Te Agradece*, o Sr. Henrique Tessfer tomou a palavra, em nome da Bristol Myers do Brasil S. A., entregando ao Prof. Augusto Lopes Pontes, que ali representava a sua filha dileta, Irmã Dulce, uma medalha de reconhecimento, de honra ao mérito, na qual liam-se as seguintes palavras gravadas em ouro: *Irmã Dulce — uma homenagem da Bristol Myers do Brasil S. A. — A Bahia Te Agradece.*
>
> Em seguida, o Prof. Lopes Pontes pronunciou comovidas palavras de agradecimento à Rádio Sociedade da Bahia e aos patrocinadores do programa, ressaltando o caráter altruísta e o elevado espírito de instituir um prêmio que levou à organização da campanha publicitária dos produtos Creme Dental Ipana e Creme de Barbear Ingram's."[2]

Irmã Dulce, no entanto, começava a sondar o terreno para dar um passo decisivo em direção à transformação do Albergue Santo Antônio em um verdadeiro Hospital-Internato para os doentes crônicos, os portadores de deficiências graves, os pobres e os miseráveis, rejeitados por todas as outras casas de cura e de assistência sanitária de Salvador.

Ela percebera uma certa predisposição positiva entre os membros do Círculo Operário, dispostos a ceder o terreno para a construção, mas, como sempre, teria que providenciar o dinheiro para as obras, depois para aparelhar a nova estrutura, e depois... depois... quantas e quais dívidas teria que carregar ainda mais uma vez?

No entanto, ela estava convencida de que a Providência não a abandonaria, pois tudo aquilo não era para ela, mas para os pobres, para a imagem do Cristo sofredor.

Para prover a alimentação e a subsistência diária, ela já solicitava a ajuda generosa de inúmeras pessoas, fazendo-se pobre para os pobrezinhos. Pedira para construir o Círculo... Enfim, a ocasião ainda não tinha amadurecido, e ela esperava que a Providência, mais cedo ou mais tarde, lhe indicasse o caminho. O fogo ardia sob as cinzas.

Nesse ínterim, a irmã Dulcinha dera-lhe uma sobrinha, à qual fora dado o seu nome de batismo: Maria Rita.

Dulce viu nesse gesto um sinal que ajudou a desenvolver dentro dela uma afeição particular pela menina. Por ocasião do seu primeiro Natal, ela escreveu-lhe: "Querida sobrinha, muitas bênçãos do Menino Jesus neste primeiro Natal que você passa neste mundo, muitas graças para a sua vida. Que você seja uma boa filha, uma verdadeira cristã, é o que eu peço todos os dias a Deus para a minha querida Mariazinha! Beije os seus caros pais por mim e aceite a bênção da tia amiga, Irmã Dulce."[3]

Em virtude da fé vivida concretamente no dia-a-dia, Dulce demonstrava possuir um dom especial: o de saber viver com alegria tanto a carícia de uma criança como a recuperação de um delinqüente ou a cura de um doente grave, tanto o nascimento da pequena sobrinha como assistência à velha coberta de chagas. Sua prioridade era uma só: não importava nem quem, nem onde, nem quando, nem por quê.

Parecia que o seu coração batia no mesmo ritmo para todos: o amor era intenso, desinteressado. Isto conferia às suas palavras e aos seus gestos um poder irresistível: todos ficavam surpresos, maravilhados[4].

Corria um boato pela cidade de que se houvesse uma pessoa necessitada de ajuda, um velho que estivesse morrendo pela rua, uma criança abandonada, bastava chamar ou informar Irmã Dulce.

Também não faltavam senhoras desencorajadas e desesperadas que deixavam os seus filhos recém-nascidos diante da porta do Convento, certas de que aqueles inocentes teriam em Irmã Dulce, além de uma protetora, uma mãe[5].

Uma tarde, chegou ao Albergue Santo Antônio um ilustre médico baiano. Ele levava consigo uma velha doente, encontrada numa esquina de uma viela de Ondina.

O médico observara como a paciente fora recebida e, então, pediu para ver o recinto e a disponibilidade. Ficou tão impressionado que, na saída, pediu à Irmã Dulce:

— Se a senhora me der licença, de hoje em diante eu virei ajudá-la. Meu nome é Renato Lobo.

E, a partir daquela tarde, duas vezes por semana, ali também iam a Sra. Vanda Gonzaga, que sabia aplicar injeções, e a Sra. Carminha[6].

O mesmo aconteceu com um americano:

— Irmã Dulce, telefone para a senhora — disse-lhe uma voluntária.

— Bom dia. Em que lhe posso ser útil?

— Sou William Brokaw[7]; disseram-me para procurar a senhora: encontrei uma mulher doente, caída aqui na rua. Já chamei uma ambulância há muito tempo, mas até agora nada.

Dulce pediu-lhe que explicasse onde se encontrava e dirigiu-se para lá o mais rápido possível.

A mulher foi colocada dentro da caminhonete e levada para o Albergue Santo Antônio.

Mr. Brokaw, intrigado com aquela figura tão frágil e pequena, mas, ao mesmo tempo, tão decidida, fez questão de acompanhá-la, e, assim, também ele chegou ao Albergue. A impressão causada foi de tal ordem que, depois de algumas semanas, ele organizou uma comissão de caridade entre os membros do Clube Americano da Bahia, e mais: iniciou uma espécie de reação em cadeia: a Corporação do Socorro Médico Mundial de Detroit começou a enviar remédios; a Organização Alimentos para a Paz providenciou a chegada de alimentos e a Alimentos para Milhões também enviou a sua contribuição; o Serviço de Socorro Católico, o Conselho Nacional das Mulheres Católicas e a Caritas mandaram leite em pó e roupas. Todo esse movimento iria culminar em 1962, quando Mrs. Walker promoveu o convênio entre Los Angeles e Salvador, cidades irmãs, para facilitar a remessa de alimentos, de remédios e de dinheiro com regularidade por intermédio da organização People to People[8].

Essa repercussão internacional também despertou o interesse dos governantes, como aconteceu com o novo governador Juracy Montenegro Magalhães e sua mulher, D. Lavínia Acyoli Magalhães.

A situação começava a mudar inesperadamente, e as condições pareciam favorecer a realização daquele outro sonho, perseguido com todas as energias humanas e espirituais.

O novo presidente da República, o mineiro Juscelino Kubitschek[9], era um otimista que acreditava nos recursos humanos e materiais do Brasil, e, por isso, impusera uma vigorosa política de modernização e de ocidentalização que levou o país a um período de euforia política e econômica.

Era o vento bom.

No dia 11 de janeiro de 1959 reunia-se no Edifício Pax a Assembléia Geral Ordinária do Círculo Operário para a posse dos novos dirigentes. Era a ocasião oportuna para oficializar a solicitação que Irmã Dulce dirigira aos vários componentes em particular[10]. Era importante obter o apoio dos "circulistas", mas foi-lhe explicado que, do ponto de vista legal, era necessário fundar um organismo diverso, mesmo porque o Estatuto do Círculo não previa a criação de estruturas hospitalares[11].

O presidente da sessão, Sr. Vicente de Lima Pita, e o assistente eclesiástico, Frei Edilberto Dirshelborg ofm, na abertura da sessão haviam comunicado à Assembléia a reeleição do Sr. Jacinto Manoel dos Anjos, o qual tomara a palavra para solicitar a colaboração dos sócios para a concretização dos objetivos que "serão realizados com a ajuda de Deus e a decisiva cooperação dos companheiros da direção e, em especial, da Irmã Dulce, com a sua incansável e preciosa ajuda, assim como aquela da comunidade franciscana".

A essa altura, Irmã Dulce e o Dr. Augusto Lopes Pontes foram convidados a sentar-se à mesa da presidência, sendo recebidos com prolongados aplausos de pé por toda a Assembléia.

Após a intervenção do assistente eclesiástico, o presidente passou a palavra ao Sr. Maurílio Teixeira Barbosa, que também solicitou "o apoio para a campanha meritória do Círculo, ajudando Irmã Dulce, na construção do Hospital e Abrigo", e, dirigindo-se aos "circulistas", fez um apelo para a cooperação com os dirigentes, visando a concretização dos "esforços para bem servir à coletividade".

Após outras duas intervenções, o presidente passou a palavra à Irmã Dulce, "recebida com uma calorosa ovação". Esta fez referência às suas peregrinações e às suas ações para o benefício dos sofredores. Em seguida, apelando para a boa vontade dos "circulistas", solicitou a sua ajuda "nesta missão, que é a campanha para a construção do Hospital e Abrigo". Para que a sua palavra fosse mais eficaz, ela traçou um quadro lúcido de tudo que podia ser visto pelas ruas da cidade, e concluiu, dizendo: "não somente ao Estado, mas a todos nós, compete o apoio a uma idéia pelo Bem Social". Sua participação foi caracterizada por "palavras afetuosas e de estímulo que somente a sua bondade sabe expressar".

Assim sendo, o Sr. José Bastos também interveio, ressaltando os benefícios que seriam obtidos "se nesta campanha e em outras iniciativas da Irmã Dulce for dado o nosso apoio incisivo", concluindo que "sem sacrifícios e abnegação nada poderia ser realizado".

Finalmente, a sessão encerrou-se com a aprovação geral dos "circulistas" para apoiar a iniciativa. Era preciso, agora, trabalhar para a criação de um novo organismo que deveria gerir a construção do Hospital e do Abrigo.

O Dr. Augusto[12], vários membros do Círculo e pessoas disponíveis haviam constituído uma espécie de comissão particular para estudar o caso do ponto de vista legal e logístico. Encontrada uma convergência das partes, era preciso proceder à fundação da nova instituição. Assim, ficou marcada para o dia 26 de maio uma sessão da assembléia constituinte na sala de reuniões do Círculo Operário da Bahia no edifício Roma[13].

A sessão realizou-se às 20:00, com a participação e a presença "de várias classes sociais, de representantes das diversas instituições, sindicatos e sociedades". A presidência dos trabalhos foi assumida pelo Prof. Marcos Rodrigues dos Santos, que convidou o Dr. Augusto Lopes Pontes a constituir a mesa da presidência, na qualidade de secretário *ad hoc*, e a professora Margarida Maria da Silva Campos.

Após o cumprimento dos atos formais, o presidente passou a ilustrar a "finalidade da reunião, colocando em evidência a importância, os benefícios e os resultados da iniciativa que levara todos eles a se reunirem, ou seja, a fundação de uma sociedade denominada Associação Obras Sociais Irmã Dulce".

O presidente prosseguiu, explicando que a data da reunião fora escolhida para fazê-la coincidir com a data de nascimento da Irmã Dulce. Justificou, assim, "a escolha do nome desta religiosa para a nova Associação e, a propósito, informa que as pessoas previamente consultadas na sociedade e no âmbito religioso da Bahia, com relação à denominação da entidade, foram unânimes ao confirmar o nome de Irmã Dulce, pois ela é uma Bandeira, um Apóstolo do Bem, do Amor ao próximo e da Caridade; e ressaltaram que, só em mencionar o nome dessa religiosa, a simpatia e as manifestações de solidariedade e de apoio viriam de todos, dos comerciantes, dos industriais, dos poderes públicos; e declararam, ainda, que estavam informados de que os industriais, os comerciantes e os governos municipal, estadual e federal, deputados, senadores, ministros e várias pessoas estavam dispostos a dar todo o seu apoio, prestígio e ajuda à entidade e, por isso, acreditavam que o seu nome deveria ser Associação Obras Sociais Irmã Dulce".

A essa altura o presidente começou a revelar para a Assembléia um ponto importante de toda a questão:

— Irmã Dulce, tendo um vaga impressão do que seria discutido na presente reunião, recusou-se discreta e delicadamente a comparecer e declarou que se opunha e continuaria a se opor a que dessem o seu nome à entidade, ou melhor, pedia e insistia que esta recebesse o nome de Associação Maria Imaculada de Jesus I. C., em homenagem à Fundadora e Primeira Madre Geral da sua Congregação. Disse também que se este bendito nome por acaso não fosse aprovado, somente um outro poderia substituí-lo: Associação Obras Sociais Irmãs Missionárias da Imaculada Conceição.

Após estes esclarecimentos necessários, o presidente passou a ilustrar as decisões da constituinte:

— ... declara que aceita e respeita o ponto de vista de Irmã Dulce; no entanto, depois de vários dias de discussão sobre o argumento com as pessoas já referidas, de muitos esforços e muitas sondagens, venceu, finalmente, a idéia que é de todos: Associação Obras Sociais Irmã Dulce. Considerando-se que o eminente Cardeal Silva foi consultado, juntamente com os sacerdotes da estatura religiosa, moral e civil do cardeal e religiosos de várias Ordens, e pessoas de diferentes classes sociais, todos declararam-se favoráveis à denominação, de acordo com o sábio e santo sacerdote D. Apio Silva, que declarou que se deviam fechar os olhos e os ouvidos todas as vezes que se fizesse um comentário contrário.

Seguiram-se as intervenções de numerosos presentes, além de um debate exaustivo; no final, a questão foi colocada em votação e "foi aprovado por unanimidade que a entidade deveria chamar-se Associação Obras Sociais Irmã Dulce".

Toda a assembléia levantou-se e aplaudiu por um longo tempo.

Depois, o presidente retomou a palavra para anunciar que a nova Associação entraria em vigor no dia 15 de agosto, por ocasião do 25° aniversário de Profissão Religiosa de Irmã Dulce.

Notas

1. Frei Hildebrando nessa época deixara a Assistência Eclesiástica do COB, tendo sido transferido para Recife como capelão do hospital Oswaldo Cruz, ver Fróes — Batalha, p. 10 e *passim*.
2. Cf. Pontes, pp. 41-42. A Bristol Myers do Brasil S. A. produzia o Dentifrício Ipana e o Creme de Barbear Ingram's.
3. Carta a Maria Rita de 20.12.1955.
4. Cf. Lembranças de Norberto Odebrecht.
5. Cf. o artigo de Eva Maria Bianca no *Jornal do Comércio* do Rio de Janeiro de 14.07.1963.
6. Cf. Lembranças de Iraci Vaz Lordelo; Pontes, pp. 36-37. O Prof. Dr. Lobo irá desempenhar um papel muito ativo na criação das Obras Sociais da Irmã Dulce, da qual falaremos mais adiante.
7. Era o representante da General Motors da Bahia.
8. Cf. *A Tarde* de 22.10.1962, que traz um artigo de Julian Hart publicado pelo *Los Angeles Times* de 24.09.1962 sobre o convênio entre Salvador e Los Angeles e sobre o comitê pró-Irmã Dulce. Para um quadro dos benfeitores brasileiros e estrangeiros das atividades da Irmã Dulce ver Pontes, *passim*.
9. No dia 24 de agosto de 1954 Getúlio Vargas, sucessor de Dutra, suicidou-se. A situação estava particularmente tensa e registraram-se inúmeros conflitos pelas ruas, assaltos à embaixada americana e às sociedades econômicas e dos EUA. O vice-presidente, Café Filho, foi o substituto até o final do mandato, em 1955, quando foi eleito Kubitschek. Filho de imigrantes, ele trabalhara e estudara para se tornar cirurgião especializado em Urologia. Juscelino, que sempre associara à sua profissão a política, fora prefeito de Belo Horizonte. Mesmo sendo um "herdeiro" de Vargas,

possuía, no entanto, uma mentalidade diferente, tornando-se, rapidamente, a expressão política das cúpulas profissionais e do capitalismo avançado, apesar de ter reatado as relações políticas e comerciais com a URSS. Seu objetivo era o desenvolvimento econômico do país. Em 1956, lançou o projeto de Brasília, que deveria ser o novo símbolo da unidade nacional, sendo a nova capital inaugurada no dia 21 de abril de 1960. A última fase de seu governo foi ofuscada por uma inflação incontrolável, mas, de qualquer maneira, ele conseguira colocar o Brasil no contexto internacional dos países em via de desenvolvimento. Cf. Língua, pp. 136-138; ver também as contribuições em *O Brasil republicano. 3. Sociedade e política (1930-1964)*, (História geral da civilização brasileira, III, 3), Bertrand Brasil, Rio de Janeiro, 1997; e em *O Brasil republicano. 4. Economia e cultura (1930-1964)*, (História geral da civilização brasileira, III, 4), Bertrand Brasil, Rio de Janeiro, 1997.

10. O Círculo, no entanto, não cederá o terreno a título gratuito, ver *A Tarde* de 22.10.1962.
11. Tudo quanto segue foi retirado da ata da sessão (Ata de Posse dos Dirigentes do Círculo Operário) de 11.01.1959.
12. O Dr. Augusto também era formado em Direito.
13. Tudo quanto segue foi retirado da ata da sessão (Ata de Fundação da Associação das Obras Sociais Irmã Dulce), de 26.05.1959.

XV

No dia 15 de agosto de 1959 Irmã Dulce, com aquele rostinho ainda fresco da juventude, entrou na capela do Convento de Santo Antônio com uma vela acesa e uma coroa de flores de prata na cabeça.[1]

O Cardeal Primaz D. Augusto Álvaro da Silva[2] quis presidir pessoalmente aquela cerimônia, que deveria ser reservada a poucas pessoas íntimas: na verdade, não havia espaço para um alfinete. No centro da capela, um genuflexório coberto por uma cândida toalha circundada por raminhos de flores era o único espaço disponível.

As confreiras vindas do Santa Bernadete e do Hospital Espanhol entoaram o hino de ingresso: suas vozes angelicais arrancaram lágrimas das velhinhas internadas, dos meninos de rua, de diversos portadores de deficiências que, soltando gritos inesperados, demonstravam querer participar também eles daquele momento comovente em honra da "pequena mamãe".

Assim, diante de Deus e dos homens, Dulce renovou as suas promessas, com a alegria no coração pelo que tinha feito e com a ânsia por tudo quanto ainda tinha de fazer naquela "fábrica" do Senhor.

A notoriedade da sua pessoa não permitia que o evento terminasse assim. Também para aquela data fora marcada a instalação da Associação Obras Sociais Irmã Dulce no edifício Roma do Círculo Operário. Na realidade, às 19:00 houve uma longa cerimônia, com a nomeação de uma comissão especial para elaborar o Estatuto da nova Associação, para a qual entraram ilustres profissionais, funcionários públicos, industriais e operários[3].

Naturalmente, no Cine Roma realizou-se também um pequeno recital, com a participação de pessoas de todos os estratos sociais que desejaram contribuir para a ocasião.

No final da cerimônia, Irmã Dulce quis cumprimentar a todos e dar-lhes um santinho como recordação, no qual estava gravado: "Tenho apenas um desejo: que Deus seja glorificado. Um único padecimento: vê-lo ignorado e ultrajado. Um único temor: ofendê-lo e contrariá-lo por qualquer infidelidade. 15.08.1934 — 15.08.1959 — Bodas de Prata da Profissão Religiosa na Congregação das Irmãs Missionárias da Imaculada Conceição da Mãe de Deus."

O engenheiro Norberto Odebrecht comprometera-se a construir o hospital, e as obras já haviam começado. A dívida seria de aproximadamente noventa mil dólares! O governo de Juracy Magalhães, por um lado, comprometera-se a contribuir com três milhões de cruzeiros[4] — depois, como sempre, caberia a Dulce providenciar a solicitação das ofertas e doações dos amigos, benfeitores, comerciantes e industriais, além das associações americanas[5].

Naturalmente, ela começou a solicitar à imprensa, e a todos que pudessem fazê-lo, que divulgassem a iniciativa. Freqüentemente, terminava com a jornalista Mara, que deveria fazer uma reportagem. Esta conhecia Dulce de vista e ficou fascinada, retratando-a ao vivo em dois quadrinhos.

Ela escreveu no jornal *A Tarde*:

> Esse é o extraordinário movimento de Irmã Dulce. Em julho, o filme *Fronteiras do inferno* (distribuído somente no Rio e em São Paulo) será exibido em *avant-première* de gala no cinema Roma. Irmã Dulce está muito ocupada com a publicidade e empenhada em fazer com que o filme, "se Deus quiser", como ela diz, fature bem.
>
> Chegava a noite e já estava escuro.
>
> Resta apenas esperar até julho, não é assim, Irmã Dulce? É necessário fazer muita propaganda da noite de gala, e o seu hospital será construído.
>
> Ela sorriu. E, para minha surpresa, declarou: "É, mas daqui a sessenta dias vou precisar de dois milhões."
>
> Aterrorizada, perguntei-lhe: "E como fará para conseguir esse dinheiro, Irmã Dulce?"
>
> Eis a sua resposta: "No momento oportuno, Deus manda. Confio plenamente Nele. Não há motivo para me preocupar." (...)
>
> Eu conhecia Irmã Dulce de nome, de vista. (...) É tranqüila, doce, com uma força extraordinária para convencer os outros e uma inimaginável capacidade de trabalho.
>
> É alegre, e me contou que aos domingos, invariavelmente, vai até a Fazenda Grande, onde está dando 32 aulas de catecismo para as pessoas do lugar. Diante do meu espanto, ela sorriu e pediu desculpas por ser tão eficiente.
>
> "Mas agora dou apenas dez aulas. Passei as outras 22 para uma outra catequista. A senhora sabia que no bairro da Liberdade existem 21.000 pagãos?"
>
> "Não, senhora" (e vocês sabiam disso?).
>
> "Pois é" — continuou —, "se a senhora quiser, pode vir comigo. Não é necessário ir à África para encontrar os necessitados."

Concordei. Em seguida, ela começou a falar de tudo aquilo que eu queria saber, de tudo aquilo que vocês querem saber, do movimento de assistência social que ela faz.

É ela que nos conta: "No ano passado, retirei da rua 516 necessitados e estou contente que somente 56 morreram. Os outros foram curados de doenças que muitas vezes são consideradas incuráveis pelos médicos. Foi Deus quem os curou. Alguns meses atrás recolhemos um homem todo dilacerado, cheio de parasitas, que exalava um terrível cheiro, em frente à Fábrica Luiz Tarquinio. Ninguém queria tocá-lo, pois ele tinha chagas até a cabeça. Levei-o comigo, mas o pobrezinho não resistiu: morreu. Hoje recolhi um outro em Água de Meninos de cima de uma montanha de lixo."[6]

A narração continua, mas acreditamos que isso já seja suficiente. Foi um verdadeiro milagre: em aproximadamente nove meses, conseguiu-se liquidar aquela dívida enorme do hospital[7].

No dia 5 de fevereiro de 1960, em tempo recorde, o engenheiro Odebrecht entregou a nova construção, e naquela mesma data, na presença do governador Magalhães e de sua mulher, das mais altas autoridades civis, eclesiásticas e militares, de representantes de várias instituições, de industriais, de comerciantes, de dirigentes do Círculo Operário e dos 'circulistas', das Superioras do Santa Bernadete e do Hospital Espanhol, a "Congregação das Irmãs Missionárias da Imaculada Conceição" inaugurou o novo Albergue Santo Antônio[8], que dispõe de 150 leitos[9].

No dia 19 de julho seguinte, tendo aprovado o Estatuto[10], a Associação Obras Sociais Irmã Dulce elegeu presidente *ad perpetuum* Irmã Dulce, como secretário o Dr. Augusto Lopes Pontes, e como tesoureira, Irmã Martha Bernardine Hulskeu. Assim, procedeu-se à nomeação dos membros do Conselho[11] e da Comissão Fiscal[12].

Irmã Dulce foi convidada a assumir a presidência; comovida, ela agradeceu e afirmou que as Irmãs Missionárias da Imaculada Conceição tinham avaliado bem as responsabilidades que lhes tocavam, a soma dos deveres a serem cumpridos e a missão a ser realizada, principalmente com a ajuda de Deus e de Santo Antônio, direcionando suas forças em prol das causas não só dos operários, aos quais nunca tinham deixado de servir com dedicação e constância, como também dos pobres, dos marginalizados, dos necessitados, da instrução, da educação e da assistência social[13].

Ela precisava de ajuda para que os "incuráveis" pudessem sobreviver:

— Em apenas um ano, foram curadas 36.828 pessoas! Mais homens do que crianças e mulheres[14].

A chegada do Dr. Frank Raila, vindo de Chicago, e logo depois do Dr. John Curns, do Illinois, para trabalhar na Obra, foi providencial[15].

Depois de alguns meses, Raila sugeriu-lhe a construção de outros ambientes, a fim de separar, do ponto de vista operacional, a parte hospitalar daquela destinada à internação.

Como é possível imaginar, era como atirar um fósforo num palheiro. Não demorou muito para que Dulce inventasse a solução.

Do lado oposto à rua onde ficava o Albergue, havia um terreno com uma barraca, só que era pantanoso.

— Podemos saneá-lo, não é verdade? — perguntara.

Diante da resposta positiva, já se encontrava na barraquinha para falar com o proprietário, o Sr. Martins, um português. O homem titubeou e disse que iria procurá-la.

Ao voltar, Dulce chamou todas as confreiras e as suas colaboradoras, reuniu-as na capela e pediu-lhes que rezassem a Santo Antônio para que ele intercedesse na compra do terreno.

No dia seguinte, o Sr. Martins foi realmente procurá-la; e quando viu principalmente aqueles doentes, sentiu pena, chorou e disse:

— Irmã, tome este contrato. Amanhã lhe darei em doação este pedaço de terra: é seu[16].

Ao mesmo tempo, o benfeitor Eurico Simões de Paiva, um industrial baiano, grande admirador das atividades de Dulce, tendo sabido das dificuldades que o Albergue atravessava pela presença de jovens, adultos, velhos e doentes, construiu um pavilhão para os idosos com a ajuda da Fundação Fullbright, cobrindo uma área de 550 metros quadrados com dez dormitórios com seis leitos cada um. Assim, os velhos paralíticos, aqueles com alto grau de esclerose ou clinicamente irrecuperáveis, os tuberculosos em fase terminal (Triagem) foram transferidos para lá. A Marinha e o Exército ofereceram-se para organizar os ambientes[17].

Naturalmente, faltava praticamente toda a aparelhagem médica e cirúrgica, além de todo o material hospitalar indispensável. No entanto, apresentou-se uma ocasião propícia: em novembro de 1962 Irmã Dulce foi convidada por D. Alfred Schneider, diretor da Catholic Relief Services, para representar o Brasil no Congresso Mundial das Damas Católicas que naquele ano seria realizado em Detroit.

Todos aqueles inúmeros benfeitores americanos tiveram a oportunidade de conhecê-la pessoalmente e de apreciar os seus dotes; assim, ela fez contatos com outras instituições, e o resultado foi prodigioso: dois aviões da Força Aérea americana levaram para Salvador toneladas de auxílios, equipamentos médicos, remédios, até mesmo material de construção pré-fabricado para a edificação de um Centro de Recuperação de Menores Abandonados[18].

Dessa maneira, a Associação Obras Sociais Irmã Dulce pôde dispor de um maior número de leitos, contando com 150 no Albergue, 130 para os jovens no Centro de Recuperação e 60 para o departamento crônico (Triagem)[19].

O problema dos meninos de rua, apresentado por quem o vivia dia após dia, tocara profundamente as mulheres americanas. Dulce o sentia como um instinto materno, como um investimento a longo prazo, como uma contribuição para a transformação da sociedade brasileira.

Assim, aquele velho barracão, organizado para abrigar os meninos, tornara-se uma construção em alvenaria com ambientes nos quais eram abrigados, regularmente, 130 jovens.

Com a colaboração de numerosos voluntários, existia agora a possibilidade de alfabetizá-los e de prepará-los para as profissões de carpinteiro, alfaiate, padeiro e artesão. Confeccionavamse roupas para eles e para os internados, cestos para vender, e produziam-se até 150kg de pão diariamente, que servia para o consumo interno. Além disso, com o auxílio da caminhonete, recolhiam-se papéis e papelões, que, depois de embalados, eram enviados para a fábrica de Amaralina, onde seriam reciclados[20].

A relação que Irmã Dulce mantinha com os meninos era aquela de uma mãe, atenta às suas necessidades, mas também pronta para participar das suas alegrias e dores de maneira apaixonada. Então, tudo podia acontecer.

Uma tarde, um grupinho de "filhos" viera literalmente seqüestrá-la do Albergue onde se encontravam as mulheres.

— Irmã, vem com a gente — dissera muito sério um deles.

— O que foi? O que foi — perguntara-lhes, preocupada, vendo o ar de seriedade que traziam nos rostos.

— Irmã, vem com a gente e não faz perguntas... — repetira o rapaz carrancudo.

Dulce saíra caminhando apressadamente em direção ao Centro. Temia que fosse um dos idosos, que tivesse acontecido alguma coisa grave, pois de vez em quando a proximidade com o pavilhão dos velhos causava algumas desavenças sérias.

Entraram no salão novo de recreação, onde juntamente com todos os outros "marotos" encontravam-se o Dr. Frank Raila, diversos voluntários e velhinhos que podiam caminhar, enfim, uma grande multidão.

Assim que colocou os pés no salão, o silêncio que se fizera até então transformou-se num vaivém frenético de todos aqueles garotos, com gritos, pulos de alegria: desencadeara-se, literalmente, o inferno.

O volume da televisão estava no máximo. Estavam transmitindo a final da Copa do Mundo entre o Brasil e a ex-Tcheco-Eslováquia, no Chile.

Dulce suspirou aliviada e não precisou se esforçar muito para "entrar no jogo".

— Irmã, corre... vem ver também. — Seguraram a sua mão e foram com ela até a televisão.

— Irmã, "o rei"[21] já fez um gol... — disseram imediatamente para informá-la.

Uma algazarra, abraços, pulos para imitar a proeza do atacante seguiram-se ao segundo gol do Brasil.

Todos torciam, e Dulce não estava menos entusiasmada do que aquela massa de meninos. No final da partida, todos passaram a imitar as façanhas de Pelé, improvisando dois times, o público e, naturalmente, a Irmã, que fizera de meio-campo... a sua posição preferida, apesar de agora começar a atacar um pouco.

Esse seu comportamento valia para os meninos mais do que cem palavras.

Notas

1. A coroa está conservada no Memorial. Ela fora presenteada a Dulce por D. Iraci Vaz Lordelo, que a encomendara ao convento da Providência, ver Lembranças de Iraci Vaz Lordelo.
2. Cf. Pontes, p. 37.
3. Ver Ata de Instalação da Associação das Obras Sociais Irmã Dulce de 15.08.1959.
4. *A Tarde* de 31.07.1979.
5. Foi ao Rio de Janeiro e conseguiu uma ambulância, além de uma exibição exclusiva de um filme: "Quando esteve no Rio, obteve do Dr. Mário Pinotti uma ambulância que seria entregue a curto prazo. Em julho, Irmã Dulce lançará na Bahia, com exclusividade, o grande filme paulista 'Fronteiras do inferno', cujo faturamento será utilizado, logicamente, no hospital", escreveu Mara em *A Tarde* de 3.05.1959.
6. *A Tarde* de 3.05.1959.
7. *A Tarde* de 22.10.1962.
8. Na ata da Assembléia Geral para a aprovação do Estatuto da Associação Obras Sociais Irmã Dulce de 19 .07.1960 diz-se que o presidente, Prof. Marcos Rodrigues dos Santos, "tinha deixado de fazer uma importante referência para fazê-la naquela sessão, isto é, apresentar as congratulações da Associação à Congregação pela inauguração realizada no dia 5 de fevereiro p.p." (ver Ata do Estatuto da Associação Obras Sociais Irmã Dulce

de 7.07.1960 e Ata de Aprovação do Estatuto Obras Sociais Irmã Dulce de 19.07.1960; cf. inscrição e registro da Associação no Conselho Nacional do Serviço Social e na Diretoria de Assistência Social da Secretaria de Saúde Pública e Assistência Social do Estado da Bahia no 1º Ofício de Registro de Títulos e Documentos de 25.08.1961 e 30.09.1965).

9. Cf. o artigo de Eva Maria Bianca no *Jornal do Comércio* do Rio de Janeiro de 14.07.1963.

10. A comissão para a elaboração do Estatuto fora composta pelos seguintes membros: Prof. Dr. Aloysio de Carvalho Filho; funcionário público Alyrio Lima Telles; Prof. Augusto Lopes Pontes; Prof. Dr. Clóvis Moreira Spínola; Prof. Dr. Colombo Moreira Spínola; industrial Erwin Morgenroth; industrial Jan Van der Zeijden; sanitarista Dr. Otávio Mangabeira Filho; Prof. Dr. Renato Lobo; Prof. Dr. Renato Mesquita e operários Vicente de Lima Pitta, Claudelino Ferreira Rodrigues, Jacintho Manoel dos Anjos e Salvador Aragão Farias de Souza, ver Ata de Instalação da Associação das Obras Sociais Irmã Dulce. O texto elaborado pela comissão foi examinado minuciosamente na Assembléia de 7.07.1960, discutido item por item e colocado em votação, ver Ata do Estatuto da Associação das Obras Sociais Irmã Dulce.

11. Almerinda Monteiro Catharino Meireles, Anísio Massorra, Armando Gago, Augusto Lopes Pontes, Erwin Morgenroth, Fernando Corrêa Ribeiro, Fernando Menezes de Góes, Fernando Mayer Suerdick, Fernando São Paulo, Gastão Pedreira da Silva, Irmã Dulce Lopes Pontes, I. C., Irmã Martha Bernadine Hulskeu, I. C., Jan Van der Zeijden, Manoel Joaquim de Carvalho e Norberto Odebrecht, ver Ata de Aprovação do Estatuto Obras Sociais Irmã Dulce de 19.07.1960.

12. Alyrio Lima Telles, Aloysio de Carvalho Filho, Clovis Moreira Spínola, Erick Loeff e Jayme Junqueira Ayres, ver Ata de Aprovação do Estatuto Obras Sociais Irmã Dulce de 19.07.1960.

13. Ver Ata de Aprovação do Estatuto Obras Sociais Irmã Dulce de 19.07.1960. Irmã Dulce fala em nome da Congregação da qual faz parte para ressaltar ainda uma vez que a Associação, inscrita no seu nome, o é unicamente para fins práticos: na realidade, ela pretende administrá-la, juntamente com as confreiras como qualquer coisa que pertença à Congregação. Isso ficou evidenciado claramente quando se lê no Estatuto, por exemplo: no art. 4º, a Congregação é indicada como beneficiária; no art. 22, todas as irmãs da Congregação são sócias efetivas; no art. 39, ela seria presidente

enquanto pertencente à Congregação; ver o texto do Estatuto e também o parecer do advogado Barachisio Lisboa de 29.08.1975 sobre a situação das Obras Sociais Irmã Dulce.

14. *O Globo Feminino* do Rio de Janeiro de 21.09.1961.
15. O médico esteve em Salvador em 1962; ver *A Tarde* de 22.10.1962 e de 31.07.1979, cf. Lembranças de Iraci Vaz Lordelo; Pontes, pp. 49-50.
16. Cf. Lembranças de Iraci Vaz Lordelo.
17. *A Tarde* de 31.07.1979; ver também *O Globo Feminino* do Rio de Janeiro de 21.09.1961.
18. Este será o nome que terá depois de construído.
19. Cf. também *O Globo Feminino* do Rio de Janeiro de 21.09.1961; Pontes, p. 59.
20. Cf. Lembranças de Cristina Sá, uma das colaboradoras do Centro naquela época; Pontes, pp. 50 e segs.
21. Edson Arantes do Nascimento, conhecido por *Pelé*, depois de ter contribuído para a conquista da Copa do Mundo na Suécia em 1958, derrotando a Suécia por 5 a 2, estava levando a Seleção Brasileira à conquista do segundo título mundial no Chile, derrotando a ex-Tcheco-Eslováquia por 3 a 1. Depois do primeiro título mundial, fora denominado "o rei" . Será ainda ele a determinar a conquista do terceiro título, derrotando a Itália por 4 a 1 na Cidade do México, em 1970.

XVI

O dia 11 de março de 1962 foi uma data significativa para o "primeiro filho" de Irmã Dulce. Realizou-se uma Assembléia Geral Extraordinária do Círculo Operário, na qual foi consumada a separação definitiva entre a instituição e a comunidade franciscana.[1]

Encerrava-se, assim, uma crise interna latente que se prolongava desde o pós-guerra, intensificada quando Frei Hildebrando fora transferido para Fortaleza.

Para entrar diretamente no assunto e analisar bem a questão, um único volume seria insuficiente se nada acrescentasse a tudo quanto já foi escrito[2]. Mas não acreditamos que a matéria deixe de interessar vivamente aos leitores destas páginas. Abordaremos, então, rapidamente, as etapas fundamentais que levaram à convocação da assembléia do dia 11 de março.

Já vimos que Frei Hildebrando voltara à direção do Círculo no pós-guerra. No entanto, sendo uma pessoa muito dinâmica, já esse assunto resolvido, e o seu interesse deslocou-se para outras iniciativas. Agindo dessa maneira, o peso e a responsabilidade, principalmente das dívidas, ficaram por conta de Irmã Dulce, mas como não havia desentendimentos entre os dois, unidos pelo carisma de fundadores, não houve maiores problemas.

A partida do frade para Fortaleza levara a um desequilíbrio. Os assistentes eclesiásticos não podiam arcar com o peso e a responsabilidade de Frei Hildebrando; por isso, a sua participação e o seu direito de veto, previsto pelos Estatutos,[3] eram considerados sob várias óticas. A tudo isto, somou-se um fator importante: o patrimônio.

Com a construção do edifício no Largo de Roma e dos cinemas, os bens do Círculo tinham aumentado, mas eram administrados pelos franciscanos, e, segundo o artigo 55 do Estatuto, em caso de dissolução do Círculo, seriam simplesmente transferidos para as Obras Sociais Franciscanas.

O conjunto de todas as problemáticas havia suscitado discussões, determinando duas "posições" dentro do Círculo: uma que, apesar de tudo, dizia-se satisfeita com a obra dos franciscanos e, assim, optava pela continuação das coisas do jeito que estavam. Esta posição, considerada, talvez com uma certa ênfase, filo-franciscana, na realidade abrangia um número muito limitado de sócios; a outra, "rebelde", que desejava conseguir uma certa autonomia da comunidade franciscana, solicitando a modificação do Estatuto com relação ao direito de veto dos assistentes eclesiásticos e, naturalmente, do artigo 55. Frei Hugo Fragoso diz que esta segunda corrente, "por coincidência e sem muita lógica interna, estava com Irmã Dulce"[4].

Dulce encontrava-se completamente fora de tais lógicas e reivindicações; seu nome, no entanto, podia facilmente tornar-se uma bandeira: sua ação e sua capacidade de "esmoleira" tinham dado popularidade ao Círculo, retorno positivo também, do tipo assistencial, e, enfim — coisa de não pouca importância —, criado o patrimônio.

A essa altura os franciscanos compreenderam que o impasse se encaminhava para uma grave cisão e chamaram Frei Hildebrando de volta a Salvador.

"A nova direção estava imbuída das melhores intenções"[5], mas a posição rígida assumida por Frei Hildebrando diante das solicitações para a modificação do Estatuto[6] e, principalmente, a sua atitude inclinada a ratificar o verdadeiro poder do assistente eclesiástico[7] anularam também o seu carisma de fundador.

Os dirigentes do Círculo enviaram um relatório ao Cardeal e, imediatamente, o caso foi levado em consideração também pela direção nacional circulista.

Finalmente, o Padre Pancrazio Dutra sj foi obrigado a tomar conhecimento de uma "incompatibilidade inevitável entre os filhos de São Francisco e a nova direção", lançando como proposta aos superiores franciscanos a divisão do Círculo em duas entidades: o Círculo Operário do edifício Pax poderia continuar com os padres franciscanos, enquanto o Círculo Operário do edifício Roma teria um novo assistente eclesiástico não franciscano[8].

A hipótese não sendo aceita por nenhuma das partes, chegou-se à decisão de retirar o Círculo do edifício Pax e os Franciscanos da Assistência Eclesiástica e de qualquer relação com o próprio Círculo. Os circulistas, então, voltaram-se para os Padres Jesuítas.

Dessa maneira, chegou-se à convocação da Assembléia Geral Extraordinária do dia 11 de março, da qual tomaram parte aproximadamente mil associados[9]. Trata-se de um encontro muito importante, razão pela qual seguiremos de perto o desenrolar da sessão, transcrevendo, de vez em quando, as palavras exatas da ata.

O presidente da Assembléia, o Sr. Vicente de Lima Pita, convidara Irmã Dulce e os representantes da comunidade franciscana, Frei Hildebrando e Frei Tadeu Joaquim, a fazer parte da mesa da presidência. Em seguida, explicara rapidamente o motivo da sessão e passara a palavra ao presidente do Círculo, o Sr. Alyrio Telles. Este se apressou em expor a seqüência dos fatos, culminados com a resolução do Círculo de retirar-se do edifício Pax, atendendo, assim, às reiteradas solicitações da comunidade franciscana por intermédio de cartas "que foram lidas a fim de que todos delas tomassem conhecimento".

Em seguida, exibiu o contrato de construção do edifício Pax — lido integralmente pelo secretário, o Sr. Edison Rocha — e explicou que, apesar de prevalecer no Círculo o entendimento de lhe ser facultado o exercício de direitos sobre o edifício Pax, isto não era verdadeiro, de acordo com a sua análise dos contratos relativos à construção. Em seguida, concluiu, ilustrando os termos do acordo "amigável e respeitoso" que a diretoria fizera com a comunidade franciscana: o Círculo comprometera-se a desocupar as dependências do edifício Pax, enquanto a comunidade franciscana, por outro lado, assumira o compromisso de manter as escolas primárias e profissionalizantes existentes no edifício abertas para os associados do Círculo. Naturalmente, os funcionários encarregados permaneciam dependentes dos circulistas.

Após algumas intervenções, o associado Raimundo Figueiredo pediu a palavra e fez as seguintes perguntas: Quem era o presidente do COB quando o edifício Pax fora construído? Os auxílios concedidos ao Círculo foram empregados na sua construção? Por qual motivo o Círculo não se fizera representar no contrato de construção?

O fato de tais quesitos terem sido transcritos ao pé da letra levam a deduzir, sem ser necessário usar muita imaginação, que se tratava de interrogações comuns à maioria dos sócios, mas, principalmente, dirigidas de maneira específica à mesa da presidência.

De fato, Frei Hildebrando tomou a palavra e disse que o edifício Pax fora construído em um terreno pertencente ao convento de São Francisco, concedido para tal fim. Naquela época, o Círculo era presidido pelo Sr. José G. dos Santos e mantido pela comunidade franciscana com o faturamento do Cinema Santo Antônio até 1945, porque ainda estava no início da sua existência, não possuía rendas e não recebia nenhum subsídio público, por ser uma entidade muito modesta, não tendo ainda sido reconhecida como de utilidade pública. Estando em tal posição, não podia figurar no contrato.

As intervenções que se seguiram foram feitas pelos sócios mais velhos, que ratificaram as palavras do frade.

A certa altura da discussão o associado Joaquim Gonçalves dos Santos fez uma pergunta muito interessante: Quem foi o fundador do Círculo Operário e por que o COB foi colocado no edifício Pax?

Retomando a palavra, Frei Hildebrando "traçou uma breve história da vida do Círculo, dizendo que em 1937 tivera a idéia de fundar uma grande organização operária e, após ter consultado o Sr. José Bastos, fora aconselhado a procurar Irmã Dulce, que já vinha trabalhando a favor dos operários pobres. De acordo com Irmã Dulce, ficara resolvido alugar uma casa para abrigar os doentes e um salão para a escola; assim, fundara-se a sociedade, com a denominação de União Operária São Francisco; trabalhando sempre com a participação de Irmã Dulce, criara-se, em seguida, o

Núcleo Central, que funcionava na Casa de Santo Antônio; concluída a construção do edifício Pax, a sociedade passara a funcionar nesse edifício fazia já 22 anos; mudada a denominação da sociedade para Círculo Operário da Bahia, tomara-se a resolução de construir o edifício Roma com o financiamento obtido do Instituto dos Industriários, bem como, o cinema São Caetano, em um terreno comprado da Congregação Mariana, e, por último, o cinema Plataforma, em um terreno adquirido pela Irmã Dulce. Concluiu dizendo que, mesmo despedindo-se do Círculo Operário, não abandonaria, no entanto, os operários, porque a comunidade franciscana continuaria a trabalhar para eles, as escolas primárias e de corte seriam mantidas e eles gozariam de outros benefícios".

O quesito era tão importante para o auditório que a palavra passou à Irmã Dulce, para que ela também falasse sobre a origem do Círculo Operário.

Tomada a palavra, Dulce disse que, "no mês de outubro de 1936, convidei os operários, Srs. Ramiro S. Mendonça, Nicanor Santana e Jorge Machado, a formar uma sociedade proletária e, juntamente com eles, comecei a trabalhar, até que em 1937 fui procurada por Frei Hildebrando, que me propôs a organização da sociedade com o nome de União Operária de São Francisco. Depositando confiança neste grande colaborador, a sociedade seria acrescida, passando, assim, a se chamar Círculo Operário da Bahia, estabelecendo a sua sede no edifício Pax, onde se encontra até hoje.

"Agora, no entanto, que a comunidade franciscana está solicitando a retirada do Círculo dos ambientes do mencionado edifício, foi encaminhado um maternal apelo aos associados, pedindo-lhes que efetuassem a entrega do Pax; dessa forma, nos retiraremos com dignidade, fazendo as mesmas coisas no edifício Roma e São Caetano, que são de nossa propriedade. Devemos agradecer à comunidade franciscana pelos benefícios recebidos pelo Círculo Operário".

Convém mencionar também algumas outras intervenções significativas da atmosfera de responsabilidade e, afinal de contas, de amizade que permanecia entre as partes.

Frei Tadeu Joaquim tomou a palavra para dizer que "gostei muito daquela assembléia composta por pessoas simples, mas compreensivas e boas", apresentando as suas saudações.

Em seguida, a palavra foi concedida ao novo assistente eclesiástico, o jesuíta Padre Antônio Helmendi, que expressou sua satisfação, dizendo: "Sinto-me muito orgulhoso com o resultado da assembléia, já que os associados se comportaram com muita dignidade, certamente com a ajuda de Deus. Manifesto também o meu reconhecimento e gratidão aos franciscanos por tudo quanto fizeram pelo COB, e proponho que, no final da sessão, os dirigentes e os franciscanos se unam novamente num cordial abraço de fraternidade."

Encerrava-se, assim, um episódio que fora exacerbado pela tomada de posições rígidas e radicais, por fortes personalidades e algumas antipatias[10]. Permanecia, no entanto, o bem que tanta gente pobre recebera, não importa se como assistência social, se consoante ou não com a doutrina social da igreja ou com as tendências sindicais[11].

Este episódio não afetou as relações pessoais entre Irmã Dulce e Frei Hildebrando, que mantiveram sempre a estima recíproca[12], mas colocou cada um deles num caminho diferente

Como diz o provérbio: cesteiro que faz um cesto faz um cento. Ambos continuaram com o "vício" de dedicar-se com todas as suas forças ao bem do próximo.

Notas

1. Esta sessão seguia-se a uma outra assembléia realizada no dia 3 do mesmo mês, ver ata correspondente aprovada no dia 9.12.1962 (Ata de Afastamento do Círculo Operário).
2. O problema foi abordado pelo Prof. Frei Hugo Fragoso na obra *História do C.O.B.*, citada diversas vezes, e retomada pelo Dr. George Evergton Sales Souza na tese *Entre o religioso e o político: uma história do Círculo Operário da Bahia*, também esta citada em várias ocasiões.
3. Sua participação foi considerada ditatorial: "reduzia as diretorias eleitas depois de 1958 a simples órgãos executivos das suas vontades (...) vetando sempre quando se opunham às suas decisões (...) não tinham se identificado com o ideal Circulista, restringindo, cada vez mais, a ação das diretorias, resolvendo todos os assuntos de importância do Círculo entre os muros do convento de São Francisco" (Relatório ao Cardeal Primaz). Para compreender plenamente a força desta última expressão, considere-se que nas Normas da Ação Social Católica da Comunidade Franciscana da Bahia, de 1949, estava estabelecido que o assistente eclesiástico do Círculo devia ser membro do Conselho Administrativo das Empresas Franciscanas, ver Fragoso, pp. 39-40.
4. Fragoso, p. 38.
5. Carta de Padre Pancrazio Dutra sj, assistente eclesiástico auxiliar do CNC, em ACSFS, V, 6.3; ver Fragoso, p. 38; Sales Souza, pp. 108-109.
6. "A diretoria deseja ser completamente autônoma na parte administrativa e na vida social do Círculo. Mas esta posição é contrária aos Estatutos, além (...) para os Estatutos, o assistente eclesiástico tem o dever de vetar qualquer proposta contrária aos interesses dos circulistas", Exposição da situação do Círculo Operário da Bahia, de Frei Hildebrando em ACSFS, V, 6.3, vide Fragoso, p. 39; Sales Souza, p. 111.

7. "A diretoria foi surpreendida pela publicação de um programa comemorativo do Dia do Trabalho do qual resultava que tal manifestação da JOC era realizada na sede do Círculo Operário sem que nenhum dos dirigentes fosse informado, o que gerou o protesto na sessão do dia 10 de maio do ano em vigor [1961]. Esse protesto irritou o assistente eclesiástico, Frei Hildebrando, autor da concessão, que respondeu dizendo que a diretoria se equivocara, pois o edifício Pax pertencia exclusivamente à comunidade franciscana, não competindo ao Círculo nenhum direito [lembramos que a sede social do Círculo ficava nesse edifício], intimando, pelo menos quatro vezes esta sociedade [o COB] a retirar-se dali, dizendo categoricamente: 'A comunidade franciscana não se humilhará pedindo permissão do Círculo Operário para promover alguma concessão em quaisquer dependências do edifício Pax, e se não estiverem satisfeitos, que saiam de uma vez'", ver Livro de Atas da Assembléia Geral do COB, fls. 21-25; cf. Sales Souza, pp. 111-112, nota 142.
8. Exposição da situação do Círculo Operário da Bahia de Frei Hildebrando, em ACSFS, V, 6.3, ver Fragoso, p. 38; Sales Souza, p. 109.
9. Tudo quanto segue foi retirado da ata da sessão aprovada em 9.12.1962 (Ata de Afastamento do Círculo Operário).
10. Nessa categoria, não podemos deixar de incluir dois protagonistas: Frei Hildebrando e o Dr. Augusto Lopes Pontes, mais como figuras representativas em discórdia que como verdadeiros paladinos em luta, mesmo porque devemos colocar ao lado deles os vários assistentes eclesiásticos, os diversos componentes, as diretorias e os sócios. Tratava-se, no entanto, de visões parciais passíveis de julgamento positivo ou negativo de acordo com o ponto de vista.
11. Frei Hugo Fragoso escreveu: "Ao retirar-se do Círculo Operário da Bahia, Frei Hildebrando argumentava que os Círculos Operários estavam finalmente 'superados', já que as suas finalidades 'assistenciais' não estavam atualizadas; não devemos esquecer que 'as instituições, as fábricas, os sindicatos oferecem, por sua vez, excelente 'assistência', e o governo construiu escolas nos bairros operários" (p. 39).

Os compromissos nas Obras afastaram Irmã Dulce do Círculo, mesmo que ela continuasse a manter ótimas relações com a entidade. No que diz respeito à história sucessiva do Círculo, é necessário dizer que ele assumiu cada vez mais um caráter político e sindical e, depois do golpe de 1964, foi expulso da Confederação Latino-americana dos Sindicatos Cristãos sob a acusação de conivência, e, apesar da impressão de que houvesse uma certa recuperação, o número de associados começou a diminuir visivelmente. Depois de 1967 ele entrou numa longa agonia. Em 1972, com a saída de Padre Antônio Kelmendi sj da função de assistente eclesiástico, terminou também a direção dos jesuítas. Pouco a pouco, os serviços foram fechados. Para aprofundar o assunto, ver Fragoso, pp. 40-42; George Evergton Sales Souza, *O movimento operário católico no Brasil: o caso do Círculo Operário da Bahia (1937-1962)*, em *Cadernos do CEAS* 158, julho-agosto (1995); Sales Souza, pp. 113-128.

12. Nenhum dos dois jamais se expressara de modo negativo ou crítico em relação ao outro; será Frei Hildebrando a proferir a homília por ocasião do 50° aniversário de Profissão religiosa de Dulce e leremos o que ele dirá.

XVII

Para Irmã Dulce a esperança, o futuro do Brasil, estava na recuperação dos jovens, os meninos de rua, que, paralelamente aos doentes graves, eram curados e podiam ser salvos para constituir forças sadias dentro da sociedade.

— Somos um simples e humilde instrumento de Deus e de Santo Antônio — dizia. — Tudo que fazemos é apenas uma gota d'água no oceano da nossa vida[1].

Naquilo que ela considerava "pequeno", a sua ação funcionara e continuava a funcionar. Por isso, quando ela sentia no ar que havia alguém pensando da mesma maneira, não perdia a ocasião para dar a sua opinião.

Uma oportunidade para saber o que ela pensava e o que estava fazendo pelos meninos foi dada por uma carta aberta que escreveu para o jornalista Odylo Costa, publicada na revista *O Cruzeiro*[2].

Costa perdera o filho, e no artigo "Os outros meninos" colocara, francamente, o dedo sobre a ferida, usando palavras de fogo: "Para acabar com essa vergonha, é necessário que esta Nação inteira se levante e se una em defesa da própria sobrevivência, que é a sobrevivência da juventude."

Ele acreditava ser possível colocar no bom caminho centenas de jovens, e concluíra com um apelo, um brado: "Protejamos os outros jovens. Salvemos os outros jovens."

Para complementar a reportagem, havia seis fotografias de meninos delinqüentes acompanhadas por duas frases curtas, mas desesperadas: "Devem ser salvos", "Podem ser salvos."

— Um apelo angustiado e sincero à Nação, à sociedade, aos homens e às mulheres do nosso tempo, aos nossos dirigentes... Palavras de advertência proferidas por uma alma nobre que ao perder um filho procura salvar os outros — disse Dulce.

E começou a sua carta assim: "Este apelo eu já o ouvi alguns anos atrás, da boca de um rapaz de treze anos, um pequeno jornaleiro, esfomeado, doente, tuberculoso: 'Irmã, me ajude!'

"A tal apelo, graças a Deus, pude responder e continuei a responder, enquanto Deus me permitiu. É disso que desejo falar. É dos outros meninos, Sr. Odylo, que venho tratar.

"Este trabalho de recuperação dos menores abandonados, dos rapazes marginais e dos jovens delinqüentes já está sendo feito aqui em Salvador. Posso lhe dizer o que de positivo já está sendo realizado na nossa cidade. Com a ajuda de amigos e de senhores da sociedade, nossa Instituição está se dedicando com grande interesse a essa atividade, além das outras.

"Desde 1959 recolhemos da rua e convidamos a viver no nosso Albergue esses rapazes marginais, conhecidos como *capitães da areia.*

"Pequenos ladrões e batedores de carteiras. Alguns se adaptam à nova vida, outros não. São renitentes e de difícil recuperação. Fogem, mas retornam. Um destes, *Água de Meninos*, se acalmou ou melhorou, permanecendo somente depois de ter fugido trinta vezes. E em todas elas eu o recebi como se nada tivesse acontecido. Há pouco tempo, tive o prazer de ouvi-lo dizer: 'Irmã, agora vou estudar para ser carpinteiro.' E está feliz em aprender o seu ofício. Outro rapaz, *Língua de Trapo*, fugiu vinte vezes; depois, sabendo que o companheiro *Gaguinho* decidira fugir, disse-lhe peremptoriamente: 'Não, não faz isso. Não foge. A Irmã só quer o nosso bem.'

"Os rapazes foram recolhidos quando ainda viviam pelas ruas. Nunca foram castigados com violência, mas apenas com a proibição de qualquer coisa que lhes interessasse: andar de bicicleta, ir ao cinema aos sábados etc.

"Ao acompanhar de perto o processo de recuperação desses rapazes, vê-se que nada está perdido, que existe sempre um caminho para a salvação, desde que se lhes ofereça a devida oportunidade.

"É uma experiência única. E a melhor recompensa eu recebo no dia da sua recuperação, quando, transbordantes de alegria, ganham novas forças para superar as dificuldades futuras e esquecer as vicissitudes passadas.

"No momento, disponho de duas pequenas propriedades que me foram doadas, sem nenhum beneficiamento, onde os rapazes aprendem o trabalho agrícola, o artesanato e as primeiras letras. Ali, recebem alimentação, educação e afeto, de que tanto necessitam. Aprendem a viver como futuros homens dignos, futuros bons brasileiros.

"Mas, para frustrar toda a nossa boa vontade, existe a falta de dinheiro. Os fundos para a manutenção são escassos. As dívidas aumentam terrivelmente; de esmola em esmola, vou alimentando esse ideal que não poderá morrer, pois já está dando os seus frutos.

"Agora, é a vez do meu apelo! Um apelo especial ao Sr. Odylo Costa. Um apelo geral aos diretores e a toda a redação dessa revista, a mais divulgada do Brasil, lida por meio milhão de brasileiros. Que todos se dignem a fazer uma campanha a favor desses jovens abandonados que querem ser salvos e que podem ser salvos.

"Estou à disposição de um repórter seu para que ele examine tudo que já foi feito, aquilo que estamos fazendo e o que pretendemos fazer em benefício da juventude abandonada de Salvador, que também é do Brasil."

Na realidade, algum tempo antes, Irmã Dulce recebera do governador Antônio Lomanto Júnior, como doação para as Obras Sociais, um velho núcleo agrícola do estado no município de Simões Filho, a uns vinte quilômetros de Salvador[3].

Com muito esforço e muito boa vontade, as instalações foram adaptadas, e o Centro de Recuperação de Menores Abandonados fora transferido para lá, onde era possível efetuar um trabalho sistemático de educação e de introdução às profissões num ambiente completamente dedicado aos jovens.

Um trabalho paciente cujos frutos seriam vistos com satisfação alguns anos depois: "Para integrá-los na sociedade" — escrevera, ainda, Dulce — "procuramos transmitir-lhes os valores, eles aprendem um ofício, fazemos os documentos de que eles necessitam e só deixamos que eles saiam da escola com um trabalho e um lugar decente onde possam viver. Hoje, muitos deles são ótimos profissionais."[4]

Nessa época, aconteceu um episódio que fez com que desaparecesse um dos lugares que tinham um vínculo particular com Dulce e com os meninos.

Foi num sábado, dia 5 de setembro de 1964, às quatro horas da tarde; a feira de Água de Meninos estava cheia de gente, o movimento era intenso. Havia muitos dias sentia-se um odor de gasolina, mas ninguém dera muita importância aos sinais e aos protestos. Houve um incêndio imprevisto, e das 1.800 barraquinhas, somente 600 foram poupadas do fogo.

Na quarta-feira seguinte, dia 9 de setembro, às 18:50, um novo incêndio acabou por completar a obra.

O desastre, anunciado diversas vezes, devido aos depósitos de combustível ao lado da feira, provavelmente foi causado por aqueles que tinham interesse em evacuar a área; tanto é verdade, que depois ficou constatado tratar-se de incêndios dolosos. Na realidade, a área foi aterrada e tornou-se apta para construção. Assim, onde antes existia aquela grande feira, tornada possível graças aos camponeses e aos comerciantes, os primeiros benfeitores das iniciativas de Irmã Dulce, e onde não eram poucos os meninos "agarrados" entre aquelas barracas, hoje existem apenas casas.

Depois desses episódios, a feira foi transferida para a zona da enseada de São Joaquim, e, desde então, passou a se chamar Feira de São Joaquim[5].

Notas

1. Carta ao Sr. Carlos Pereira de 15.07.1968.
2. *Cartas a um velho jornalista*, provavelmente de 1964. *O Cruzeiro* tivera o seu primeiro número no dia 10 de novembro de 1928. Segundo a revista *Imprensa: Jornalismo e Comunicação* (SP), vol. 40, dezembro de 1990, p. 52, o último número saiu em junho de 1985.

3. Foi governador de 1963 a 1967. Cf. Lembranças de Antônio Lomanto Júnior.
4. Reflexões da Irmã Dulce. O Sr. Jorge Calmon Moniz de Bittencourt, na época secretário de Estado da Justiça, responsável pelo Serviço Estadual de Assistência aos Menores, ao fazer uma visita ao orfanato de Irmã Dulce em Simões Filho, ficou muito surpreso ao ver como aqueles rapazes tratavam Dulce como se fosse a sua mãe. Era uma mestra para aqueles jovens aos quais ela aconselhava e guiava com afeto maternal. Cf. Lembranças de Jorge Calmon.
5. Cf. Geraldo Leal da Costa, *Salvador dos contos, cantos e encantos,* Salvador, BA, Gráfica Santa Helena, 2000, *passim.*

XVIII

No dia 11 de abril de 1964 o Congresso Brasileiro, manobrado pelos militares, elegeu como Chefe do Estado o general do Exército Humberto Castelo Branco. Por trás de toda a operação, existia a sombra dos Estados Unidos, que agiam em nome de um reequilíbrio naqueles tempos da guerra fria.

O golpe fora dado durante o governo do presidente João Goulart, *Jango*, que contava com o apoio indiscutível das organizações sindicais. Jango apontara o dedo em direção à reforma agrária, mas a burguesia o impedira de continuar.

Surgiram fundamentalismos de esquerda simpatizantes de Cuba e de Che Guevara. Francisco Julião, de Pernambuco, tornara-se uma espécie de "Fidel Castro brasileiro". Também a Igreja, depois da Encíclica Social do Papa João XXIII[1], germinava: surgia a figura do jovem bispo do Rio de Janeiro, D. Hélder Câmara. Nascia a denominada "pedagogia do oprimido", que se resumia no *slogan* "Viver e lutar".

Havia a ameaça de uma greve geral. O Nordeste, em particular, estava em chamas.

Goulart jogou a última cartada com o plebiscito, em janeiro de 1963. Obtendo a vitória esmagadora, impôs uma política econômica de planejamento com fortes investimentos públicos. Mas o plano faliu, mesmo porque fora boicotado, e, no final daquele ano, a inflação chegou a 80%. Suas respostas políticas — principalmente aquela de rejeição às sanções contra Fidel Castro, impostas pela Organização dos Estados Americanos — determinaram uma revolta do Estado-maior do Exército. Teria acontecido uma guerra civil se João Goulart não optasse pelo exílio.

Começava, assim, um período de ditadura militar que duraria até 1985[2]. A região Nordeste, que se destacara pelos protestos mais veementes, ficou paralisada pelo terror. As prisões ficaram cheias; as perseguições, a tortura e até mesmo o assassinato tomaram o lugar da legalidade.

De qualquer maneira, e de acordo com a linha moderada de Castelo Branco, o qual acreditava ser necessário colocar as coisas em ordem para reativar o desenvolvimento e, em seguida, restituir o poder aos civis, aconteceu, ao contrário, que o general Arthur da Costa e Silva, em 1967, usou o punho de ferro contra a onda de greves, de agitações e de protestos nas universidades. A Conferência Nacional dos Bispos Brasileiros fez duras críticas aos métodos utilizados pelo regime e por uma parte conspícua da Igreja, e, dirigida pelo novo arcebispo de Olinda e Recife, D. Hélder Câmara[3], posicionou-se a favor dos protestos dos operários-estudantes, surgindo, assim, os primeiros padres e religiosos "subversivos" nas prisões.

Esse estado de coisas provocou uma forte reação do general Costa e Silva, que, por intermédio de um decreto, aboliu, formalmente, todos os direitos civis e fechou o Congresso. O débito público diminuiu, a inflação foi contida, mas houve uma forte recessão econômica, que acarretou uma presença cada vez maior de capitais e de empresas estrangeiras, em particular americanas[4].

Esse breve quadro histórico-social facilita a compreensão do porquê de obras assistenciais como aquelas da Irmã Dulce terem cada vez mais "clientes".

A Associação Obras Sociais Irmã Dulce, por sua vez, fora reconhecida como de utilidade pública pelo município e depois pelo estado[5], e isto fazia pressupor que o governo daria subsídios; ao contrário, a situação política do momento levara a um aumento da solicitação por indigência, enquanto os subsídios estatais eram exíguos ou inexistentes: assim, a sobrevivência dependia, essencialmente, da capacidade de pedir esmolas de Dulce, da generosidade dos cidadãos abastados e dos auxílios vindos do exterior.

Irmã Dulce costumava dizer, com uma certa satisfação:

— Não existe gente melhor do que aquela da Bahia. A cada dia que amanhece e em casa não temos nada, quando volto encontro sempre o necessário para aquela jornada[6].

Dessa maneira, as suas "flores" tiveram de multiplicar-se. Exatamente, as flores, porque quando ia pedir esmolas, Irmã Dulce levava consigo uma sacola, colocava dentro dela uma florzinha e a fechava. Quando a pessoa solicitada a fazer uma oferta a abria, encontrava a flor, ficava comovida e ajudava com uma esmola[7].

A flor, o sorriso e as palavras, mas, principalmente, a ação de Dulce, faziam com que as pessoas e as instituições contribuíssem; porém, como podemos imaginar, esse afluente daquela grande bacia na qual tornaram-se as Obras Sociais não estava em condições de superar ou até mesmo de equiparar-se com o defluxo normal desse tipo de atividade: como não podia deixar de ser, as dívidas aumentavam, e, assim, com um auxílio consistente diminuíam, tornando a crescer já no dia seguinte.

A Congregação das Irmãs Missionárias da Imaculada Conceição, na verdade a proprietária das Obras Sociais, assumira uma atitude de observação, não sem algum temor. Existia confiança e estima por Dulce, mas também havia preocupação pelos débitos e pelo crescimento das Obras.

O fiel da balança, nesses casos, se desloca de acordo com os homens ou as mulheres que assumem a responsabilidade do go verno.

Naquele ano de 1964, fora eleita pelo Capítulo para a função de Madre Provincial a Irmã Emília Rosa de Seixas Barros[8], uma mulher muito competente e preparada, mas intransigente no que se referia à observância da Regra[9].

Por ocasião da sua visita às Casas da Congregação em Salvador, estivera também no Convento Santo Antônio, onde Dulce residia com as irmãs Paráclita, Anacleta, Hilária e Helenice e também duas voluntárias leigas, a Sra. Dalva Japiassú e a Sra. Iraci Vaz Lordelo[10]. Parecia a visita de rotina de um novo governo.

A Provincial, no entanto, dera a entender imediatamente que pretendia fechar o Convento Santo Antônio e mandar as componentes da comunidade para outras instituições. Irmã Dulce voltaria a fazer parte do Colégio Santa Bernadete: "Garantindo, assim, uma maior observância."

Dulce ficou petrificada e nem teve coragem de falar, enquanto Irmã Hilária perguntava:

— E os nossos assistidos?

— Irmã Dulce poderá continuar a trabalhar nesse campo do Senhor durante todo o dia, e, à noite, voltará ao Santa Bernadete para os atos comuns e para dormir — respondera Madre Emília Rosa[11].

— Madre, não podemos deixar os nossos doentes, principalmente os crônicos, sem a presença de uma Irmã, seja durante a noite ou durante o dia — continuou Irmã Hilária.

— Gostaria de lembrar-lhes que a nossa Congregação tem como objetivo não somente aquele educativo e social, mas, principalmente, a dimensão contemplativa. E a clausura? Uma Irmã nossa não pode passar a noite fora do seu convento.

— Madre, me desculpe — interveio Irmã Dulce —, o nosso Convento de Santo Antônio parece nos permitir a clausura e a assistência: é um todo com a Obra.

— As nossas Constituições servem para nos guiar: se elas tivessem de permitir exceções, como têm se verificado até agora, por que então mantê-las? Para que servem? As Constituições devem ser observadas assim como as recebemos no momento da Profissão e as quais prometemos observar. Tanto a Superiora Geral[12] quanto o Conselho Geral e aquele Provincial desejam retomar a observância em toda a Congregação. A senhora, Irmã Dulce, e vocês confreiras têm sido exemplares na atividade realizada entre os pobres, os necessitados, mas eu lhes pergunto: onde está a sua vida de comunidade? Se não me engano, vocês nunca estão presentes ou participam dos atos comuns: orações, refeições, recreação, ou qualquer outra coisa, porque o seu trabalho exige uma presença contínua. Por isso, nós superioras devemos zelar para que isso não aconteça. Devemos prestar contas de tudo ao Senhor. Nesses casos, devemos cumprir literalmente uma única regra: ou estamos dispostas à observância completa das Constituições ou, Deus me perdoe, a porta...[13]

A fisionomia de Dulce, sempre pronta para o sorriso e para a alegria, foi coberta por um manto de fumaça negra. O pranto e a oração, a partir daquele momento, passaram a acompanhá-la noite e dia.

Obedecer ou desobedecer, continuando a assistir os pobres?

Conversou com o seu confessor, visitou Frei Hildebrando, pediu o conselho dos santos sacerdotes e religiosos:

"Fique no seu lugar", foi o que lhe disseram.

— Senhor, me ajude! Tenha piedade de mim! Me ilumine... me mostre o caminho que devo seguir! — implorou diante do Crucifixo.

Solicitou uma audiência com a Madre.

— Me dê um pouco de tempo para pensar — pediu.

— Pensar sobre a obediência? Ou se faz ou não se faz! O que há para pensar?

Dulce, então, compreendeu que daquela intransigência nada podia esperar. A conclusão da Provincial foi como uma ducha fria:

— Eu lhe dou um conselho: peça para ser desenclausurada; desse modo, terá a oportunidade de pensar. De qualquer maneira, é preciso proteger a Congregação do grave perigo que as Obras Sociais representam!

Irmã Dulce fizera de tudo à procura de conselhos. O mesmo aconteceu com Madre Emília Rosa. Além do mais, o caso não podia ser resolvido pelos superiores regulares, mas envolvia, dada a notoriedade da pessoa e da sua atividade, a autoridade eclesiástica.[14] Na realidade, ela fora falar com D. Eugênio Araújo Sales[15], mas este, que acabara de ser nomeado Administrador Apostólico da Arquidiocese, estava de partida para Roma a fim de participar de uma das sessões do Concílio Vaticano II: pediu-lhe que esperasse até que ele voltasse para resolver a situação[16].

Em Roma, D. Eugênio aproveitou para ouvir a opinião do severo Cardeal Augusto da Silva[17], o qual deu a entender que se Irmã Dulce viesse a abandonar as Obras, isso acarretaria uma grande repercussão negativa sobre a Igreja local e sobre o Brasil[18].

De volta a Salvador, o Administrador Apostólico encontrou sobre a sua mesa a seguinte declaração do Conselho Geral da Congregação, com a nomeação de uma representante para tratar da questão:

> Nós abaixo-assinadas, Madre M. Veneranda Bohlen, Superiora Geral da Congregação das Irmãs Missionárias da Imaculada Conceição da Mãe de Deus, e as Irmãs do seu Conselho, declaramos que, em relação a tudo quanto foi decidido sobre o Albergue Santo Antônio (Salvador, Bahia), nosso principal interesse é unicamente que os nossos direitos de propriedade sejam reconhecidos e que a sua administração seja garantida; mas, em primeiro lugar, que a complicada situação seja resolvida de maneira que nenhum escândalo ou qualquer dano possa resultar para a Santa Madre Igreja.
>
> Com grande confiança, passamos este delicado argumento às mãos de Vossa Excelência, o Administrador Apostólico D. Eugênio Sales, esperando que a sua competência e capacidade na presente situação sócio-religiosa possa nos ajudar a dar os passos necessários para a sua solução e para o bem das partes envolvidas.
>
> Desejamos manifestar a Vossa Excelência o nosso profundo reconhecimento pelo seu interesse e pela paterna solicitude dispensada a todas nós.
>
> Declaramos, também, estarmos de acordo com tudo que for estabelecido com relação à matéria por Vossa Excelência, o Administrador Apostólico, juntamente com a Madre Emília Rosa de Seixas Barros, Superiora Provincial da nossa Província de Santa

Cruz, e Irmã M. Escolástica Hilmer, nossa representante nesta questão.

Middleville, N.J., 19 de novembro de 1964
Madre M. Veneranda Bohlen, S.M.I.C., Superiora Geral
Irmã Mary Grace Eisinger, S.M.I.C., Secretária Geral
Irmã Maria Caríssima Rocha, S.M.I.C., Assistente Geral
Irmã M. Bernadete de Castro, S.M.I.C., Assistente Geral.

O Administrador Apostólico encontrou-se diante de um outro fato consumado: a solicitação para desenclaustrar Irmã Dulce.

D. Eugênio convocou-a e percebeu que aquilo que podia parecer um sinal de desobediência, recusando-se a afastar-se do Hospital Santo Antônio, na realidade deveria ser considerado como "necessário". "Desobediência a favor do bem comum de tanta gente que, de outro modo, ficaria sem qualquer proteção", pensou[19]. Mas por que já fora feita a solicitação para desenclausurá-la?

Irmã Dulce não lhe escondeu tudo quanto acontecera: a Madre Provincial enviara-lhe a solicitação já pronta e a ordem peremptória: ou se afaste imediatamente ou assine[20].

O Arcebispo percebeu que a situação era muito delicada para a Igreja de Salvador, pois Dulce possuía muito prestígio, não apenas por causa da sua família, mas, principalmente, pela sua dedicação a favor dos necessitados[21]. Por este motivo, colocou em primeiro lugar o bem comum da Igreja Católica de Salvador e deu todo o seu apoio à religiosa, apesar de ter procurado, ao mesmo tempo, atender às exigências da Congregação[22].

A partir do momento em que a Provincial resolvera dissolver a comunidade do Convento Santo Antônio, já se podia pensar em retirar as Irmãs designadas para outros lugares e deixar ali somente Irmã Dulce. Tendo sido encontrada a solução, surgiu, de repente, um outro problema: o hábito.

A representante, Irmã M. Escolástica Hilmer, desejava que Dulce retirasse o hábito da Congregação ou pelo menos que o mudasse, uma vez que se encontrava desenclaustrada[23].

— Nunca tive a intenção de me separar, nem nunca terei — respondeu Dulce, decidida. — Quero morrer como Religiosa, membro da nossa Congregação[24].

D. Eugênio procurou resolver o problema colocando Irmã Dulce sob a sua obediência direta e deixando que ela escolhesse o seu modo de se vestir. Em seguida, sugeriu tudo quanto Irmã Dulce escrevera na carta do dia 20 de dezembro à Madre Emília Rosa:

> "Reverenda Madre Provincial: após alguns encontros pessoais com o Excelentíssimo Administrador Apostólico, o Arcebispo da Bahia, D. Eugênio Sales, comunico a V. Reverendíssima o que segue abaixo:
>
> 1) estou de acordo com a retirada das nossas Irmãs do trabalho no Hospital do Albergue e também dos outros serviços;
>
> 2) em conformidade com a sugestão do Excelentíssimo Arcebispo, deverá haver um período para a permanência e a retirada das Irmãs, pelo menos o tempo necessário e determinado pela Congregação. Fixamos, de comum acordo, o prazo máximo de dois meses;
>
> 3) a Congregação das Irmãs Missionárias da Imaculada Conceição não terá nenhuma responsabilidade em relação às obras de construção e outras despesas feitas por mim."

E chegou o dia em que as confreiras que compartilharam as alegrias, as dores, as fadigas tiveram de deixar as Obras Sociais de Dulce: um dia muito triste para todas. No entanto, ela procurou reagir e encorajar as outras, dizendo:

— Nada deverá dificultar o nosso caminho em direção ao céu. Tristeza, desconforto, dúvidas, problemas de qualquer espécie, nada disso deve contribuir para o enfraquecimento da nossa vocação[25].

Cada uma delas partiu para exercer as novas funções e para merecer os louvores do céu.

Permaneceram no convento, cooperando com Irmã Dulce, somente as duas voluntárias leigas, Dalva e Iraci. A meia-irmã Ana Maria e a irmã Dulcinha, que morava no Rio de Janeiro, ficaram ao seu lado e vieram morar junto dela por longos períodos para ajudá-la e dar-lhe conforto.

"Quando Madre Emília Rosa retirou as Irmãs" — escreveu Dulce —, "vários sacerdotes e outras pessoas me solicitaram que eu me filiasse a uma outra Congregação ou fundasse uma nova. Não aceitei, renovando sempre, no íntimo do meu coração, a minha primeira escolha."[26]

A dor de Irmã Dulce foi grande, mas ela soube suportá-la, demonstrando sempre o bom humor e aquela devoção que sentia por servir a Jesus Cristo na pessoa do pobre. Não alimentou rancores nem fez queixas[27]. Vestida como Missionária da Imaculada Conceição — sempre com aquele hábito que a fascinara desde moça —, continuou a observar a sua vida religiosa integralmente, como antes, residindo sempre no Convento Santo Antônio[28].

Sua *Via Crucis* como desenclaustrada iria durar dez longos anos[29].

Notas

1. No dia 21 de maio de 1961 o Papa João XXIII publicara a *Mater et Magistra*, vinculando-se à *Rerum Novarum* de Leão XIII e à *Quadragesimo Anno* de Pio XI, mostrando uma significativa evolução do pensamento, da linguagem e do comportamento da Igreja sobre o problema social referente à sociedade contemporânea. Ver também Frei De Sanctis (aos cuidados de), *Encíclicas e documentos sociais: da "Rerum Novarum" à "Octagesima Adveniens"*, São Paulo, LTR, 1991.
2. Para maior compreensão desses acontecimentos, é necessário fazer um breve comentário sobre os episódios ocorridos desde o início dos anos 60. Primeiramente, acreditava-se que a causa principal da opressão, com subdesenvolvimento, atraso econômico e social em que se encontravam os países da América Latina, fosse a falta de capacidade para explorar os seus recursos econômicos. Dessa maneira, propôs-se uma estratégia para o desenvolvimento. Esta teoria dava ensejo a um novo tipo de política entre os países ricos e aqueles do Terceiro Mundo: não mais um relacionamento de domínio e de exploração, mas de cooperação e de assistência. Os Estados Unidos empenharam-se na Aliança Para o Progresso, fundada pelo presidente J. F. Kennedy em 1961, para fornecer, no espaço de dez anos, vinte milhões de dólares. Iniciou-se com o envio de missões técnicas de todos os tipos, de mão-de-obra especializada etc. Os países latino-americanos aceitaram a aliança com muito entusiasmo, mas o assassinato de Kennedy atingiu, mortalmente, também essa iniciativa. Tanto Johnson quanto Nixon deixaram que ela morresse lentamente. Por outro lado, a Aliança baseava-se em teorias econômicas erradas, que com o decorrer do tempo teriam acentuado ainda mais o abismo entre os países ricos e os pobres. Assim, em meados dos anos 60, enquanto a estratégia do desenvolvimento revelava-se completamente ineficaz, come-

çava a tomar corpo a estratégia da revolução. O exemplo de Fidel Castro conquistou para a estratégia da revolução muitos representantes de destaque do mundo político e cultural da América Meridional. O perigo comunista, então, impeliu as Forças Armadas a tomarem o poder e a constituírem governos que visavam a manutenção, a qualquer preço, da estabilidade. Cf. *Towards a Teology of Development. An annotated Bibliography*, aos cuidados de G. Bauer, Losanne, La Concorde, 1969, *passim*; M. Bonino, *Fare teologia in una situazione rivoluzionaria*, Brescia, Queriniana, 1976, pp. 56 e segs.

3. D. Hélder Pessoa Câmara nasceu em Fortaleza no dia 7 de fevereiro de 1909, filho de uma modesta família de professores. Após o seu ingresso no seminário, tornou-se sacerdote em 1931. Consagrando-se bispo em 1952, foi designado como auxiliar no Rio de Janeiro, onde se ocupou, imediatamente, com os problemas ligados à educação e à miséria, adquirindo um profundo conhecimento da sociedade brasileira. Fundou o movimento "Ação, Justiça e Paz", para uma transformação das estruturas sociais através da pressão moral não-violenta e liberatória. Após ter participado ativamente do Concílio Vaticano II, foi nomeado arcebispo de Olinda e Recife. Sua estratégia era aquela da não-violência, alinhada com Gandhi, Luther King, Papa João XXIII (cf. *Fome e sede de paz com justiça*, Milão, Massimo, 1970, p. 18). "O verdadeiro Cristianismo" — dizia — "rejeita a idéia de que alguns nascem pobres, outros ricos, e de que os pobres tenham a obrigação de aceitar a pobreza como uma vontade de Deus; enquanto a verdade é que as injustiças humanas são um problema nosso, que deve ser resolvido entre os homens, conscientes de que Cristo não aceita opressores e oprimidos, mas quer a todos em nível humano, nem subumanizados pela miséria, nem desumanizados pela riqueza", em *Violenza dei pacifici*, Milão, Massimo, 1974, p. 31.
4. Por tudo quanto foi dito nesse parágrafo, ver Língua, pp. 139-145; Márcio M. Alves, *A Igreja e a política no Brasil*, São Paulo, Brasiliense, 1979; em particular, Antônio F. de O. Pierucci — Beatriz M. de Souza — Candido P. F. de Camargo, *Igreja Católica: 1945-1970* e várias outras contribuições no volume aos cuidados de Boris Fausto. *História geral da civilização brasileira*, vol. III, 4, Bertrand Brasil, São Paulo, 1986; Scott Mainwaring, *Igreja católica e política no Brasil (1916-1985)*, São Paulo, Brasiliense, 1989.
5. A Lei municipal nº 998, de 12 de fevereiro de 1960, no dia 20 de setembro fora inscrita na Diretoria de Assistência Social da Secretaria de Saúde Pú-

blica e Assistência Social do Estato da Bahia (nº 349) e no dia 12 de outubro no Conselho Nacional de Serviço Social do Ministério de Educação e Cultura (nº 111.519); no dia 26 de agosto de 1964, obtivera o reconhecimento estadual (Lei nº 2.034), ver Declaração de Vontade de Irmã Dulce de 22.09.1974.

6. *A Tarde* de 30.07.1979.
7. Cf. Lembranças de Iraci Vaz Lordelo.
8. Será Provincial nos anos 1964-1970; 1970-1973; 1982-1984.
9. Cf. Lembranças de Irmã Maria das Neves de Alencar.
10. Cf. Lembranças de Irmã Eufrásia Ferreira Costa, de Maria Rita Pontes. D. Dalva tinha treze anos quando conheceu Irmã Dulce, que ministrava catecismo na Igreja de Massaranduba. A mãe pedira à Irmã que conseguisse um emprego para a filha. Assim, Dalva ficou encarregada da limpeza do Posto Médico da rua Lélis Piedade, e acompanhava Dulce no pedido de esmolas. Mais tarde, tornou-se a responsável pelo setor de raios X e pela farmácia do Círculo Operário. D. Iraci conheceu Irmã Dulce por intermédio de Frei Hildebrando. Trabalhou com ela no Posto Médico, no Círculo e no Albergue. Ambas muito ligadas a Dulce, não podiam abandoná-la naquele momento delicado, como também pelo resto da vida.
11. Cf. Lembranças de Irmã Emília Rosa de Seixas Barros. Já em 1943 o Conselho Provincial decretara algumas medidas restritivas em relação a Dulce: "1º) Irmã Dulce não poderá se ocupar da parte administrativa do Círculo Operário, devendo se dedicar apenas às obras de beneficência. 2º) Observará nas suas obras de zelo apostólico o regulamento ditado pela Superiora local no que diz respeito à carga horária de trabalho. 3º) Não poderá, sem a autorização das Superioras Maiores, uma vez que tudo depende delas, ampliar o campo de ação do Círculo Operário, orientando ou fundando outros setores. 4º) Não lhe é permitido tomar parte na direção do Círculo Operário, nem assinar promissórias ou outros documentos cuja responsabilidade seja do mencionado Círculo, nem assinar artigos que possam ser publicados. 5º) Exceto em momentos obrigatórios e nas festividades nas quais deva estar presente junto à escola do Círculo, não poderá participar de outras manifestações públicas." Em 1950, após o Capítulo Geral nos Estados Unidos, a Provincial destinara ao Convento Santo Antônio uma irmã alemã. Esta deveria substituir Irmã Dulce como Superiora, enquanto ela teria de ir para Fortaleza, mas, por motivos de

saúde, fora-lhe desaconselhada a mudança de clima, ver Lembranças de Irmã Querubina da Silva.

12. A Superiora Geral era Madre Pacífica Boennig (1936-1958), sucessora da Fundadora.
13. Cf. Lembranças de Irmã Eufrásia Ferreira Costa, de Irmã Maria das Neves de Alencar.
14. Cf. Lembranças de Irmã Eufrásia Ferreira Costa.
15. No dia 6 de julho de 1964 fora nomeado Administrador Apostólico "sede plena" da Arquidiocese de São Salvador, enquanto a nomeação para Arcebispo foi feita quatro anos depois, no dia 24 de outubro de 1968. No Consistório de 28 de março de 1969 o Papa Paulo VI fê-lo Cardeal, sendo ele transferido, em seguida, para a Arquidiocese do Rio de Janeiro (24 de abril de 1971).
16. Cf. Lembranças do próprio D. Eugênio Araújo Sales e de José Augusto Berbert de Castro.
17. O velho Cardeal encontrava-se em Roma para o Concílio e tomara parte do conclave no qual fora eleito Paulo VI (21.06.1964).
18. Cf. Lembranças de Irmã Maria das Neves de Alencar.
19. Cf. Lembranças do próprio D. Eugênio Araújo Sales.
20. Cf. Carta de Dulce de 16.05.1975.
21. Enfim, eram freqüentes diversos títulos como "Anjo", "Santa" etc. utilizados pelos jornais que refletiam o sentimento comum das pessoas, ver, por exemplo, Eva Maria Bianca, "O Anjo dos Alagados. Freira recolhe doentes e vive sua *Via Crucis*" no *Jornal do Comércio* do Rio de Janeiro de 14.07.1963; "O Anjo do Círculo Operário" e "Anjo bom de Roma" (*A Tarde* de 21.06.1954); "A Irmã da Caridade" e "Irmã Dulce é uma santa" (*A Tarde* de 3.05.1959); "A verdadeira cristã" (*A Tarde* de 12.07.1967) etc.
22. Cf. Lembranças do próprio D. Eugênio Araújo Sales.
23. Cf. Lembranças do próprio D. Eugênio Araújo Sales.
24. Carta de Irmã Dulce de 16.05.1974.
25. Carta de Irmã Dulce de 18.01.1984.
26. Carta de Irmã Dulce de 16.05.1975.
27. "Quando a Madre Provincial, Emília Rosa, retirou as Irmãs do hospital, Irmã Dulce sofreu muito, mas não alimentou nenhum rancor em relação a ela, e todos os dias rezava pela Madre. Quando a Provincial passava pela Obra, Dulce a tratava com toda a atenção e afeto, como se nada tivesse

acontecido. Ela nunca me disse que aquela era a Madre que a fizera sofrer tanto", relembra Irmã Olívia Lucinda.

28. Cf. Lembranças de Irmã Eufrásia Ferreira Costa.

29. Ver as cartas de 4.12.1965 (é desenclausturada e obtém a relativa dispensa, concedida por dois anos); 29.12.1967 (prorrogação por mais dois anos e tomada de conhecimento por parte do Conselho Generalício 24.01.1968 e 14.02.1968); 30.01.1970 (segunda prorrogação); 28.02.1972 (terceira prorrogação e comunicação do Gabinete do Arcebispo 20.12.1972); 22.05.1974 (quarta prorrogação e comunicação da Provincial, 17.06.1974).

XIX

Os anos 60 foram particularmente intensos para Irmã Dulce, quer pelo seu trabalho quer pelo seu empenho na administração das Obras. Era necessário providenciar, a cada dia, os recursos para a manutenção de tudo quanto fora feito em Salvador com o Albergue Santo Antônio, que estava se transformando em um novo hospital, e também em Simões Filho, onde o Centro de Recuperação estava assumindo as características de uma verdadeira cidade dos rapazes.

Ela sentia profundamente a falta das confreiras. Por algum tempo, não recebeu a visita de uma delas sequer. Às vezes, esse sofrimento se tornava a fonte de outras amarguras, já que os abastados falavam da sua escolha com desdém. Na realidade, eram poucos; mesmo assim, quando uma criança chora, faz mais barulho do que cem adultos.

Depois de quase três anos, o contato com a Superiora Geral foi retomado parcialmente, já que esta, sempre que a ocasião se apresentava, desejava apenas sondar as intenções de Dulce. Ela, porém, sentia apenas alegria por não ter sido esquecida. Assim, através desses contatos ficavam conhecendo sua atividade, seu estado de espírito, sua inabalável confiança na Providência e tantos outros aspectos que as nossas palavras não seriam capazes de reproduzir.

Podemos ler na sua primeira carta, depois de tanto tempo:

> Cara Madre, recebi a sua carta. Fiquei muito honrada, porque há muito tempo não recebia uma carta tão boa. Eu continuo, como sempre, trabalhando muito. A senhora pode ficar tranqüila, pois estou me ocupando com as mesmas coisas do tempo em que estava com as outras Irmãs, com uma única diferença: tenho muito mais trabalho. Não repare a letra; pedi a uma moça daqui para escrever, pois quebrei o braço direito; mas continuo trabalhando do mesmo jeito. Não me esqueço da senhora e das Irmãs. O Hospital está cheio de doentes. Um benfeitor construiu um pavilhão para colocarmos sessenta enfermos. Quinze dias atrás, estive com D. Eugênio.[1]

E concluiu, dizendo que estava assinando com a mão esquerda[2].

Ela nunca poderia imaginar que em poucos dias receberia uma outra carta, à qual respondeu de maneira bem mais articulada e fornecendo muitos outros pequenos detalhes.

> Reverendíssima Madre Veneranda Bohlen, recebi a sua carta do dia 16 p.p. As palavras gentis me comoveram imensamente e fizeram com que eu percebesse que ainda continuo a merecer a sua estima e o seu apoio. Fiquei moralmente confortada e mais uma vez recebi um estímulo para superar as dificuldades do dia-a-dia e, particularmente, as incompreensões de alguns com relação aos meus propósitos de servir bem a Deus e aos pobres.
>
> Confesso ter ficado enternecida com as suas delicadas expressões e, principalmente, com as orações a Nosso Senhor, para que Nele tenha a força, o apoio de que necessito para poder cumprir a missão de que Ele me incumbiu.

Certamente a senhora está informada sobre a situação econômico-financeira que vivemos no Brasil. Posso avaliar os reflexos dessa situação quando compro alimentos, remédios e tudo aquilo que é necessário para manter os serviços assistenciais da nossa Associação. Não pude deixar de recorrer ao Excelentíssimo Reverendo D. Eugênio Sales e estou certa de que ele irá me ajudar. Renovo, minha cara e sempre lembrada Madre Veneranda, os meus sinceros agradecimentos pela gentileza de sua carta, pelo apoio moral e espiritual que nela encontrei."[3]

Passado o Natal, Dulce recebeu um cartão com um cheque, graças ao qual comprou um par de sapatos e outras miudezas. Agradeceu-lhe e perguntou-lhe se ela estava disposta a renovar a sua permanência fora da Congregação, já que estivera com o Arcebispo e ele lhe dissera que somente a Madre Geral poderia conceder-lhe a renovação. Assim, informava: "Continuo como sempre. A miséria e os pobres aumentam cada vez mais, e os recursos são poucos. Minha saúde tem altos e baixos, estou mais magra. Celebramos missa todos os dias, e os doentes são assistidos por um padre idoso, mas muito prestativo."[4]

Passaram-se dois anos. O trabalho a absorvia completamente, e ela sentia o grande peso da solidão sobre os ombros. As confreiras, que antes vinham, pelo menos, fazer-lhe uma visita, nunca mais apareceram. Ela desejava frisar que a sua vida de oração continuava imutável e, principalmente, fazia questão de desmentir qualquer boato maldoso a respeito do hábito:

Cara Madre, pode ser que a senhora ache que eu já me esqueci da senhora, porque nunca mais escrevi... Foi a falta de tempo, mas não me esqueci da boa Madre, e, todas as vezes que rezo o terço com os doentes, peço a Deus pela senhora. Continuo, como sempre, com muito trabalho. Recebo a Santa Comunhão todos os dias e faço as minhas orações. Visto sempre o hábito santo de Maria Imaculada e com ele espero morrer. Não mudei de hábito. Espero que Deus me conceda a graça de preservá-lo até o fim. Aqui na Bahia, somente eu uso o hábito azul e branco. Nunca mais vi as nossas irmãs. Aquelas que vinham sempre me visitar eram Irmãs Gaudência, Escolástica e Constância. Estou sozinha; não só, porque estou com Deus. Às vezes, sinto saudade dos bons tempos do noviciado, dos primeiros anos. Agora só tenho a Deus e ao trabalho, que é muito difícil e duro. Mas tudo aquilo que se faz por Deus na pessoa do pobre é pouco. Quando a senhora puder me mandar algum dinheiro, serei muito grata. Estou precisando de sapatos e de camisas. O hábito e o escapulário, eu ainda tenho. Por favor, mande também terços e santinhos para os doentes."[5]

O trabalho com os doentes, as obras de ampliação e de construção do hospital, o centro de Simões Filho, as necessidades dos pobres, o pedido de esmolas para o sustento de todo aquele imenso aparato — dá medo só em pensar. E, como se não bastasse, o vencimento do período de desenclaustro continuava a pender sobre a sua cabeça: abandonar tudo e voltar para o seio da Congregação ou pedir uma prorrogação?

Não havia dúvidas. Mas tudo isso provoca arrepios quando lemos as suas palavras:

Reverenda Madre Geral, somente hoje posso responder às duas cartas que a senhora me mandou e agradecer o cheque, pelo qual fico muito grata à senhora. O trabalho aumentou muito, já que não existe um hospital para os pobres em Salvador. Somente o nosso.

Eu continuo sempre da mesma maneira, não descuido da minha Santa Comunhão e das minhas orações. Minha vida é toda dedicada a Deus e aos pobres.

Com relação ao desenclaustro, é um problema que devemos resolver, pois não posso deixar o hospital desamparado, principalmente durante a noite. Sinto muita saudade das irmãs, da comunidade, mas enfrento até mesmo este sacrifício pelos pobres. Por tudo isso, peço-lhe que me conceda um pouco mais de tempo, eu lhe agradeço de todo o coração. Veja se é possível obter outros dois ou três anos. Estou um pouco melhor de saúde, apesar de ter perdido muito peso.

Anexo um artigo sobre o nosso hospital. D. Eugênio ficou muito satisfeito e elogiou publicamente o nosso trabalho. (...) Eu gostaria que a senhora me mandasse uns duzentos terços e santinhos para os doentes. Ah! Precisamos também de paramentos verdes para a nossa capela.

Adeus, cara Madre! Abençoe a filha que lhe quer muito bem e que deseja morrer como Irmã Dulce, Missionária da Imaculada Conceição."[6]

Quando lhe comunicaram a prorrogação do desenclaustro, ela agradeceu infinitamente à Superiora, frisando, sempre, que era "a única que se lembra de mim", e aproveitou a ocasião para lhe mandar a fotografia do novo hospital:

"Anexo uma fotografia do hospital. A senhora se lembra daqueles barracos de madeira em frente ao convento? Foi lá que construímos o novo hospital. Mando também uma fotografia tirada junto com o governador e o Cardeal. D. Eugênio gostou muito do hospital. Como vão as irmãs? Me lembro sempre de todas. Peço que rezem por mim. Agradeço-lhe novamente de todo coração pelo bem que me fez. A saúde vai bem, graças a Deus."[7]

Ao ser informada da eleição da nova Superiora Geral, Madre Maria Pia Nienhaus[8], ela escreveu-lhe para comunicar tudo que fora feito até aquele momento, fornecendo também algumas cifras: "Graças a Deus, estou bem, apesar do grande volume de trabalho. Temos 305 doentes internados no nosso pequeno hospital, que também já é hospital-escola, com 12 cirurgiões e 170 estudantes que trabalham para os pobres. Nossa despesa mensal é de Cr$ 35.000,00; no entanto, a Divina Providência nunca nos abandonou[9]. (...) Fique tranqüila com relação a mim. Serei Irmã da Imaculada Conceição até o fim, com a graça de Deus."[10]

Tudo quanto foi dito por Irmã Dulce poderia parecer um exagero, mas basta folhear os jornais da época para percebermos que ela estava mais inclinada a redimensionar a sua obra do que a aumentá-la. É muito interessante o que podemos apreender de uma entrevista sua com um jornalista.

— Irmã Dulce, a senhora é uma santa? — perguntara-lhe à queima-roupa o jornalista João Santana Filho[11].

— Não, sou uma pobre filha de Deus — foi a sua resposta.

E o jornalista comentara:

— E essa pobre filha de Deus enfrenta uma luta de gigantes. Esquecida por alguns, lembrada por outros, para ela não há tempo para o esmorecimento. O seu hospital, que hoje conta com quase quinhentos leitos, começou a partir de um galinheiro. O Albergue, o Centro Educacional, começaram quando, um dia, a frágil freirinha arrombou a porta de uma casa abandonada (...)

— Prefiro trabalhar em silêncio. O importante é fazer a caridade, não falar da caridade — continuara Dulce. — Não me cansei, esta é a minha missão. Considero tudo que foi conseguido até hoje como um milagre de Deus.

Sobre a sua vida, os seus esforços, ela nada tem a declarar, fora a conclusão forçada do jornalista.

— Vale a pena falar sobre mim mesma? — perguntara, tranqüila.

— Talvez a senhora tenha razão; não é necessário falar sobre a sua vida. Ela está presente em todo aquele mundo que a senhora construiu — comentou.

"O Hospital Santo Antônio possui quatrocentos leitos e dá atendimento a um número incalculável de pessoas que têm necessidade de serem internadas. Todos os dias há uma fila interminável diante do hospital. Irmã Dulce tem sempre uma palavra de conforto para todos.

"Todas as suas instalações foram remodeladas recentemente, e o hospital ainda está em fase de organização. O número de doentes é muito grande, e o hospital não pode abrigar a todos. Isso entristece Irmã Dulce, que irá comemorar o aniversário da sua profissão religiosa com um problema: o hospital possui um número muito grande de pacientes, mas não existem leitos para todos. Esta semana, uma parte da câmara mortuária deverá ser usada como alojamento para os vivos..."

Irmã Dulce acrescentara:

— O importante é o amor, a caridade. Não apenas a esmola, mas a caridade de uma pessoa pela outra, sem distinções. A esmola ajuda a resolver o problema em parte, mas todos devem se ajudar reciprocamente. Aqui no nosso Centro, não nos limitamos a dar esmolas: nos esforçamos para dar às pessoas a possibilidade de melhorarem de vida.

O jornalista continuara o seu artigo com a constatação de que ela vivia cada dia com uma grande dedicação. Acordava cedo pela manhã e saía à procura de ajuda. Recebia subsídios estaduais, mas as despesas eram sempre crescentes.

— O dinheiro é pouco, mas também os governos estão atravessando um momento difícil — comentara Dulce.

O homem tentara abordar este assunto com ela, mas constatou que Dulce não reclamava de ninguém, "todos são bons para ela"[12]. Em seguida, fez com que ela falasse sobre as coisas de que gostava e, principalmente, que dissesse o que pensava sobre a juventude.

Irmã Dulce gostava de música, de pássaros e de flores.

— Também gosto muito da juventude, que é boa e entusiasta. As roupas, a moda, ninguém pode reprová-los. Devemos respeitar as novas idéias — dissera.

Sua paz interior e o amor, a paixão por tudo aquilo que fazia, haviam alimentado a criança que existia dentro dela: dessa maneira, sua alma, agora com quase sessenta anos, conservara ainda intacta aquela ingenuidade, aquela alegria, aquele frescor que haviam caracterizado a sua juventude. Tudo isto podia ser percebido pelos seus interlocutores, e ainda hoje pode ser percebido em suas palavras, em suas expressões, em seus gestos...

Tudo que conseguia era somente para os pobres, e nem ao menos um centavo conservava para si, para qualquer coisa de que necessitasse: afinal, fizera o voto de pobreza.

Ficamos enternecidos ao ler expressões como a que se segue, colocada no final de uma carta enviada à nova Superiora Geral: "Se a senhora puder, me ajude a comprar um par de óculos."[13]

Notas

1. Trata-se do Arcebispo de Salvador. Dessa maneira, dá a entender que é seguida pelo Prelado, na qualidade de Superior.
2. Carta de 16.03.1967 de Irmã Dulce à Madre Veneranda Bohlen. Bohlen foi Superiora Geral no período de 1958 até 1970.
3. Carta de 22.03.1967 de Irmã Dulce à Madre Veneranda Bohlen.
4. Carta de 28.12.1967 de Irmã Dulce à Madre Veneranda Bohlen.
5. Carta de 8.05.1969 de Irmã Dulce à Madre Veneranda Bohlen.
6. Carta de 6.02.1970 de Irmã Dulce à Madre Veneranda Bohlen.
7. Carta de 20.02.1970 de Irmã Dulce à Madre Veneranda Bohlen.
8. Foi Superiora Geral no período de 1970 até 1976.
9. Em uma outra carta escrita no final do ano, ela declara ter "346 pacientes, todos indigentes. O esforço para mantê-los é grande; no entanto, a Providência não falta", ver Carta de 12.11.1971 de Irmã Dulce à Madre Maria Pia Nienhaus.
10. Carta de 3.01.1971 de Irmã Dulce à Madre Maria Pia Nienhaus.
11. *Jornal da Bahia* de 15.08.1971. Transcrevemos algumas passagens desse artigo.
12. Cf. também Lembranças do governador Antônio Lomanto Júnior.
13. Carta de 12.11.1971 de Irmã Dulce à Madre Maria Pia Nienhaus.

XX

A caridade de Irmã Dulce era ilimitada, e ela não se considerava satisfeita com os meios à sua disposição para assistir os mais necessitados. Muitas vezes teve que adaptar um setor para poder socorrer o maior número possível de pobres.

No entanto, o problema maior não consistia na construção material dos pavilhões e dos edifícios necessários para realizar a obra de caridade; para esse fim, era muito fácil encontrar quem fizesse as ofertas. O Sr. Norberto Odebrecht, na realidade, encarregava-se da construção, e muitos outros ofereciam dinheiro para possibilitar a concretização daqueles projetos. A grande dificuldade era manter toda aquela estrutura em funcionamento.

Até aquele momento, as coisas estavam muito desorganizadas, pois, mesmo com a existência de uma associação que deveria ajudá-la, na realidade toda a responsabilidade ficava sobre os seus ombros.

Muitos se ofereciam como voluntários para trabalhar junto com ela e, segundo as normas sociais, estabeleciam um vínculo empregatício, sem que Irmã Dulce percebesse os graves problemas que poderiam ser criados para ela se não estivessem agindo de boa-fé.

Isto não fazia parte da mentalidade e da opinião que Irmã Dulce tinha do próximo, mas algumas pessoas competentes estavam plenamente convencidas daquele risco e, assim, começaram a aconselhá-la no sentido de transformar a Associação em Fundação. Dessa maneira, a instituição, que possuía a necessidade constante de dinheiro para sobreviver, não ficaria sujeita à precariedade diária; ao contrário, poderia contar com um fundo que lhe permitiria funcionar bem, mesmo nos momentos ou períodos difíceis.

— E a Providência? Agindo dessa maneira, demonstramos não ter confiança na Providência — respondia Dulce, com perplexidade.

Quando as solicitações do novo arcebispo, D. Avelar Brandão Vilela[1], somaram-se àquelas do Dr. José Joaquim Moraes de Carvalho e do Sr. Ângelo Calmon de Sá, fazendo com que ela entendesse o quanto era importante usar a prudência e a perspicácia, ela cedeu, com relutância.

É importante ressaltar a ênfase que foi dada à necessidade de salvar a Obra, levando em consideração a saúde delicada de Dulce. Assim sendo, chegou-se, finalmente, a uma Declaração de Vontade[2], tendo em vista a transformação.

Eis o texto redigido por Dulce:

> Sempre com maior preocupação pelo futuro da Associação Obras Sociais Irmã Dulce, após diversas consultas e com o total apoio do Conselho Geral, resolvi convocar uma reunião extraordinária deste organismo para transformar a Associação Obras Sociais Irmã Dulce em Fundação.
>
> Se, neste ínterim, esta transformação não for realizada, e, na eventualidade de minha morte, é minha determinação e declaração de última vontade que a Direção da Associação Obras So-

ciais Irmã Dulce seja entregue a uma Comissão composta pelos senhores Dr. Manoel Joaquim de Carvalho Júnior, Adalício de Almeida Santos e Dr. José Joaquim Moraes de Carvalho, os quais deverão assumir inteira responsabilidade de continuar a modesta Obra que Deus, por meu intermédio, dignou-se a realizar, assim como cuidar e zelar pela continuação e execução das suas finalidades.

A escolha desses nomes não representa nenhum demérito para todos aqueles que tão generosamente ajudaram e ajudam a manter a Instituição. Representa somente uma preocupação minha em deixar a Instituição nas mãos de amigos dedicados, que conheçam os nossos problemas e os nossos sofrimentos diários.

Insisto, para a minha tranqüilidade espiritual, que Deus nunca permita que o Hospital Santo Antônio se transforme em fonte de renda sob qualquer pretexto, conservando sempre a sua finalidade de atender aos pobres, aos doentes e aos necessitados gratuitamente e com toda a dedicação.

Deus, que tanto nos ajudou nas horas difíceis, certamente não abandonará aqueles que se propuserem a tutelar e a manter a Instituição fiel a suas finalidades, às quais tanto me dediquei.

Estou tranqüila com a certeza de que, apesar de não ter nenhum mérito, minha declaração de última vontade será respeitada. Deus irá zelar e abençoar a todos.

A essa altura Irmã Dulce julgou ter organizado as coisas de tal maneira que não fosse preciso fazer uma ulterior solicitação de desenclaustro. Estava confiante; mesmo porque a Provincial era outra e talvez não mais mantivesse aquela posição de intransigência que fora a origem de tantos sofrimentos. As coisas não eram assim tão simples e fáceis, já que os preconceitos e medos permaneciam; no entanto, dessa vez havia a disponibilidade para que o caso fosse reexaminado.

No dia 16 de maio de 1975 Dulce escreveu à Irmã Maria Auxiliadora Graça Leite[3] nos seguintes termos:

> Em virtude do término, no próximo dia 22, do período para o meu desenclaustro, venho solicitar à Reverenda Madre Provincial e ao seu Conselho minha plena reintegração em nossa Congregação das Irmãs Missionárias da Imaculada Conceição da Mãe de Deus, da qual nunca pretendi me separar nem irei pretender nunca: quero morrer como Religiosa, membro da nossa Congregação.
>
> Assim que a Madre Emília Rosa de Seixas Barros retirou as irmãs do Convento Santo Antônio, diversos sacerdotes e outras pessoas me aconselharam a me filiar a uma outra Congregação ou a fundar uma nova. Não aceitei, renovando sempre no fundo do meu coração a minha primeira escolha.
>
> Repito que jamais passou pela minha cabeça a intenção de deixar a Congregação; e se assinei o documento de solicitação de desenclaustro, foi por ordem da Provincial naquela época.
>
> Agora, acredito que a atual Provincial e o seu Conselho nada tenham contra a reintegração de uma irmã que, durante dez anos de desenclaustro, permaneceu fiel à sua vocação.
>
> Falei com Sua Eminência, o Senhor Cardeal Arcebispo Primaz, D. Avelar Brandão Vilela, que apóia a minha solicitação.

A Provincial e o seu Conselho mexeram-se rapidamente: escreveram ao Papa Paulo VI, solicitando a reintegração, e ao Arcebispo Primaz, a quem enviaram, também, um resumo da ata do Conselho[4]. Na realidade, surgira um problema: se Dulce fosse reintegrada na Congregação, sendo presidenta das Obras Sociais, qual teria sido a responsabilidade da própria Congregação?

D. Avelar solicitou uma declaração da Direção das Obras Sociais e procurou um advogado especializado no assunto para ouvir seu parecer. O advogado Barachísio Lisboa estudou o caso e enviou-lhe um relatório detalhado sobre a questão, no qual ficava evidenciado o fato de que a Congregação não possuía nenhum vínculo jurídico ou de qualquer outra natureza com a Associação; com base no Direito brasileiro, "esta Associação, assim legalmente constituída, possui uma existência distinta da pessoa física Irmã Dulce, como de todas as outras que compõem o quadro associativo"[5].

Fortalecido por este parecer, o Cardeal foi ter diretamente com a Superiora Geral, Irmã Pia Nienhaus: "Venho lhe fazer um apelo com relação à readmissão de Irmã Dulce na Congregação. Acredito que tenha chegado o momento de dar-lhe esse conforto espiritual. Ela deseja, ardentemente, merecer essa graça. E, de fato, merece-a. O caso de Irmã Dulce deve ser enquadrado de maneira particular. (...) Considero que a concessão solicitada seria uma obra de caridade e de justiça. Por outro lado, não existe nenhum perigo em relação ao compromisso financeiro. Leia com atenção a declaração dos Diretores da Obra e o parecer do eminente advogado Barachísio Lisboa."[6]

A essa altura a Superiora Geral e o Conselho, persuadidos pela documentação anexada, tomaram as providências necessárias junto à Congregação dos Religiosos em Roma[7].

Irmã Maria Auxiliadora Graça Leite, a Provincial, dois dias antes do término do seu mandato, teve o prazer de enviar ao Arcebispo "uma cópia da carta circular que hoje tivemos a felicidade de transmitir à nossa Província para comunicar a plena reintegração de Irmã Dulce na Congregação. Na ocasião, queira Vossa Excelência aceitar os nossos agradecimentos pelo interesse sempre demonstrado por Irmã Dulce e, de modo particular, pela causa de sua plena reintegração."[8]

Assim, Dulce recebeu a comunicação oficial de que a Congregação a aceitara em seu seio novamente. Como sempre, ela fora ao convento D. Amando, onde ficava a sede da Província. A nova Provincial, Irmã Eufrásia Ferreira Costa[9], comunicara a notícia às confreiras; e, então, uma delas apresentara a Dulce as congratulações pelo retorno à Congregação. Dulce olhou-a sorrindo e respondeu-lhe:

— Irmã, aceito as congratulações, mas não posso dizer que voltei, porque eu nunca fui embora daqui[10].

O homem não pode jamais ser completamente feliz nesta terra: freqüentemente, uma grande alegria corresponde a uma grande dor ou vice-versa. Irmã Dulce não podia fugir a essa regra.

No dia 26 de fevereiro de 1976 seu pai fechou os olhos para sempre. Dulce diria, dali em diante, sem meias palavras, que aquele fora o dia mais triste de toda a sua vida. Na realidade, o Dr. Augusto fora sempre a sua sombra e o seu apoio em todos os momentos de sua existência[11].

Notas

1. O Cardeal Eugênio de Araújo Sales fora transferido para a Arquidiocese do Rio de Janeiro em 24 de abril de 1971; para substituí-lo fora nomeado no dia 30 de maio de 1971 D. Avelar Brandão Vilela, bispo de Petrolina e Teresina, que já era presidente do CELAM (Conselho Episcopal Latino-americano) nos anos 1966-1967. Em 22 de fevereiro de 1973 foi eleito Cardeal, e recebeu a mitra cardinalícia das mãos do Papa Paulo VI no Vaticano, no dia 5 de março. Morreu no dia 19 de dezembro de 1986 e foi sepultado na Catedral de Salvador.

2. Declaração de vontade de 22.09.1974, registrada no dia 1° de outubro de 1974 (Registro Especial de Títulos e Documentos n° 40.056, B-85). Tudo quanto foi dito nesses parágrafos baseia-se nas Lembranças dos Srs. Norberto Odebrecht e Ângelo Calmon de Sá.
3. Foi Superiora Provincial no período de 1973 a 1976. Cf. também as suas Lembranças.
4. Ver Cartas de 21.05.1975 e de 23.06.1975 (com relação às medidas para a readmissão).
5. Carta de 29.08.1975.
6. Carta de 5.09.1975.
7. Existe uma substanciosa correspondência a esse respeito, na qual podemos ver o decidido interesse do Cardeal Vilela para solucionar a questão, ver Carta de 29.09.1975 da Superiora Geral ao Cardeal, Carta de 7.10.1975 do Cardeal à Superiora Provincial. Carta de 14.11.1975 da Superiora Provincial ao Cardeal.
8. Cartas de 2.01.1976.
9. Superiora Provincial no período de 1976 a 1984.
10. Lembranças de Irmã Eufrásia Ferreira Costa.
11. Cf. Carta de 11.05.1976. Os familiares lembram que o Dr. Augusto, já doente, participara intensamente do sofrimento da filha devido ao desenclaustro; assim, ele recebeu a notícia da reintegração com alívio, e costumava dizer que já podia morrer em paz, ver Lembranças de Dulcinha e de Maria Rita.

XXI

No mês de julho de 1979 o Cardeal Arcebispo D. Avelar Brandão Vilela convidou Madre Teresa de Calcutá para ir a Salvador, por ocasião da abertura de uma casa em Alagados. Irmã Dulce aproveitou a oportunidade para conhecer aquele personagem famoso que estava para receber o Prêmio Nobel da Paz.

Ela começava a se preocupar com o futuro da Obra; por isso, assim que surgiu uma oportunidade, e com a ajuda de um intérprete[1], pediu à Madre Teresa se podia contar com ela.

Madre Teresa se esquivou, dizendo que o trabalho realizado por Dulce era diferente do seu[2], e acrescentou:

— Eu desejo trabalhar para os pobres, mas sem a responsabilidade financeira[3].

Chovia forte e soprava um vento irritante naquele 7 de julho de 1980 quando o Papa João Paulo II aterrissou no aeroporto de Salvador durante a sua primeira visita ao Brasil.

O general Gustavo Moraes Rego fez questão de que Irmã Dulce comparecesse entre as autoridades que iriam receber o Pontífice, ou melhor, conduziu-a no seu próprio automóvel.

Dulce estava tão emocionada por encontrar o Papa que nem conseguia falar.

Em seguida, quando houve a celebração no centro de Salvador, havia aproximadamente meio milhão de pessoas em festa. O ritmo dos atabaques, agogôs e berimbaus[4] fazia com que Salvador parecesse a capital africana do Brasil. Foi uma festa tipicamente baiana, envolvente, que conseguiu arrancar muitas lágrimas.

No final da celebração, Irmã Dulce foi convidada a subir ao altar para receber a bênção especial do Pontífice.

Houve um momento de silêncio no meio daquela imensa massa de gente quando todos viram a sua frágil figura branca e azul subir os degraus do grande palco onde fora montado o altar. O vento agitava as suas vestes e parecia querer levá-la embora dali de um momento para outro. Quando ela se ajoelhou diante do Papa, a multidão explodiu em aplausos que se misturaram ao som dos instrumentos de percussão, dos fogos de artifício, aos gritos de alegria... "Ela merece", "Viva Irmã Dulce", "Irmã Dulce é nossa mãe"... O amor que Salvador nutria pelo seu "anjo da guarda" pôde se manifestar livremente.

O Papa retirou do bolso uma coroa do rosário e ofereceu a ela, dizendo: "Continue, Irmã Dulce, continue." Em seguida, os dois conversaram. O que eles disseram, não podemos saber, pois a modéstia e a humildade foram mais fortes, e Dulce jamais revelou o conteúdo daquela conversa a ninguém. Disse apenas que "sentia muita vergonha ao ouvir toda aquela gente gritando o seu nome"[5].

Ao despedir-se de João Paulo II no aeroporto, ele recomendou-lhe:

— Continue, Irmã, mas cuide da sua saúde. É necessário que a senhora se poupe um pouco mais.

A fragilidade e a fraqueza de Dulce não passaram despercebidas ao Pontífice. Na verdade, dali a poucos dias ela teve de ser internada em uma clínica cardiopulmonar, devido a uma forte crise respiratória.

Passaram-se aproximadamente vinte dias antes que ela pudesse apresentar alguma melhora, e, para que ela ficasse mais tranqüila, a irmã Dulcinha veio do Rio para substituí-la e cobrir as necessidades da Obra.

Quando Irmã Dulce retornou ao Santo Antônio, chorou de emoção ao encontrar-se diante dos rapazes, velhos, doentes, empregados, médicos, voluntários, e das irmãs Olívia e Emerência, da sua Congregação, para recebê-la em festa[6].

Aquelas grandes e pequenas expressões de amor foram para ela como uma linfa vital.

Irmã Dulce sabia muito bem aonde queria chegar e fazia de tudo para conseguir os objetivos aos quais se propusera; no entanto, acatava as observações feitas pelas pessoas competentes nos setores para os quais não estava preparada. Na realidade, depois de ter redigido a Declaração de Vontade com vistas à transformação da Associação em Fundação, ela apoiou-se na competência do Cardeal, assim como nos especialistas do setor jurídico e econômico, para a elaboração do Estatuto. Tomava conhecimento de tudo e discutia o seu conteúdo para poder compreender melhor. Demonstrava, ainda uma vez, possuir uma grande firmeza, sem criar, no entanto, nenhum tipo de atrito. Nas discussões onde existisse alguma divergência, ela nem ao menos se irritava, esperando, com paciência e determinação, o momento oportuno para fazer aquilo que julgava conveniente[7].

A recente crise respiratória foi o pretexto para que os colaboradores fizessem propostas no sentido das iniciativas a serem tomadas para garantir o futuro das Obras.

Uma vez aceita a idéia de criar um fundo financeiro, Dulce foi até as grandes indústrias do Pólo Petroquímico de Camaçari, que muito a ajudaram nesse sentido.

Finalmente, em 1981, nasceu a Fundação Irmã Dulce, tendo sido chamados para fazer parte do Conselho de Administração: Ângelo Calmon de Sá, na qualidade de presidente, Norberto Odebrecht, Euvaldo Luz, Mamede Paes Mendonça, Paulo Sérgio Tourinho, Humberto Castro, Jorge Calmon, J.J. Calmon dos Passos, Taciano Francisco de Paula Campos e José Joaquim Moraes de Carvalho[8].

O projeto do novo hospital ocupou Irmã Dulce excessivamente na obtenção dos fundos para a construção, fazendo com que ela recorresse a todo e qualquer tipo de iniciativa[9]. Ela aceitou até mesmo aparecer na televisão:

— Tudo que puder ajudar a obra, eu considero bom. Durante muitos anos, eu pouco falei aos jornais, à televisão, pois intimamente me sinto, até hoje, muito embaraçada e cheia de vergonha. Mas entendi que era uma necessidade e, ultimamente, tenho me mostrado mais. No entanto, não existe a mínima sombra de vaidade, mesmo porque sei perfeitamente que não sou eu quem está agindo. É Deus. Depois, não vejo nada do que é publicado pelos jornais ou que aparece na televisão"[10].

A transmissão do programa *Caso Verdade* pela TV Globo deu a conhecer a obra de Dulce ao Brasil inteiro "como uma lição de solidariedade humana de alguém que dedicou a própria vida aos mais pobres entre os pobres"[11].

O hospital estava sendo acrescido de novos pavilhões[12], "simples, mas com muita luz e ventilação, a fim de proporcionar aos doentes condições mais humanas e facilitar as terapias médicas", escrevia

Dulce à nova Superiora Geral, Madre Ruthanne Steiner[13], e acrescentava: "o nosso Hospital Santo Antônio é o único no estado que não recusa os doentes a qualquer hora do dia ou da noite. É um milagre da Divina Providência! Temos 52 médicos voluntários que trabalham com grande dedicação para 436 doentes. No ano que vem [janeiro de 1983, com o acréscimo dos novos pavilhões], teremos a possibilidade de assistir 800 internados, gratuitamente. Entre o hospital e o orfanato, contamos com 200 empregados remunerados. No orfanato, existem 170 jovens órfãos. Eles estudam, aprendem alguns ofícios, trabalham como carpinteiros e também na agricultura. Todos os dias, rezam o terço na igreja do colégio. No dia 18 faremos as primeiras comunhões e os batizados de muitos deles"[14].

Como podemos deduzir das suas próprias palavras, após a constituição da Fundação tudo pôde enveredar por uma estrada diferente: a Associação tinha liberdade de contratar qualquer pessoa, agindo em conformidade com a legislação. Finalmente, e com muita relutância por parte de Irmã Dulce, pois ela insistia que só tinha convênio com Deus, a Fundação celebrou um acordo com o INSS para a prestação dos serviços, através de uma lei que entrara em vigor durante a gestão do então ministro da Previdência, Sr. Waldir Pires, que morava em Salvador e conhecia a extensão da Obra.[15]

Nesse sentido, é muito significativa a carta que ela escreveu ao presidente da Associação e da Fundação[16]:

> Estimado irmão Dr. Ângelo (benfeitor),
>
> Esta é uma carta-testamento. Entrego às suas mãos generosas e ao seu bondoso coração os nossos doentes, os nossos pobres, as nossas crianças. Sei que, agindo assim, o meu querido

irmão fará tudo para que o nosso trabalho continue com o mesmo espírito de amor aos necessitados.

Querido irmão, nosso trabalho é muito difícil, muito espinhoso. Temos de tratar com pessoas de temperamentos os mais diferentes uns dos outros. É preciso saber levar, contornar as arestas de cada um, para que se chegue a um trabalho perfeito.

É preciso que a pessoa que vai ficar à frente da nossa Associação seja muito humilde, com espírito de sacrifício total, de uma dedicação sem limites à causa de Deus.

Peço sempre a Deus que coloque no coração de quem vai me substituir o mesmo amor que tenho aos pobres. Sem isso, vai ser difícil levar o trabalho adiante. Neste serviço de Deus e dos pobres, chega-se a um ponto em que não se vive mais a própria vida, e sim a deles; nos esquecemos de nós para viver só para Deus e eles. É preciso, é imprescindível que se tenha este espírito de doação total.

Querido irmão Dr. Ângelo, na idade em que me encontro (70 anos), outra coisa não me espera senão o chamado de Deus, a morte. E, antes que isso ocorra, estou entregando tudo ao senhor, o nosso trabalho, confiante de que fará tudo para manter o espírito da Obra.

Não permita que o nosso Hospital se transforme em hospital de INPS ou de outra autarquia. Que o Santo Antônio seja sempre para o indigente, o necessitado. Faça tudo, eu lhe peço, para que a nossa porta esteja sempre aberta para os doentes, para os pobres, para as crianças. Sei que o senhor envidará todos os esforços para que não falte nada aos que estão confiados aos nossos cuidados.

O mais difícil vai ser conseguir pessoas capazes para este trabalho. Não desanime, do Céu olharei sempre e rezarei para meu irmão.

Nestes anos todos, tenho lutado e sofrido muito, mas sempre feliz, pois sei que estou servindo a Deus na pessoa do pobre.

De vez em quando, faça reuniões, procure na medida do possível manter nas suas mentes e despertar nos seus corações a chama de sacrifício, da doação àqueles que nos estão confiados.

Querido irmão Dr. Ângelo, de todo coração lhe agradeço todo o bem que nos tem feito e que nos vai fazer.

Deus o recompense!

Irmã Dulce.[17]

Notas

1. Carta de Irmã Dulce de 19.08.1985 à Superiora Geral de sua Congregação, Madre Ruthanne Steiner.
2. Carta de Irmã Dulce de 20.08.1985 à Madre Ruthanne Steiner. Por exatidão histórica, devemos informar que ao lado desse convite do Cardeal, motivado pelo fato de que "não conheço uma testemunha maior de amor pelos humildes" [revista *Veja*], houve um forte protesto na imprensa de Salvador e nacional, no qual se dizia que, sem nada tirar dos méritos de Madre Teresa, na realidade Irmã Dulce se ocupava havia mais de quarenta anos dos pobres mais pobres em Salvador (ver artigo de José Augusto Berbert, *Irmã Dulce como S. Francisco de Assis, ela é a própria caridade*, em *A Tarde* de 31.07.1979. Um artigo de *O Globo* do Rio de Janeiro: "Em defesa dos necessitados de Salvador. Irmã Dulce: uma obra social feita de fé e trabalho", de 2.08.1979, era ainda mais crítico, pois mencionava o fato de as autoridades civis de Salvador terem doado um terreno, e as autoridades religiosas até mesmo dinheiro, para Madre Teresa, enquanto desde a muitos anos Irmã Dulce devia mendigar e suar pela sua Obra, em funcionamento havia quase meio século exatamente em Alagados). O Cardeal Primaz procurara justificar a sua atitude; no entanto, naquela época, como em todas as épocas, prevaleceu aquela expressão de Cristo: "Ninguém é profeta na sua própria terra" (Lc 4, 24).
3. *Tribuna da Imprensa*, Rio de Janeiro, de 14.03.1992.
4. Todos, instrumentos de percussão de origem africana.

5. Cf. Lembranças do Dr. Edmur Agostinho de Paula.
6. Cf. Pontes, pp. 77-81. Essas confreiras da Congregação voltaram ao Convento nessa época para constituírem a comunidade e para ajudá-la, ver também Carta de Irmã Dulce de 24.02.1982 e 9.12.1982 à Superiora Geral da sua Congregação, Madre Ruthanne Steiner.
7. Lembranças de Ângelo Calmon de Sá, ver também carta ao Cardeal Vilela de 17.09.1979.
8. Cf. Pontes, p. 125.
9. A esse respeito, podemos ter alguma idéia na biografia de Pontes, *passim*.
10. Pontes, p. 95.
11. Cf. Pontes, pp. 95-96; ver também Lembranças de D. Tommaso Cascianelli.
12. As obras foram iniciadas em fevereiro de 1982 e os pavilhões entraram em funcionamento no mês de janeiro de 1983, ver Cartas de Irmã Dulce de 24.02.1982 e 9.12.1982 à Madre Ruthanne Steiner.
13. Superiora Geral no período de 1980 a 1992.
14. Carta de 9.12.1982 à Madre Ruthanne Steiner.
15. Cf. Lembranças de Ângelo Calmon de Sá.
16. Carta de 15.02.1984.
17. Cf. também as Lembranças de Ângelo Calmon de Sá.

XXII

Na tarde do dia 8 de fevereiro de 1983 inaugurava-se o novo Hospital Santo Antônio, que foi considerado pelos baianos como um outro "milagre de Irmã Dulce". No mesmo dia, na mesma hora, cinqüenta anos atrás, uma moça descera na estação de São Cristóvão e entrara no Convento do Carmo para se tornar freira...

— Aqui, neste momento, estamos realizando um sonho — disse o governador Antônio Carlos Magalhães em seu discurso —, uma obra de Deus realizada por um dos seus melhores agentes na Terra: Irmã Dulce.

Os presentes — autoridades, empresários, gente do povo, doentes — explodiram em estrondosos aplausos enquanto a Banda de Música do II Distrito Naval tocava.

— Vejam como são poderosas as pessoas de aparência frágil, mas de coração forte — prosseguiu o governador. — Realizam tudo aquilo que pensamos ser impossível. Nem o governo, com todo o seu poder, teria feito aquilo que ela faz por todos nós com essa capacidade de amor em tudo que toca. Aqui está o fruto do seu trabalho e da sua obstinação. Este hospital é uma demonstração de tudo quanto pode ser feito quando existe uma razão superior. Nesta obra, o governo e o povo se uniram. E Irmã Dulce representa o povo de Deus. Agradeço a todos aqueles que contribuíram de uma maneira ou de outra para a realização desta obra e, em particular, aos empresários Camillo Calazans, Ângelo Calmon de Sá, Norberto Odebrecht e Jô Carvalho, responsáveis diretos pela obra. Lembro-me que há menos de dois anos Irmã Dulce entrou no meu gabinete com o seu advogado para pedir que eu cancelasse as dívidas deste terreno com o Estado. Estava disposta a iniciar a obra, quem sabe até mesmo antes de obter a autorização.

"Tudo foi possível: o hospital bem aparelhado, o corpo médico e uma notável dedicação. Esta obra deixa de ser dos homens para ser de Deus, obra de uma santa que hoje recebe os aplausos dos presentes e os votos de todo o povo da Bahia para que viva por muitos anos."[1]

Irmã Dulce ouviu de cabeça baixa. Quando o governador terminou seu discurso, ela aproximou-se do microfone e disse:

— Agradeçamos ao Senhor.

O coral do Banco Econômico entoou um canto, e, no final, o governador e o presidente do Banco Econômico fizeram com que ela se aproximasse da parede e descerraram uma placa comemorativa com os seguintes dizeres: "À Irmã Dulce, Mãe dos pobres e dos inválidos, a gratidão do povo da Bahia na passagem dos seus 50 anos de vida religiosa, plena de renúncias e de dedicação aos sofredores. 8 de fevereiro de 1983."

Naquela manhã, na capela do Convento Santo Antônio, os parentes e amigos desejaram comemorar, antecipadamente, as suas Bodas de Ouro. Frei Hildebrando, informado sobre a cerimônia, pedira para presidir a renovação dos votos daquela sua filha espiritual.

Em meio à comoção geral, Dulce entrou na capela com uma vela acesa na mão direita e com a cabeça cingida por uma coroa de flores douradas[2], ajoelhou-se em frente ao frade, que, com os paramentos litúrgicos, encontrava-se diante do altar.

Fez-se um profundo silêncio de respeito e ouviu-se a sua voz fraca pronunciar:

— Eu, Irmã Dulce, ao celebrar os 50 anos de serviço ao Senhor, renovo os meus votos a Deus, para viver sempre em castidade, pobreza e obediência, no Espírito do Evangelho, em sintonia com a regra da Ordem Terceira Regular de São Francisco e das Constituições das Irmãs Missionárias da Imaculada Conceição da Mãe de Deus. Desejo viver minha consagração batismal mais profundamente e, assim, unir-me de modo especial à Igreja e ao seu ministério.

"Ó Jesus, eterno sumo sacerdote e vítima, na presença da gloriosa e imaculada Virgem Maria, de todos os Santos da Ordem Seráfica e de todas as cortes celestes, eu, Irmã Dulce, solenemente renovo minha Consagração ao vosso misericordioso amor, para viver e para morrer como vítima pela santificação dos nossos sacerdotes.

"Que a minha humilde oferta seja uma fonte de bênçãos para a Santa Madre Igreja, vossa Esposa e os Sacerdotes escolhidos por vós com amor e predileção para participar do ministério do vosso eterno Sacerdócio. Amém."[3]

Fortes aplausos ecoaram pela capela, e muitas foram as lágrimas de comoção entre os presentes. Dulce, serena, sentou-se, e Frei Hildebrando, apesar das muitas dificuldades, devidas à velhice e aos recentes problemas com a saúde, fez questão de recitar a homília que não foi de circunstância:

— Minha cara Irmã Dulce — disse —, finalmente chegou o dia tão desejado — 8 de fevereiro —, o grande dia das tuas Bodas de Ouro de vida religiosa... Sim. Cinqüenta anos de vida religiosa são uma coisa extraordinária!

Quis a Providência Divina, Irmã Dulce, que, 64 anos atrás, quando ainda eras uma mocinha de 13 ou 14 anos, te entregasses à minha direção espiritual. E, depois de algum tempo, eu te introduzi na Ordem Terceira de São Francisco. Um pouco mais tarde, e já mais madura, surgiu em ti o desejo de doar-te inteiramente a Deus na Congregação Religiosa das Irmãs Missionárias da Imaculada Conceição.

Enfrentaste, naturalmente, algumas resistências por parte da família, algumas dificuldades e obstáculos que ocorrem com freqüência. Tudo foi superado com galhardia, permaneceste irredutível, e quando te formaste e obtiveste o diploma, deste o passo definitivo, como se deve.

Seguiu-se o noviciado... seguiram-se os primeiros votos temporários, e, finalmente, os votos perpétuos.

Naquela ocasião, puseram sobre a tua cabeça, como então se costumava fazer, uma coroa de espinhos como símbolo, muito significativo.

Sim, Irmã Dulce, uma coroa de espinhos como símbolo. Coroa de espinhos que mais tarde iria fazer com que lembrasses da coroa de espinhos de Cristo, quando se apresentaram as primeiras dificuldades, as primeiras provas, os primeiros dolorosos desenganos.

E tu, Irmã Dulce, e eu sabemos como mais tarde esses espinhos se tornariam profundos, ferindo-nos a cabeça, ferindo todo o nosso corpo, ferindo os nossos pulmões e, principalmente, o nosso coração.

Mas tu não te deixaste abater, não te deixaste deter. Andaste sempre em frente. Apesar de ferida e abalada pela tosse, avançaste sempre no teu ideal.

E eram tantos e tantos os pobres que necessitavam de ti! Tantos os esfomeados que estendiam a mão na tua direção. Eram os meninos de rua, abandonados, para os quais procuraste organizar um alojamento apropriado. Eram jovens excepcionais que confiavam na tua pessoa e exigiam cuidados especiais de ti. Eram os velhos, desagasalhados, cobertos por farrapos, que necessitavam de uma internação. Eram os tuberculosos que necessitavam de um abrigo e de um tratamento especial. Enfim, eram tantos e tantos doentes em condições precárias que necessitavam de socorro urgente, e vinham tantos e tantos, cada vez mais necessitados de ajuda, pedindo, suplicando, que, certa vez, chegaste a lançar um grito: "Ah! Não posso mais. Não temos mais leitos, não há mais espaço! Preciso de um outro hospital. De um outro hospital... mais espaçoso!"

E esse teu grito repercutiu. Ecoou em toda a Bahia, ressoou no país inteiro. E todo mundo veio em teu auxílio; os rapazes trouxeram os tijolos, as famílias baianas redobraram a sua generosidade, o governo estadual deu a sua contribuição, o governo federal também, todo o Brasil veio te ajudar, e o caridoso Dr. Norberto Odebrecht garantiu, com a sua empresa: "Irmã Dulce, o seu hospital estará pronto para o grande dia da sua festa!"

E está ali. Agora, irmãos, passemos à ação de graças.

Ação de graças a Deus pela sua maravilhosa ajuda.

Ação de graças a Deus pela sublime vocação de Irmã Dulce.

Ação de graças a Deus pela graça da perseverança de Irmã Dulce.

Ação de graças a Deus por todos os benfeitores, pelos médicos que trabalham gratuitamente.

Ação de graças porque também a Congregação de Irmã Dulce cedeu algumas irmãs auxiliares para ajudar a sua Irmã.

E, Irmã Dulce, para encerrar, uma palavra especial para ti. Tu acreditas plenamente naquilo que Cristo um dia proclamou solenemente, em tom categórico: que Ele se esconde no próximo necessitado, e tudo aquilo que fazemos a este, estamos fazendo a Ele mesmo.

E Ele no dia do Juízo Final te dirá, Irmã Dulce:

Eu tinha fome e tu me deste de comer.

Eu tinha sede e tu me deste de beber.

Eu estava doente e tu me acolheste com amor.

Eu estava naquela criatura coberta de farrapos, que morria de fome, dobrada num canto escuro da rua. E tu arrombaste a porta daquela casa velha e abandonada e me salvaste a vida.

Muito obrigado, Irmã Dulce. Agora, vem comigo. Entra comigo na glória do meu Reino. Por todos os séculos. Amém."[4]

O amor de Dulce por Jesus Cristo era tamanho que qualquer louvor dirigido a Ele fazia com que ela exultasse. Ela nunca se esqueceu da canção que Roberto Carlos escrevera e cantara sobre Jesus Cristo[5]. Depois de tantos anos, um dia ela veio a saber que o cantor se encontrava em Salvador: quis, então, conhecê-lo.

Roberto Carlos alimentava o mesmo desejo em relação à Irmã Dulce, e, assim, os dois passaram uma tarde juntos; Dulce fez questão de lhe falar sobre os diversos setores do Hospital e do Abrigo, fazendo referência aos versos daquela canção.

Roberto Carlos ficou impressionado com aquele amor ao próximo desventurado e prometeu que iria ajudá-la, apoiando a sua obra. Como "sinal", deixou-lhe um cheque de oito milhões de cruzeiros[6].

Notas

1. Pontes, pp. 133-134.
2. Cf. Lembranças de Iraci Vaz Lordelo.
3. Pontes, p. 130.

4. Pontes, pp. 131-132.
5. A canção *Jesus Cristo*, escrita por Roberto e Erasmo Carlos em 1970, dizia: "Jesus Cristo, Jesus Cristo / Jesus Cristo eu estou aqui (*refrão*) // Olho pro céu e vejo uma nuvem / branca que vai passando, / Olho pra terra e vejo uma multidão que vai caminhando / Como essa nuvem branca essa gente não sabe aonde vai / Quem poderá dizer o caminho certo é você meu Pai / Jesus Cristo // Toda essa multidão tem no peito amor e procura a paz / E apesar de tudo a esperança não se desfaz / Olhando a flor que nasce no chão daquele que tem amor / Olho pro céu e sinto crescer a fé no meu Salvador / Em cada esquina eu vejo o olhar perdido de um irmão / Em busca do mesmo bem nessa direção caminhando vem / É meu desejo ver aumentando sempre essa procissão / Para que todos cantem na mesma voz essa oração.
6. Era o mês de junho de 1983. Cf. Pontes, p. 89. Recentemente, Roberto Carlos, durante um espetáculo, promoveu a construção de uma igreja idealizada por Irmã Dulce.

XXIII

E chegou um dia especial... A Madre Provincial, Irmã Eufrásia, convidara Irmã Dulce para ir no dia 15 de agosto[1] ao convento D. Amando a fim de celebrar, juntamente com a comunidade e o Conselho Provincial, as Bodas de Ouro de sua profissão religiosa.

Ao chegar, Dulce foi recebida na porta pela Provincial, que a acompanhou até a igreja, onde estavam todas as outras Irmãs.

O silêncio era quase perfeito, enquanto o rosto de todas era iluminado pela alegria. No momento em que Dulce entrava na igreja, a Provincial diminuiu o passo, e, assim, ela encontrou-se frente a frente com a Irmã Maria das Neves. A surpresa foi grande, mas não terminou ali. Por trás dela estava uma outra Irmã, Paráclita Benevides, e atrás desta, Irmã Nazaré Tanuri, e atrás desta, Irmã Maria Pia Campos.

As jovens irmãs puderam compartilhar da felicidade daquelas confreiras mais velhas, companheiras de noviciado, e que depois de cinqüenta anos se reencontravam. Elas abraçavam-se, acariciavam-se e voltavam a se abraçar. A forte carga emotiva do ambiente dissipou-se nos fortes aplausos dos presentes.

Uma delas, mais espirituosa, sussurrou para a outra:

— Como você ficou velha! — recebendo, como resposta, uma bofetada ainda mais mordaz como cumprimento:

— Talvez não se lembre, mas você já era uma bruxa cinqüenta anos atrás!

Não havia aquela atmosfera de ansiedade, carregada de emoção, do Convento do Carmo em São Cristóvão, mas sentia-se a ternura, o afeto, a alegria pelo reencontro... e, todas juntas, dirigiram-se à Madre Provincial, que arquitetara aquele encontro inesperado, para agradecer-lhe. Em seguida, foi a vez do Cardeal Primaz, D. Avelar Brandão Vilela, entrar para solenizar o evento com a celebração eucarística.

As cinco companheiras passaram o dia a relembrar as suas "façanhas" durante o noviciado.

No final da tarde, Irmã Dulce foi até a Basílica de Nossa Senhora da Conceição da Praia, onde parentes, amigos, empregados, autoridades, gente comum, assistidos haviam preparado uma cerimônia grandiosa para ela. Também estavam presentes as Bandas da Polícia Militar e do Exército, o coro de quarenta jovens do Centro Educacional Santo Antônio e os corais do Banco Econômico e da Assembléia Legislativa. No centro da igreja encontravam-se, perfilados, os cadetes da Academia da Polícia Militar.

A liturgia foi celebrada por D. José Gilberto de Luna, que pronunciou uma homília muito comovida, encerrada com as seguintes palavras:

— Quando tu fizeste a tua profissão religiosa, cara Irmã Dulce, foste coroada com uma coroa de espinhos. Hoje, no dia das tuas Bodas [de Ouro], serás coroada com uma coroa de rosas. É como se aqueles espinhos tivessem se transformado em rosas. Vejo-a como símbolo da tua vida sempre pronta a substituir com a rosa da proteção e do conforto o espinho do desencorajamento e da dor. Por este motivo, com Maria Imaculada, da qual és uma filha predileta, com Santo Antônio, ao qual és tão devota, continuaremos a te dizer: Que Deus te abençoe, Irmã Dulce. E, proclamamos, comovidos: não é apenas a Bahia que faz a grande Irmã Dulce, é, principalmente, Irmã Dulce que torna a Bahia grande.

O ofertório foi um dos momentos mais comoventes. Cada um dos representantes das Obras Sociais levou-lhe um presente: uma enfermeira e um médico do hospital deram-lhe remédios; um assistido levou alimentos; um velho do Abrigo presenteou-a com um lençol; um rapaz do Centro deu-lhe flores...

* * *

Irmã Dulce tossia, o enfisema pulmonar acarretava-lhe contínuos sofrimentos, seu corpo estava emagrecido, e, cada vez mais freqüentemente, ela era obrigada a recorrer a um balão de oxigênio.

Parecia ser graciosa e calma, mas, na realidade, era como a água do mar, sempre em movimento, enfim, era uma daquelas que não deixavam as Superioras dormirem tranqüilas; ao contrário, para fazer uma imagem mais ousada, podemos dizer que são uma constante dor de cabeça para elas.

Estavam habituadas às dívidas e às preocupações nas quais navegam, sistematicamente, as suas Obras, mas na readmissão ficara claro que, mesmo nos casos mais difíceis, a Congregação não seria envolvida, o que lhes permitia ficar tranqüilas.

Dulce fora nomeada novamente Superiora do Convento Santo Antônio[2], e tudo parecia correr normalmente, quando, de repente, soou um alarme.

A Madre Geral recebeu uma notícia, no mínimo, inquietante: Irmã Dulce estaria fundando uma outra Congregação![3]

A Superiora Geral convocou, imediatamente, a Provincial. A Madre Provincial[4] chamou Dulce... e Irmã Dulce pegou caneta e papel e escreveu[5]:

"Cara Irmã, paz e bem!

"A Madre Provincial, Irmã Querubina Silva, me telefonou hoje, dizendo ter recebido uma carta sua com relação à Congregação que eu estou fundando. Para começar, quero explicar à Madre Geral que não se trata de Congregação, mas de uma Associação.

"Mais ou menos quatro anos atrás, quando estive muito mal por vários dias, pensei muito no futuro do nosso trabalho: quando Deus me chamasse, quem ficaria com a incumbência dos doentes e dos pobres?

"Assim que me senti melhor, perguntei a D. Avelar, o nosso Cardeal, se ele aceitaria os nossos trabalhos depois de minha morte. Ele ponderou a dificuldade de sustentar a Obra sem uma renda fixa e não aceitou.

"Falei, então, com a nossa Madre Provincial, e a sua resposta foi a mesma. Pensei que se tratasse simplesmente de uma questão de fé em Deus. Em seguida, quando Madre Teresa de Calcutá esteve aqui, fiz a mesma proposta por intermédio de um intérprete. Também ela não aceitou.

"Passados alguns meses, veio uma moça que desejava dedicar-se inteiramente aos pobres, aos jovens. Já que eu precisava de ajuda junto aos nossos órfãos, levei-a para lá. Ela gostou muito e ali ficou nos ajudando.

"Depois veio uma outra moça, catequista, professora aposentada que possuía o mesmo ideal. Levei-a também e ela gostou muito.

"Tendo aparecido uma terceira moça, procurei D. Avelar e lhe comuniquei o que estava acontecendo, e que, se Deus permitisse, aquelas moças gostariam de se tornar religiosas no futuro, consagrando-se a este apostolado a favor dos jovens pobres.

"Sei perfeitamente que, quando Deus me chamar, nossas Irmãs não estarão mais aqui, a partir do momento que a nossa Congregação não quis assumir (como responsabilidade) a Obra.

"Algum tempo atrás, Irmã Querubina me falou sobre a dificuldade de encontrar Irmãs para os nossos colégios e hospitais, pois as jovens de hoje querem viver apenas em fraternidade, e disse que se conseguisse encontrar alguém para me substituir seria ótimo. Agora, veja bem, com quem eu posso contar para o futuro? As nossa Irmãs Melania, Olívia, Emerência e Dileta são pessoas extraordinárias, ótimas religiosas, dedicadas à atividade. Elas ajudam muito. No entanto, sem a minha presença no setor financeiro, elas não agirão, como me disse a Madre Provincial.

"Então, a decisão foi tomada depois que eu rezei muito para o Divino Espírito Santo pensar em fazer alguma coisa pelo futuro dos rapazes, dos velhos e dos doentes.

"Estive com D. Avelar no mês passado e lhe disse que já temos dez moças que nos ajudam no orfanato; convidei-o para visitar o colégio outra vez, pois ele já tinha estado lá e conhecera tudo.

"No futuro, as coisas poderão tomar um rumo diferente, e a Associação se tornar uma Congregação, mas, no momento, não é assim.

"A Associação está recebendo ajuda, no setor da assistência espiritual e da formação, de D. Campelo, bispo salesiano, que todos os meses passa dois ou três dias no colégio para orientar as moças. Ele vive no Liceu Salesiano de Salvador e me ajuda muito. Também o Padre Washington, religioso, Vigário da Igreja da Boa Viagem[6], colabora conosco, fazendo a cada quinze dias conferências em nossa paróquia para as moças, está sempre à disposição de todas elas para quem desejar uma orientação.

"As moças que temos vieram de outros estados ou do interior. Souberam do nosso trabalho e quiseram seguir uma vida igual à nossa, tomando conta dos jovens, dos velhos e dos doentes.

"Tendo necessidade de tanta ajuda, já que estamos com 1.129 pessoas em casa, não posso recusar essa oferta da Providência.

"No momento não é preciso, mas para o futuro, se houver necessidade, pedirei a sua aprovação, porque agora é apenas uma Associação de moças que desejam se dedicar a Deus, servindo aos pobres.

"Esta idéia não parte de mim. Sei que é o Espírito Santo, a quem tanto peço que me ajude e ilumine, que está guiando as coisas. Pois é uma obra de Deus e para Deus; afinal, sou uma débil e vil criatura sem mérito (sempre doente), e é Ele quem faz tudo. Pode ficar tranqüila Madre. Me abençoe.

P. S. Já disponho de um grupo de Senhoras da alta sociedade que estão dispostas a ajudar a Associação das Filhas de Maria Servas dos Pobres e a oferecer as necessárias providências a fim de constituir um fundo para garantir a subsistência da própria Associação."

Com a ajuda, no decorrer do tempo, também de outros sacerdotes[7], acompanharia com atenção a formação das jovens, mas não passaria pela sua cabeça, sequer uma vez, deixar a sua Congregação para fundar uma nova[8].

Notas

1. De 1984.
2. O dia 5 de março de 1985.
3. No dia 17 de janeiro de 1984, quando foram aprovados os Estatutos por

parte do Cardeal Primaz, Irmã Dulce recebera na sede do Educandário Santo Antônio em Simões Filho as seguintes candidatas: Tereza Aurinete Miranda e Maria Gorete da Silva, dando início à fundação da Associação das Filhas de Maria Servas dos Pobres. Imediatamente após, a professora aposentada Josefa Dulce dos Santos juntara-se ao grupo, recebendo, mais tarde, a função de coordenar a Associação. Dessa maneira, o número subiu para 11, ver Carta de Irmã Dulce à Madre Ruthanne Steiner de 20.08.1985. Atualmente, é uma Associação Pública de Fiéis, criada para ser um Instituto Religioso.

4. Era Provincial a Irmã Querubina Silva (1985-1991).
5. Existem duas cartas endereçadas à Superiora Geral em duas datas diversas: 19 e 20 de julho de 1985. Partindo de uma análise mais detalhada, trata-se de duas versões da mesma carta que variam, de qualquer maneira, na forma ou na explicitação de algum nome. Transcrevemos aqui a primeira versão, porque a consideramos mais imediata (considere-se o próprio tratamento: *Cara Irmã* em vez de *Reverenda Madre Geral Cara Irmã Ruthanne*) e mais rica de particulares. São pequenos detalhes, mas significativos.
6. Mais tarde tornou-se Bispo de São Luís de Monte Belo-GO.
7. Entre esses, consta também D. Tommaso Cascianelli, da Congregação da Paixão de Jesus Cristo (Passionista), que no dia 23 de setembro de 2000 foi consagrado Bispo de Irecê.
8. Numerosas são as cartas de formação que Irmã Dulce escreveu às Filhas de Maria Servas dos Pobres nas quais podemos encontrar pensamentos e conselhos ascéticos, fruto da sua experiência pessoal. Fazemos aqui uma breve compilação, para servir de exemplo: "A felicidade neste mundo consiste em servir a Deus com todo o amor, com toda a dedicação. A luta, os problemas da vida tornam-se fáceis quando procuramos viver somente para Ele" (Carta de 9.03.1984); "Procuremos cooperar com a graça extraordinária que Deus nos concedeu da vocação religiosa, cumprindo os nossos deveres, sobretudo a oração, a caridade fraterna, a humildade, o saber perdoar umas às outras e fazer o máximo para sermos bons exemplos para o nosso próximo, para aqueles com quem convivemos" (Carta de 8.11.1984);

"O nosso trabalho exige muito sacrifício, muita fé e muito amor a Deus. Mas o amor supera todos os obstáculos, todos os sacrifícios. Por mais que fizermos, tudo é pouco diante do que Deus faz por nós. No amor, na fé, encontraremos as forças necessárias para a nossa Missão de salvar almas" (Carta de 12.11.1984); "A sublimidade da nossa vida está na doação total do nosso ser a Deus" (Carta de 24.06.1985); "Procuremos viver em união, em espírito de caridade, perdoando uns aos outros, os nossos pequenos defeitos e faltas. É necessário saber perdoar, saber desculpar para viver em paz e união" (Carta de 5.04.1987); "Devemos procurar trazer sempre acesa a chama de ideal da nossa vida religiosa, servindo a Deus na pessoa das crianças, dos pobres, dos doentes" (Carta de 26.12.1987); "Façamos com que cada dia da nossa vida seja um dia santo. Façamos tudo para nos santificar cada vez mais, servindo a Deus na pessoa do próximo com amor e alegria. Que a nossa vida seja um ato perene de amor a Deus, que tanto nos amou" (sem data); "Devemos ser evangelhos vivos. A vida religiosa é, antes de tudo, uma Aliança no Amor mútuo, em íntima comunhão entre a alma consagrada e Deus. É necessário estarmos de coração generosamente atento ao convite que Cristo faz, independentemente de qualquer condição humana. 'Só Deus me basta', 'Tudo é nada', 'Para mim, viver é Cristo' ... 'Por Ele, considerei tudo como lixo' são expressões que exprimem o elevado amor que atingiram os santos em relação com Deus" (sem data).

XXIV

O deputado federal Adolfo Oliveira, ao se tornar o intérprete do sentimento unânime do povo brasileiro, fez-se, publicamente, promotor da candidatura de Irmã Dulce ao Prêmio Nobel da Paz.

Ele defendia a idéia de que o legendário "Anjo bom da Bahia", com as suas atividades assistenciais, de caridade e humanitárias, era um luminoso exemplo de amor ao próximo, tendo, inclusive, recebido numerosos reconhecimentos no exterior. Além disso, o Brasil era colocado em destaque, e, na sua opinião, deveria sugerir o seu nome como modelo de mulher virtuosa, mãe e irmã de todos os deserdados e infelizes[1].

O programa "Caso Verdade", transmitido pela rede Globo de televisão, permitira que todo o Brasil conhecesse o seu trabalho maravilhoso, sem nada dever àquele de Madre Teresa de Calcutá, a quem fora entregue o Prêmio Nobel da Paz em 1979; "a fragilíssima santa baiana" era merecedora desse reconhecimento pela grandiosidade da sua obra, pela sua eloqüente prática de amor ao próximo, pelo seu exemplo de abnegação e de humildade[2].

A imprensa, fazendo eco à proposta de Oliveira, suscitou o interesse e o apoio também de outras personalidades do mundo político, como o senador Ruy Bacelar, que carregou a bandeira daquela candidatura[3].

Finalmente, o Congresso Nacional votou pela iniciativa, e o seu presidente, o senador Nélson Carneiro, elaborou o texto da mensagem enviada à Suécia para apoiar a candidatura de Irmã Dulce.

A mensagem era desse teor[4]:

> São 50 anos, nos quais uma mulher frágil e determinada ergueu, com a ajuda de homens de boa vontade, os templos onde semeia a fé, a solidariedade e a esperança.
>
> Toda a Bahia e todo o Brasil conhecem a sua obra, seguem a sua luta contínua a favor dos jovens sem família, dos doentes sem assistência, dos velhos infelizes.
>
> A boa fada do Hospital e Educandário Santo Antônio, superando os problemas da idade e da saúde, Maria Rita Souza Brito Lopes Pontes, a Irmã Dulce, a doce peregrina da salvação de todos os desesperados, não é superada no trabalho, na dedicação e no amor à humanidade, por quanto temos notícia, há muitas gerações, em qualquer parte do mundo.
>
> Assim sendo, é justo que reivindiquemos, para coroar este século, marcado pelo egoísmo e pelo desamor ao próximo, com o reconhecimento dos amantes da paz.
>
> Como baiano, sigo desde o início o seu percurso de bondade e desejo exprimir, com este testemunho, a graça de viver o bastante para ver Irmã Dulce ajudar, ainda, as pessoas com a sua devoção e o seu sacrifício pessoal.

Naquele ano, porém, preferiram dar o prêmio a um político que pusera fim à guerra fria e ao Muro de Berlim, Mikhail Gorbachov (1990), e no ano seguinte à birmanesa Aung San Suu Kyi. No entanto, o povo brasileiro considera sempre Irmã Dulce "um símbolo da paz, mesmo sem o Prêmio Nobel", como escreveu, significativamente, algum jornal por ocasião da sua morte[5].

Irmã Dulce era, agora, um símbolo do Brasil, e todos se sentiram muito orgulhosos quando souberam que o Papa João Paulo II teria ido visitá-la, mesmo sabendo que Dulce encontrava-se acamada e doente[6].

De fato, no dia 20 de outubro de 1991 toda a Bahia se revestiu em festa; especialmente em Salvador, o bairro Roma estava agitado. Uma enorme multidão encontrava-se, desde as primeiras horas da manhã, ao longo do trajeto que o Papa deveria fazer para chegar até a Irmã.

A pobrezinha ficou dezesseis meses presa a um leito de dor. Inicialmente, fora levada ao Hospital Português, sendo depois transferida, contra a sua vontade, para o Hospital Aliança[7], já que este estava mais bem aparelhado para as doenças pulmonares. Mas, ela queria ser assistida junto aos seus pobres e sofrer ao lado deles. O seu quarto, no Convento Santo Antônio, foi devidamente equipado para que se tornasse uma unidade de terapia intensiva: ela necessitava de oxigênio para poder respirar, já que estava completamente debilitada.

Irmã Dulce estava consciente da gravidade de sua doença e do fato de se encontrar em fim de vida; no entanto, mostrava-se profundamente serena e dedicava-se apenas à oração.

As presenças do Dr. Taciano Campos, da irmã Dulcinha, da meia-irmã Ana Maria, da sobrinha Maria Rita, das irmãs da sua Congregação, em particular das Irmãs Olívia e Helena, dos médicos, das enfermeiras, bem como o afeto sincero de todos os assistidos das suas Obras, infundiam-lhe coragem. Por outro lado, as pessoas que rezavam de todos os cantos do convento e do hospital faziam com que o seu amor chegasse até ela.

João Paulo II, ao voltar ao Brasil para a sua segunda visita, quis ir até ela para dar-lhe a sua bênção particular. Acompanhado pelo Cardeal Primaz, D. Lucas Moreira Neves[8], atravessara a cidade e chegara ao Hospital Santo Antônio.

Irmã Dulce, comovida, mesmo com muita dificuldade para falar devido à traqueotomia, pedira perdão por não poder recebê-lo da maneira adequada, mas o Papa, apertando a sua mão descarnada, deu-lhe a bênção apostólica, para encorajá-la a suportar as penas da doença como uma oferta pelos seus pobres, os seus doentes e os seus sofredores[9].

Na saída, João Paulo II voltou-se para o Cardeal Primaz e disse:

— Este é o sofrimento do inocente. Igual àquele de Jesus[10]

Dulce recebia a visita diária de vários sacerdotes. Padre Tommaso Cascianelli e o capelão das Obras, Padre Roque Lé, eram os mais próximos. Todos os dias eles lhe davam a comunhão, até o dia em que os médicos disseram-lhes que era conveniente administrar-lhe a Unção dos Enfermos e o Viático. E ela participou com devoção, lúcida e serena. Estava serena, porque, como uma trabalhadora consciente, sabia que cumprira o seu trabalho e esperava que o Patrão viesse para dar-lhe a justa recompensa; estava serena porque também recebia o amor da sobrinha, das irmãs, das confreiras, dos médicos e dos enfermeiros de plantão e, principalmente, daqueles pobres que ela amara com todas as suas forças[11].

Depois de dezesseis meses de um verdadeiro martírio, sorridente e tranqüila, com uma vela acesa em uma das mãos e um maço de flores do qual pendia a coroa do rosário na outra, lentamente dirigiu-se para a estação onde o trem a esperava...

Notas

1. "Cresce o apoio para que Irmã Dulce tenha o Nobel da Paz", em *Gazeta de Alagoas*, Maceió, de 2.09.1989.
2. "Nosso Prêmio Nobel", em *O Globo*, Rio de Janeiro, de 21.09.1989.
3. "Bacelar defende no Senado o Nobel para a Irmã Dulce", em *A Tarde* de 30.10.1989.
4. "Presidente do Congresso aprova Nobel para Irmã Dulce", em *A Tarde* de 25.01.1990.
5. "Um símbolo da paz, mesmo sem o Prêmio Nobel", em *Correio da Bahia* de 14.03.1992.
6. "Papa pode visitar a Irmã Dulce na Bahia", em *A Tarde* de 26.09.1991.
7. Pertencia e pertence ao Conselheiro da Fundação Irmã Dulce Paulo Sérgio Tourinho.
8. Foi Arcebispo de Salvador no período de 1987 a 1998.
9. Cf. *A Tarde* de 20.10.1991, com uma fotografia do Pontífice na cabeceira de Dulce, com a seguinte dedicatória: "Esta freirinha é a caridade personificada" ; *Tribuna da Bahia* de 21.10.1991.
10. "Mensagem dominical: Nossa Irmã Dulcíssima", do Cardeal Lucas Moreira Neves, em *A Tarde*; Salvador, 15.03.1992. Cf. Lembranças de Ana Maria da Silva Carneiro Lopes Pontes.
11. Cf. Lembranças de Maria Rita Pontes.

XXV

Sexta-feira, 13 de março de 1992, 16:45

O trem com o seu resfolegar alegre começou a apitar. Estava se aproximando da estação, queria avisar aos passageiros e a todos aqueles que o estavam esperando da sua chegada.

Apitava, apitava, apitava, inundando o ar de alegria.

O céu era azul, um azul intenso, como se via em São Cristóvão.

Aquele trem era movido a luz e possuía um único vagão, "Especial": primeira classe.

Eram 16:45 quando entrou na estação.

Uma estação sem nome.

Havia uma grande multidão, parecendo estar esperando o Papa ou o presidente da República.

O chefe do trem, pessoalmente, com o seu chapéu que fazia com que ele parecesse um general, viera abrir a porta, e, imediatamente, ouviu-se um forte, interminável aplauso.

Surgiu a figura diminuta com o hábito branco e o escapulário celeste.

Irmã Dulce, sorridente, antes de descer, olhou ao seu redor e teve a impressão de conhecer toda aquela enorme multidão: ela reconheceu aquele pequeno jornaleiro vestido de luz, aquele velho coberto de chagas, paramentado como um príncipe, aquela velha cheia de parasitas coberta de jóias, aqueles meninos franzinos com um corpo maravilhoso, aquela família desnutrida... depois aquele... e depois aquele outro... eram centenas, todos róseos e belos.

Ela conhecia a todos eles e os chamava pelos seus nomes, pois eram todos "amigos" do Esposo.

Depois, olhando para o infinito, em direção a nós, disse:

— Se aqui existisse mais amor e menos egoísmo, o mundo seria diferente[1].

Notas

1. Reflexões de Irmã Dulce.

Apêndice

"Santa Dulce da Bahia"
Jorge Amado[1]

Com a morte de Irmã Dulce não só a Bahia parou em sinal de recolhimento, mas todo o Brasil. Em sinal de luto, a Confederação Brasileira de Futebol suspendeu os jogos realizados em Salvador, dentro do Campeonato Nacional, e a prefeitura de Camaçari, o carnaval de Arembepe[2].

O corpo de Irmã Dulce foi levado, sábado pela manhã, dia 14, sobre um caminhão do Corpo de Bombeiros, com a escolta de honra dos cadetes da Polícia Militar.

Seguiu-se uma procissão de aproximadamente seis quilômetros que, desde o Largo de Roma, onde ficava o Hospital e no alto despontava o Edifício do Círculo Operário, chegava até a Basílica de Nossa Senhora da Conceição da Praia. Ali estavam o Cardeal Primaz e numerosos sacerdotes, religiosos e religiosas, personalidades políticas, entre as quais o governador, o prefeito e um número inacreditável de pessoas do povo.

O velório transcorreu durante todo o sábado, dia e noite, e por todo o domingo. As pessoas ficavam duas ou três horas na fila para poder passar diante de Irmã Dulce, para poder tocá-la, falar-lhe ainda de alguma necessidade, pedir-lhe que intercedesse nas necessidades materiais e espirituais... A dor sincera foi geral[3]. Todos diziam que estava morta a "mãe dos pobres", a "santa da Bahia", o "anjo bom da Bahia", como desde muito tempo já era chamada.

Os funerais, transmitidos ao vivo para todo o Brasil, foram celebrados no domingo, às cinco horas da tarde[4].

O Cardeal Primaz Lucas Moreira Neves fez questão de presidir a liturgia, concelebrada pelos Bispos D. Thomaz Murphy, bispo auxiliar da Arquidiocese, D. Walfredo Tepe, bispo de Ilhéus, e por um grande número de sacerdotes diocesanos e regulares.

Estavam presentes o secretário da presidência da República, o embaixador Marcos Coimbra, representando o presidente da República, Fernando Collor, o ex-presidente da República e grande admirador de Dulce, José Sarney, o governador da Bahia, Antônio Carlos Magalhães, e os ex-governadores Nilo Coelho e Waldir Pires; Padre Gaspar Sadoc, representando o Cardeal D. Eugênio Sales — ex-arcebispo de Salvador que tomara Dulce desenclaustrada sob a sua proteção —, o presidente da Confederação Nacional dos Bispos do Brasil, e muitos outros que poderiam compor uma lista interminável.

Antes de iniciar a celebração, o Cardeal leu o comovente telegrama recebido do Santo Padre.

As Leituras Litúrgicas foram confiadas à sobrinha de Dulce, Maria Rita Pontes, e a segunda ao Sr. Ângelo Calmon de Sá, presidente do Conselho de Administração das Obras Sociais Irmã Dulce.

Durante a homília, D. Moreira Neves disse:

— Também Deus fez uma aliança divina com Irmã Dulce para que ela fosse a mãe de uma multidão, indicando-lhe a estrada. A dulcíssima irmã tem agora o seu corpo semelhante àquele glorioso de Cristo, depois de tantos anos de sofrimentos físicos e morais que culminaram nesses dezesseis meses de agonia. Na tristeza do adeus pela partida de Dulce, temos a esperança de que Deus irá continuar a sua Obra[5].

Terminada a homília, o Cardeal Primaz sentiu-se mal, e, por alguns minutos, a função religiosa foi presidida pelo bispo auxiliar.

A cerimônia foi encerrada com um minuto de silêncio, seguido pela *Canção para Irmã Dulce*, composta havia já algum tempo por Jairo Simões.

Irmã Dulce desejava ser sepultada no cemitério Quintas dos Lázaros, onde estavam enterrados os pobres, mas o Cardeal Arcebispo, o governador do estado e as outras personalidades insistiram para que ela fosse sepultada na Basílica de Nossa Senhora da Conceição da Praia. A família mostrou-se disposta a "transgredir" a vontade de Dulce, e, assim, ela foi enterrada na belíssima capela barroca do Santo Cristo, aos pés do altar de prata[6].

Sobre a lápide sepulcral, foi gravado: "Irmã Dulce, mãe dos abandonados. Todos nós", com as datas de nascimento e de morte. Depois, o artista Caribé esculpiu-a com um vôo de andorinhas.

O translado do esquife de Irmã Dulce da Basílica de Nossa Senhora da Conceição da Praia para a capela do Convento de Santo Antônio foi efetuado no dia 26 de maio de 2000, por obra do atual Cardeal Primaz, D. Geraldo Majella Agnelo[7].

O mesmo Primaz, depois de ter constatado a permanente fama de santidade, iniciou o Processo de Canonização[8].

* * *

Terminadas as exéquias — ou melhor, assim que souberam da morte! —, muitos começaram a se perguntar o que seria feito das Obras, uma vez que não mais podiam contar com ela, que era o "motor", o "elo"[9].

Desde o início de 1991, quando os médicos diagnosticaram que Irmã Dulce resistiria até quando o seu coração tivesse forças para bater, o Conselho de Administração da Fundação e, em particular, o seu presidente, Ângelo Calmon de Sá, e Norberto Odebrecht começaram a pensar na sucessão.

O Conselho, em delegação, foi ao Rio de Janeiro para falar com a sua sobrinha, Maria Rita Lopes Pontes, propondo-lhe para assumir, pelo menos temporariamente (*ad interim*), o cargo exercido pela tia, mas tudo que obtiveram foi uma resposta negativa.

Maria Rita, jornalista, tivera medo, como é natural, só de pensar em ter de assumir aquela grande responsabilidade na qual a Obra se transformara. A herança era muito pesada. Além disso, toda a sua vida seria envolvida, tanto no plano profissional quanto sentimental.

O Estatuto especificava que o sucessor de Irmã Dulce deveria ser indicado por ela por intermédio de três nomes, para que o Conselho tivesse condições de escolher; no aguardo, era importante poder contar com uma figura carismática.

O presidente, depois daquela primeira tentativa com a sobrinha, voltou à carga. Sua insistência era justificada pelo fato de que, partindo do seu ponto de vista, compartilhado pelo Conselho, a presença de Maria Rita na direção das Obras seria de vital importância, em primeiro lugar, para dar segurança à Irmã Dulce e, assim, criar a idéia de continuidade, quer nas pessoas assistidas, quer naquelas empenhadas na assistência, possibilitando a preparação da sucessão com uma certa tranqüilidade.

O desejo velado e unânime do Conselho era preparar Maria Rita Pontes para a sucessão exatamente através desse período de transição. Quando da abertura do testamento, essa vontade encontrou uma correspondência perfeita com a de Irmã Dulce: ela expressara como primeiro nome exatamente o da sobrinha[10].

Assim começou a "aventura de uma pobre cristã"[11] de nome Maria Rita Lopes Pontes, atual Superintendente das Obras Sociais Irmã Dulce, que leva adiante, juntamente com honestos e qualificados admiradores daquela frágil freirinha, o ideal de toda a instituição, condensado em duas únicas palavras: *Amar e Servir*.

Para termos uma idéia do que é hoje a "herança" deixada por Irmã Dulce para Salvador, para a Bahia e para o Brasil, citamos somente algumas cifras relativas ao ano 2000[12].

Relembramos, primeiramente, que toda e qualquer forma de assistência fornecida pelas Obras Sociais Irmã Dulce é gratuita.

As Obras dispõem de um total de 1.039 leitos.

O número de pessoas às quais os vários setores prestaram atendimento no ano 2000 foi superior a um milhão.

O serviço de alimentação distribuiu 1.560.000 refeições.

Os voluntários são 600.

Os colaboradores são 2.300.

São 80 os médicos especialistas em Clínica Geral, Cardiologia, Angiologia, Cirurgia Geral, Cirurgia Plástica, Dermatologia, Ginecologia, Homeopatia, Oftalmologia, Oncologia, Ortopedia, Otorrinolaringologia, Pediatria, Cirurgia Pediátrica, Pneumologia, Proctologia, Reumatologia, Urologia, Neurologia.

30 enfermeiros especializados.

300 residentes e internos de Medicina, das Universidades Federais da Bahia e de Alagoas e da Escola Baiana de Medicina.

O Hospital conta com 449 leitos para internação;
136 nas diversas especialidades de clínica médica;
102 na clínica cirúrgica;
92 na clínica pediátrica;
25 na tisiologia;
10 no Centro de Terapia Intensiva;
4 em diálise;
80 para pacientes internados por longo período.

Conta, ainda, com um Laboratório de Informática Educativa para portadores de deficiências graves.

No ano 2000, foram efetuadas:
332.089 consultas gerais de ambulatório;
14.000 intervenções cirúrgicas;
7.656 intervenções de ambulatório em portadores de deficiências;
50.400 consultas de ambulatório (Ginecologia);
40.041 consultas de ambulatório (Geriatria);
15.916 consultas de ambulatório (Fraturas).

Internados no Centro Geriátrico: 216;
Internados no Centro de Reabilitação e Prevenção de Deficiências: 132;
Internados no Centro Médico Social Augusto Lopes Pontes: 188.

Exames de laboratório: 701.062;
Exames de Bio-Imagem: 80.000.

O hospital registra um dos mais baixos índices de infecção (2,77%), dado considerado altamente positivo pela Organização Mundial da Saúde.

O Complexo Hospitalar estende-se sobre uma área de 30.000 m^2.

O Centro Educacional Santo Antônio, uma verdadeira e própria cidade dos jovens, conta com 620 alunos, desde a pré-escola até a 8ª série do ensino fundamental. Além da escola, funcionam também Centros de Ortopedia, Hidroponia, Panificação e Tecelagem.

Basta fazer um passeio pelos pavilhões, pelos núcleos, pelas classes, para sentirmos o espírito de Irmã Dulce pairar e ser traduzido em bem por tantas pessoas que acreditam cegamente naqueles ideais que ela encarnou[13]: *Amar e servir.*

Notas

1. "A incômoda presença de Irmã Dulce", em *A Tarde* de 7.06.1980; cf. Pontes, p. 91.
2. *Tribuna da Bahia* de 14.03.1992.
3. *A Tarde* de 16.03.1992 fala em mais de 200.000 pessoas. Existem também filmes da transmissão particularmente eloqüentes.
4. Houve uma participação de mais de 10.000 pessoas, segundo *A Tarde* de 16.03.1992.
5. Lembranças de Maria Rita Pontes.
6. Sobre a morte e a realização dos funerais, são significativos os seguintes artigos: "Morreu a Santa Irmã Dulce", em *A Tarde* de 14.03.1992; "Chega ao fim o sofrimento do anjo bom da Bahia", no *Correio da Bahia* de 14.03.1992; "Irmã Dulce, 'a Santa dos pobres', morre na Bahia", em *O Dia*, Rio de Janeiro, de 14.03.1992; "Nasce uma estrela no céu da Bahia",

na *Tribuna da Bahia* de 14.03.1992; "Irmã Dulce, a mãe dos pobres, morre após 16 meses internada", na *Tribuna da Imprensa*, Rio de Janeiro, de 14.03.1992; "Mensagem dominical: Nossa Irmã Dulcíssima", do Cardeal Lucas Moreira Neves, em *A Tarde* de 15.03.1992; "O poder da mente e das mãos", em *A Tarde* de 15.03.1992 (com uma bela foto de Dulce); "O povo chora no adeus à Irmã Dulce", em *A Tarde* de 15.03.1992; "Aplausos para homenagear a Santa Freira", em *A Tarde* de 16.03.1992; "Irmã Dulce é sepultada no altar", no *Correio Brasiliense*; Brasília, 16.03.1992.

7. "Irmã Dulce tem repouso final no Convento Santo Antônio", em *A Tarde* de 27.05.2000; veja-se também "Fé é a moeda forte das Obras Sociais Irmã Dulce. Restos mortais serão transferidos da Igreja da Conceição da Praia para a Capela do Convento Santo Antônio em 26 de maio, data do nascimento da freira que comoveu o País, em *A Tarde* de 15.03.2000; "Mensagem dominical. Irmã Dulce: *in dulcem memoriam*", Cardeal Lucas Moreira Neves, em *A Tarde* de 18.07.1993, e "Túmulo da Irmã Dulce vira ponto de romaria. Fiéis fazem pedidos e contam casos de milagres", em *O Globo* de 13.03.1995.
8. "Começa Processo para Canonizar Irmã Dulce", no *Correio da Bahia* de 18.01.2000.
9. "Uma obra que não morre", em *A Tarde* de 12.08.1995.
10. Cf. Lembranças de Ângelo Calmon de Sá; ver também Pontes, pp. 153-156. Os três nomes eram: 1. Maria Rita (a sobrinha); 2. Dulce Pontes (a irmã Dulcinha); 3. Ana Maria Lopes Pontes (a meia-irmã), ver Árvore Genealógica.
11. Ignazio Silone escreveu um romance intitulado *L'Avventura un povero cristiano* (A Aventura de um pobre cristão).
12. Os dados foram retirados do Balanço Social 2000, Obras Sociais Irmã Dulce — OSID. Cf. "Obras Sociais Irmã Dulce também fazem doação de prótese", no *Correio da Bahia* de 17.05.1996; Hospital Santo Antônio ajuda também na formação do médico, em *A Tarde* de 13.11.1996; "Inaugurada primeira etapa de Obras da Unidade Médico-social", no *Correio da Bahia* de 20.08.1999; "Fé é a moeda forte das Obras Sociais Irmã Dulce", em *A Tarde* de 15.03.2000; "OSID inaugura Hospital da Criança", no *Diário Oficial* de 14.12.2000.
13. Pedimos desculpas a todas as instituições públicas e privadas, autoridades e cidadãos benfeitores das Obras Sociais que não foram sequer citados. Não é exagero dizer que não bastaria um livro bem mais volumoso que este somente para listar quantos ficaram comovidos pelo olhar e pelas palavras de Irmã Dulce.

BIBLIOGRAFIA

Fontes

Arquivo da Congregazione dei Religiosi e degli Istituti Secolari, Cidade do Vaticano.

Arquivo da Associação Servas dos Pobres — *Centro Educacional Santo Antônio*, Simões Filho, Bahia.

Arquivo do Círculo Operário da Bahia, Salvador, Bahia.

Utilizamos também os depoimentos de pessoas próximas a Irmã Dulce, reunidos no *Archivio della Postulazione.*

Estudos

Almeida Bonfim G. (de), in "Revista da Província Franciscana de Santo Antônio (Recife)" 7, 1 (1949), pp. 296ss.

Alves M. M., *A Igreja e a política no Brasil*, Brasiliense, São Paulo, 1979.

Amado J., *Bahia de Todos os Santos*, Martins Editora, São Paulo, 1961.

Bandeira de Ataide Y. D., *Generazione perduta? Storia orale di vita dei meninos de rua*, SEI, Torino, 1996.

Bardi P. M., *Lembranças do "Trem de ferro"*, Banco Sudameris Brasil S.A., 1983.

Carneiro E., *A cidade do Salvador — Uma reconstituição histórica*, Rio de Janeiro, 1954.

Corneiro G., *Integrando un Continente*, Ministério dos Transportes — Serviço de Documentação, Rio de Janeiro, 1970.

De Sanctis A. (ed.), *Encíclicas e documentos sociais: da "Rerum Novarum" à "Octagésima Adveniens"*, LTR, São Paulo, 1991.

Diehl A., *Os Círculos Operários: um projeto sócio-político da Igreja Católica no Rio Grande do Sul [1932-1964]*, Edipucrs, Porto Alegre, 1990.

Dussel E., *Storia Della Chiesa in America Latina (1492-1992)*, Queriniana, Brescia, 1992.

Falcão J., *O Partido Comunista que eu conheci*, Civilização Brasileira, Rio de Janeiro, 1988.

Ferrovias do Brasil, IBGE, Conselho Nacional de Estatística, 1956.

Fragoso H., *O Círculo Operário da Bahia*, in "Revista da Província Franciscana de Santo Antônio (Recife)" 44 (1986), pp. 31-43.

Freire de Carvalho Filho J. E., *A devoção do Senhor Bom Jesus do Bonfim e sua história*, Salvador, 1923.

Fróes E. — Batalha O., *Audácia e Fé. Entrevistas de duas Repórteres com Frei Hildebrando ofm sobre suas Obras Sociais e religiosas na Bahia*, Salvador, 1986.

Goldmann M.A., *Madre Maria Imaculada de Jesus*, Salvador, 1951.

Gomes de Castro A. O., *O novo Codigo Eleitoral (Lei nº 48, de 4 de maio de 1936)* (Bibliotheca Juridica Brasileira, 13), Rio de Janeiro, 1936.

Leal da Costa G., *Salvador dos Contos, Cantos e Encantos*, Gráfica Santa Helena, Salvador, 2000.

Lembrança da Homenagem da Bahia a Frei Hildebrando Kruthaup ofm, em 4 de maio de 1949, Imprensa Vitória, Salvador, 1949.

Lingua P., *La Storia del Brasile. 1500-2000*, ECIG, Genova, 2000.

Livreto de divulgação do Círculo Operário da Bahia, Salvador, 1950.

Localização dos pontos de parada na rêde das ferrovias, 77, Salvador, BA — Propriá, SE.

Lopes Pontes D., *O Mensageiro do Amor*, organizado por Vera Lucia de Medeiros Guimarães, s.l., 2000.

Mainwaring S., *Igreja Católica e política no Brasil (1916-1985)*, Brasiliense, São Paulo, 1989.

Maria Regina, *O Cardeal Leme*, J. Olympio Editora, Rio de Janeiro, 1962.

Martini A., *Manuale di Metrologia, ossia misure, pesi e monete...*, Torino, 1883 (Rist. anast. ERA, Roma, 1976).

Menezes C. A. (de), *Ação social católica no Brasil: corporativismo e sindacalismo*, Loyola, São Paulo, 1986.

Mondin B., *I teologi della liberazione*, Borla, Roma, 1977.

O Brasil republicano. 3. Sociedade e política (1930-1964) (História geral da Civilização brasileira, III, 3), Bertrand Brasil, Rio de Janeiro, 1997.

O Brasil republicano. 4. Economia e cultura (1930-1964) (História geral da Civilização Brasileira, III, 4), Bertrand Brasil, Rio de Janeiro, 1997.

Pinto E., *História de una Estrada-de-ferro do Nordeste*, J. Olympio Editora, São Paulo, 1949.

Pontes M. R., *Irmã Dulce dos pobres*, Fortaleza, 1999.

Riolando Azzi, *A neocristandade: um projeto restaurador*, Paulus, São Paulo, 1994.

Rodrigues J. A., *Sindacato e desenvolvimento no Brasil*, Difel, São Paulo, 1968.

Sales Souza G. E., *Entre o religioso e o político: uma história do Círculo Operário da Bahia*, tese apresentada à Universidade da Bahia, Salvador, 1996.

Sales Souza G.E., *O movimento operário católico no Brasil: o caso do Círculo Operário da Bahia (1937-1962)*, in "Cadernos do CEAS" 158, julho-agosto (1995).

Sampaio C.N., *A Bahia na 2ª Guerra Mundial*, in "Revista da Academia de Letras da Bahia" 42 (1996), pp. 136-146.

Silveira de Queiróz D., *Livros dos Transportes*, Ministério dos Transportes — Serviço de Documentação, Rio de Janeiro, 1970.

Stanikowski E., *Frei Hildebrando Kruthaup ofm. Um ideal humanista e social*, Convento de Berdel, s.d.

Tavares L. H., *História da Bahia*, Imprensa Universitária, Salvador, 1974.

Tourinho E., *Alma e Corpo da Bahia*, Rio de Janeiro, 1955.

Este livro foi composto na tipologia Minion,
em corpo 11/16, e impresso em papel Offset
90g/m² no Sistema Cameron da Divisão
Gráfica da Distribuidora Record.